本书系新旧动能转换背景下山东省民营企业绿色创新能力提升研究项目(批准号:19CDCJ14)成果

国际贸易与生态环境:
影响与应对

代丽华 著

知识产权出版社
全国百佳图书出版单位
—北京—

图书在版编目（CIP）数据

国际贸易与生态环境：影响与应对/代丽华著. —北京：知识产权出版社，2020.7（2021.1 重印）
ISBN 978-7-5130-6936-6

Ⅰ.①国… Ⅱ.①代… Ⅲ.①国际贸易—关系—生态环境—研究 Ⅳ.①F74②X171.1

中国版本图书馆 CIP 数据核字（2020）第 085309 号

内容提要

本书以贸易和环境关系研究的相关理论为基础，在机制分析中加入了除传统规模、结构和技术效应之外的收入、市场竞争和资源配置效应的分析。重点以工业污染物排放和悬浮颗粒排放为考察对象，采用实证分析和比较研究等多种方法，在对国际贸易环境效应进行比较的基础之上，重点研究中国对外贸易对环境污染的影响，探讨贸易与环境协调发展的途径。

责任编辑：王瑞璞	责任校对：王 岩
封面设计：麒麟轩设计	责任印制：孙婷婷

国际贸易与生态环境：影响与应对
代丽华 著

出版发行：知识产权出版社有限责任公司	网　址：http://www.ipph.cn
社　址：北京市海淀区气象路 50 号院	邮　编：100081
责编电话：010-82000860 转 8116	责编邮箱：wangruipu@cnipr.com
发行电话：010-82000860 转 8101/8102	发行传真：010-82000893/82005070/82000270
印　刷：北京九州迅驰传媒文化有限公司	经　销：各大网上书店、新华书店及相关专业书店
开　本：880mm×1230mm　1/32	印　张：7.875
版　次：2020 年 7 月第 1 版	印　次：2021 年 1 月第 2 次印刷
字　数：215 千字	定　价：48.00 元
ISBN 978-7-5130-6936-6	

出版权专有　侵权必究
如有印装质量问题，本社负责调换。

前　言

　　经济全球化使得环境问题逐渐成为国际性的问题。许多国家，尤其是发展中国家，随着经济的不断发展，环境污染也越来越严重。我国作为最大的发展中国家，在经济高速发展的同时，也付出了巨大的环境污染代价。大气污染、固体废弃物排放、水污染等问题在我国十分突出。随着中国特色社会主义进入新时代，人们不仅对物质文化生活提出了更高要求，而且对生态环境等的要求也日益提高。环境污染的不断恶化刺激人们开始探寻造成污染的主要原因。除了自然灾害之外，经济活动被认为是其中重要的一项。国际贸易作为一项重要的经济活动，必然也与环境有着不可忽视的紧密关系。中国作为世界第一大贸易国，改革开放以来经济发展和贸易增长的成绩有目共睹，贸易规模、贸易结构和贸易模式都发生了很大变化，正处于参与国际分工的新阶段。因此，在我国由贸易大国向贸易强国转变的过程中，在我国全面深化改革和扩大开放的新阶段，研究我国贸易对环境污染的影响，对于正确认识贸易在促进经济增长的同时所带来的环境代价，促进国际贸易与生态环境在我国的协调发展，均具有重要的现实意义。

　　贸易与环境的冲突来源于贸易活动对资源的无限需求性与环境对资源的有限供给性之间的矛盾。如果自然界中的资源是取之不竭，又或者经济发展中造成的环境污染远远小于环境的自净能力，那么这个矛盾自然可以迎刃而解。而事实上，作为污染主体的个人或企业，更加注重当前的现实利益，因此不惜以污染环境为代价而实现其当前的经济利益。传统贸易理论中并未包含环境要素的分析，因此在考虑贸易对福利的影响时也没能将环境质量纳入分析框架。国际贸易可以通过影响经济规模、经济结构、收入、市场竞争等多种因素影响一国的环境质量，最终影响将取决于各种效应综合作用的结果，因此从理论上来说，贸易对环境的影响并不确定。

关于贸易与环境问题的研究有很深的渊源。自20世纪70年代以来，国内外便开始出现大量研究贸易与环境关系问题的文献。本书在前人研究的基础上，对国际贸易影响环境这一问题展开了较为全面和深入的理论研究和实证分析。首先，通过构建一般均衡的贸易与环境污染的模型建立理论框架，并通过机制分析探讨贸易影响环境污染的具体渠道。其次，除传统的规模效应、结构效应和技术效应之外，还加入了收入效应、市场竞争效应和资源配置效应的分析。最后，在实证研究中，重点以工业污染物排放和悬浮颗粒物排放为考察对象，运用多层面的样本数据，在对国际贸易的环境效应进行国际比较的基础之上，重点研究中国对外贸易对环境污染的影响。在进行中国的实证研究时，本书分别运用了中国省级层面的面板数据和更加微观的城市层面和企业层面数据进行检验。从结果来看，贸易对我国环境污染的影响是不确定的、复杂的，会因污染物质的选择、污染指标的选择、地区的不同以及贸易方式的不同而产生结论上的差异。

建设生态文明是中华民族永续发展的千年大计。生态文明的核心是平衡人类与自然的关系，包括经济发展、人口、资源和环境之间的关系。解决贸易与环境问题便是实现生态文明中重要的一环。这个问题不仅是国际社会关注的焦点问题，也是我国参与经济全球化过程中不可避免的挑战之一。任何一个国家都不可能采取单一的手段来解决贸易与环境的冲突问题，需要各类型政策法规的相互配合。本书在理论研究和实证分析的基础上，从贸易政策和环境政策两个方面提出对策建议，希望能为促进贸易与环境的协调发展提供参考。

本书创新点

本书的主要创新点在于较为全面地分析了贸易影响环境污染的主要渠道，同时在实证检验过程中从多个层次、多个角度，利用多种方法对贸易的环境效应进行了验证。本书不仅使用了多个国家的跨国数据，还利用了中国的省级层面数据和城市层面数据。在城市层面的面板数据中，样本城市数量达到 334 个，在机制研究中还利用了企业层面的数据。在分析角度上，不仅考虑了环境污染与贸易的不同衡量标准，还考虑了在不同的地区和贸易方式下这一问题的结论是否会受到影响。在研究方法上，为了解决贸易与环境研究中的内生性问题，本书尝试利用多种实证研究方法，如工具变量法、系统 GMM 方法等，并创新性地寻找新的不同的工具变量。在外部工具变量的选取上，包括利用各省最大贸易伙伴国的加权汇率冲击作为国际贸易的外生工具变量，并且考虑到中国的特殊情况，在基于淮河两岸供暖政策差异的前提下寻找工具变量。

在未来关于贸易影响环境污染的研究中，可以通过以下几方面进行进一步的扩展研究。第一，通过更多不同类型的污染物质进行检验。第二，寻找更加科学地构建环境污染综合指数的方法。第三，从产业和国别角度研究贸易对环境污染的影响作用。第四，在考虑国际贸易协定和环境协定的情况下，考察国际贸易对环境污染的影响。第五，对贸易影响环境污染的各种渠道进行具体化的研究。

全书概览

伴随着我国环境污染问题日趋严重,环境污染的范围也在不断扩大,涉及地域已经从经济较发达的东部地区向中西部地区扩展,涉及空间也从天空到海洋,从地表至地下,空气、水源、土壤都遭到了不同程度的污染。这些污染不仅仅为人类的生存和健康带来了巨大的威胁,还造成了沉重的经济代价。而贸易和环境的冲突来源于贸易的持续增长对资源的需求上升与资源有限供给之间的矛盾。因此,在我国全面深化改革、扩大开放的阶段,研究我国的贸易与环境污染之间的关系,对正确认识贸易在促进经济增长的同时带来的环境代价,促进贸易与生态环境的协调发展意义非凡。

本书在前人研究的基础上,对国际贸易影响环境这一问题展开了较为全面和深入的理论研究和实证分析。首先,通过构建一般均衡的贸易与环境污染的模型建立理论框架,并通过机制分析探讨贸易影响环境污染的具体渠道。其次,除传统的规模效应、结构效应和技术效应之外,还加入了收入效应、市场竞争和资源配置效应的分析。最后,在实证研究中,重点以工业污染物排放和悬浮颗粒排放为考察对象,运用多层面的样本数据,采用计量分析和比较研究等多种方法,在对国际贸易的环境效应进行比较的基础之上,重点研究中国对外贸易对环境污染的影响,并提出相应的贸易政策与环境政策建议,促使贸易与环境能够协调发展。

本书的主体部分包括4章。在第3章中,构建了开放经济下的两部门一般均衡模型,同时主要研究了贸易影响环境的各种渠道。贸易可以通过影响一国的经济活动规模、产品生产的结构、清洁技术的传播进而影响一国的环境状况,即所谓的规模效应、结构效应和技术效应。在假设不同收入水平的消费者对生态环境期待不同的情况下,贸易还可以通过影响一国消费者的收入水平进而对环境的需求产生影响。在市场竞争效应中,主要强调企业在国际市场竞争中面临的巨大压力有可能成为企业技术创新的动力来源,为企业节能减排的实现提供动力和支持。在资源配置效应的描述中,脱离了原有贸易与环境分析中关于企业同质性的假设,这里假设企业不仅存在生产率上的差异,而且在排污效率、治污成本投入方面也不尽相同。而企业的生产率和排污强度存在负相关关系,因此贸易使得资源流向生产率更高的出口企业,即资源流向了环境效率更高的企业。即便单个企业的排污强度并未发生改变,但贸易使得整个产业的平均排污强度下降,进而对环境污染状况产生了影响。

本书的第 4 章至第 6 章是实证检验部分。在实证分析中,分为三个层次进行。首先,在第 4 章中通过跨国层面的样本数据检验贸易对环境污染的影响。样本选取了占到世界贸易总额 50% 以上的 40 个样本国家的面板数据。其次,在控制变量中,除人均收入水平、人口、工业增加值比重、FDI 等变量外,还控制了与污染排放有关的单位 GDP 能耗、化石燃料占比等变量,并加入了时间固定效应和个体固定效应进行回归。回归结果表明,贸易有利于改善发达国家的环境污染状况,但却加剧了发展中国家的污染,因此贸易对环境污染的影响在不同类型的国家是不同的。同时,污染物质种类以及排放指标的选择也会影响贸易的环境效应。最后,为了探求中国与其他国家差异,将中国和剩余样本国家作为对立组回归后发现,外贸依存度的提高会降低中国二氧化硫人均排放量和排放强度,但却增加了氮氧化物的人均排放量和排放强度;因此中国并没有遵循发展中国家的普遍结论,需要从更加广泛、深入的角度考虑贸易对中国环境污染的影响。

本书在进行中国的实证研究时，首先，运用中国省级层面的面板数据进行分析，同时运用静态和动态模型方法，验证贸易对中国环境污染的影响。其次，为了回答这一影响是否受到污染物选择、地域划分以及贸易方式等的干扰，在第5章的实证中选择了工业二氧化硫、工业"三废"以及由此构建的环境污染综合指数表征环境污染状况，还加入了对我国东中西部地区以及不同贸易方式的分析。最后，考虑到仅使用外贸依存度表征贸易的开放程度存在一定的局限性，笔者利用沈利生（2005）对外贸依存度的修正方法计算了修正的外贸依存度并进行回归。为了解决主要由于贸易与环境之间存在的反向因果关系而导致的内生性问题，笔者使用了工具变量法和系统 GMM 方法。利用工具变量进行 2SLS 和系统 GMM 回归后的结果与 OLS 回归结果之间的巨大差异，也证明了解决内生性问题是非常有必要的。

　　从回归的结果来看，贸易对我国环境污染的影响是不确定的、复杂的，会因污染物质的选择、污染指标的选择、地区的不同以及贸易方式的不同而产生结论上的差异。具体来说，在静态面板数据的回归中，外贸依存度的提高有利于降低工业二氧化硫排放强度、工业"三废"排放强度和排污费加权计算的综合指数 1 的指标，但却提高了算术平均法构建的综合指数 2 的指标值。在分地区回归中，我国的东部、中部、西部地区外贸依存度弹性的符号仅在因变量为工业固体废弃物排放强度和综合指数 2 时表现一致。在其余四种污染物质下，贸易仅仅可以改善西部地区的环境污染状况，但对东部和中部地区的环境却会产生恶化的效果。在分贸易方式回归中，在一般贸易出口依存度提高后，各类污染物质的排放水平都有所下降，但加工贸易出口依存度的提高却增加了工业二氧化硫、工业废气和工业固体废弃物的排放强度以及综合指数 2 的指标。因此，从现有的结果来看，一般贸易对环境状况改善是有利的，但加工贸易则有可能对环境产生不利影响。在动态面板模型中，由于时间跨度较长，而工业二氧化硫的数据在统计口径、准确性、完整性上都更加具有优势，因此仅选择了工业二氧化硫的数据进行回归。回归结果表明贸易会降低工业二氧化硫的排放水平。

在静态面板模型中，笔者创新性地利用各省最大贸易伙伴国的加权汇率指标作为外贸依存度的工具变量进行 2SLS 回归。随着利率作为宏观调节工具的作用在当代经济中被不断弱化，以及全球化背景下外部需求对本国经济发展的巨大影响力，汇率已经成为政府当局宏观调控的替代工具。因此在经济研究中，汇率一般被看作外生变量，尤其是 1997 年亚洲金融危机爆发后，各国政府纷纷加强了对该国汇率的宏观调控，通过汇率调控进而对经济运行施加影响，这使得汇率作为外生变量的设置更加合理。而本书设置的工具变量的优点之一还在于汇率本身作为国家层面的经济变量，单个省份对某一国的贸易量还不足以影响两国之间的汇率，即对于各省份的贸易企业来说，汇率变化并非可以预见的。同时，在控制省级固定效应的情况下还可以避免由于未被观测到的遗漏变量而导致的偏误。本书还对汇率冲击进行了加权以增加其合理性。

在动态面板模型中，则运用内部工具变量进行了系统广义矩估计（Generalized Method of Moment，GMM）回归。由于解释变量中加入了滞后期因变量，因此需要用到广义矩估计。虽然水平 GMM、差分 GMM 和系统 GMM 都可以被用来对动态面板模型进行估计，但由于许多文章都表明系统 GMM 的回归结果更加接近真实值，因此在动态面板模型中使用了系统 GMM 估计方法。从动态面板回归结果计算的长期弹性来看，贸易对工业二氧化硫减排的改善作用从长期效果来看更加明显。对动态面板模型分地区回归的结果发现，贸易仅仅能改善西部地区的环境状况，而可能会进一步恶化东中部地区的环境污染，这与静态面板回归的结论保持一致。

为了从更加微观的层次探讨我国的贸易与环境问题，第 6 章利用中国城市层面的数据进行分析。利用了我国74个城市的横截面数据进行分析。在污染物质的选择上,本章选用了近来受到广泛关注的 $PM_{2.5}$ 作为研究对象。$PM_{2.5}$ 中文名称为细颗粒物,是指大气中直径小于或等于 2.5 微米的颗粒物,是雾霾天气的罪魁祸首。$PM_{2.5}$ 产生的首要来源是煤炭、柴油等的燃烧以及工业生产。除此之外,$PM_{2.5}$ 还可以通过空气中的污染物质如二氧化硫以及氮氧化物等发生化学反应而形成,因此笔者选用 $PM_{2.5}$ 排放作为表征环境污染的代理变量是非常具有代表性的。同时,由于 $PM_{2.5}$ 对人类健康的重大危害已经成为中国政府近来污染防治的重中之重,因此,研究贸易是否是造成 $PM_{2.5}$ 排放增加的原因之一具有非常重要的现实意义。回归结果表明,贸易会造成我国 $PM_{2.5}$ 排放的增加。

内生性问题的解决仍然是实证分析中的重点和难点。为了解决污染排放对贸易的反向因果偏误,第6章的横截面数据回归中使用了 Blanchard 和 Perotti (2002) 提出的两阶段工具变量方法进行实证。在第一阶段 $PM_{2.5}$ 的工具变量选择上,由于中国以淮河为界对两岸城市实施不同的集中供暖政策,而集中供暖采用的煤炭燃烧是 $PM_{2.5}$ 排放的主要原因之一,因此选择了各城市距离淮河一线的纬度差作为 $PM_{2.5}$ 排放的代理变量。实证结果表明,$PM_{2.5}$ 排放每升高 1%,外贸依存度会显著降低 2.008%。运用第一阶段回归得到的残差,作为第二阶段中贸易的工具变量来解决反向因果效应,结果显示外贸依存度每提高 1%,$PM_{2.5}$ 排放浓度也将上升 0.378%,表明贸易会造成环境污染的加剧。这一结果和 OLS 的估计结果相差较大,即如果不考虑联立性偏误,贸易对环境的影响将会被严重低估。在机制分析中,笔者还利用中国工业企业数据库的数据,检验了出口、重工业出口以及污染密集型产业出口对 $PM_{2.5}$ 排放的影响。结果表明,$PM_{2.5}$ 排放浓度对外贸依存度的经济弹性为 0.378,但对出口依存度和重工业出口依存度的经济弹性增加至 0.65 左右,而对污染密集型产业出口依存度的经济弹性则进一步增加至0.795。这说明相比整个国际贸易，出口对我国$PM_{2.5}$排放的增加应该负主要责任，而污染密集型产业的出口则是其中最主要的原因。

在利用城市层面的面板数据进行分析时，选取我国334个城市的面板数据作为样本，大大增加了样本容量，并且在实证中同时使用了静态面板和动态面板模型进行检验。在静态面板模型中，分别使用了滞后期外贸依存度以及各城市距离最近港口的地理距离作为工具变量进行2SLS回归，结果发现外贸依存度每提高1%，$PM_{2.5}$排放浓度将上升0.06%~0.25%，支持横截面模型的实证结论。在动态面板模型中，因变量滞后期的系数值显著为正，表明$PM_{2.5}$排放是具有惯性的，而这一惯性会随着时间的推移而逐渐减弱。动态面板中还分别使用了解释变量的当期值以及滞后一期的值对$PM_{2.5}$排放浓度进行估计，使用当期解释变量进行回归的外贸依存度的经济弹性值小于使用滞后期进行系统GMM回归的弹性值，说明贸易活动对未来的环境污染具有更大的影响力。

在理论研究和实证分析的基础上，本书从贸易政策和环境政策两个方面提出了一些政策建议。提出的贸易政策主要包括对我国不同地区实施差异化的贸易政策，注重贸易政策和环境政策的协调；加快我国东中部地区的产业结构调整和升级；进一步加大我国西部地区的开放程度，在承接产业转移过程中注重提高环境保护门槛；积极改善进出口商品结构，实施"走出去"战略，并加大对环保设备和清洁技术的引进；调整国际贸易方式，加快对加工贸易方式的转型升级；从长远角度出发制定国际贸易的相关政策等。而在环境政策方面，笔者认为环境政策应该因地制宜，不应在全国范围内实施统一标准；在制定环境保护目标时依据污染物质的不同而制定不同的减排标准；在考虑减排目标时应该全面考虑同一污染物质的不同指标值；同时应该注重环境政策制定的连续性等。

通过多角度的分析和实证检验，本书得出以下几点主要结论。第一，总体来说，国际贸易对我国环境污染的影响是不确定的，是复杂的。第二，国际贸易对不同类型国家的环境污染状况影响不同，国际贸易更倾向于改善发达国家的环境污染状况。第三，对各类污染物质的回归表明国际贸易对我国不同类型污染物质排放的影响不同。第四，国际贸易倾向于降低我国西部地区的环境污染水平，但却容易加剧东中部地区的污染排放。第五，就贸易方式来说，一般贸易的发展对我国的环境污染状况不会产生不利影响，而加工贸易的发展则可能造成我国部分污染物质的排放增加。第六，相比整个国际贸易，出口对我国城市空气污染恶化的影响更显著。第七，本书还发现污染物质计量指标的选择不同也可能会影响贸易的环境效应。第八，贸易对环境污染的长期影响效应大于短期影响效应，而且污染本身具有路径依赖的特点。

目 录

第1章 导 论 …………………………………… 1
1.1 研究背景 …………………………………… 1
1.1.1 环境污染问题的全球化特征 …………… 2
1.1.2 我国环境污染形势严峻 ………………… 2
1.1.3 中国参与国际分工进入新阶段 ………… 3
1.1.4 国际贸易与环境污染 …………………… 4
1.2 研究意义 …………………………………… 4
1.2.1 研究的理论意义 ………………………… 5
1.2.2 研究的现实意义 ………………………… 5
1.3 研究内容及研究方法 ……………………… 6
1.3.1 相关概念的说明 ………………………… 6
1.3.2 研究内容 ………………………………… 8
1.3.3 研究方法 ………………………………… 10
1.4 研究重点难点及主要创新点 ……………… 11
1.4.1 研究重点难点 …………………………… 11
1.4.2 主要创新点 ……………………………… 13

第2章 文献综述 …………………………… 14
2.1 国外的相关研究 …………………………… 14
2.1.1 国际贸易影响环境质量的理论模型 …… 14
2.1.2 国际贸易影响环境质量的实证研究 …… 18
2.1.3 污染天堂假说的研究 …………………… 28
2.1.4 环境库茨涅茨曲线的研究 ……………… 36

  2.1.5　国外文献评述 ……………………………………… 39
 2.2　国内的相关研究 …………………………………………… 40
  2.2.1　国内关于国际贸易与环境质量关系的研究 ……… 40
  2.2.2　国内文献评述 ……………………………………… 46

第3章　国际贸易影响环境污染的理论模型与机制分析 …… 48
 3.1　一般均衡模型 ……………………………………………… 48
  3.1.1　模型假设 …………………………………………… 49
  3.1.2　生产者行为 ………………………………………… 49
  3.1.3　消费者行为 ………………………………………… 50
  3.1.4　政府行为 …………………………………………… 51
  3.1.5　污染需求曲线与供给曲线 ………………………… 52
 3.2　规模效应、结构效应与技术效应 ………………………… 53
  3.2.1　规模效应 …………………………………………… 53
  3.2.2　结构效应 …………………………………………… 56
  3.2.3　技术效应 …………………………………………… 58
 3.3　收入效应、市场竞争效应与资源配置效应 ……………… 61
  3.3.1　收入效应 …………………………………………… 61
  3.3.2　市场竞争效应 ……………………………………… 63
  3.3.3　资源配置效应 ……………………………………… 65
 3.4　小结 ………………………………………………………… 66

第4章　基于跨国数据的研究 …………………………………… 68
 4.1　数据描述及来源 …………………………………………… 68
  4.1.1　国际数据的比较 …………………………………… 68
  4.1.2　数据来源 …………………………………………… 87
 4.2　模型设定 …………………………………………………… 91
 4.3　实证结果及分析 …………………………………………… 94

4.3.1 实证结果的经济分析 ················· 94
　　4.3.2 国际比较 ························· 101
　4.4 小结 ······························· 109

第5章 基于中国省级数据的研究 ················ 111
　5.1 中国环境污染的现状分析 ················· 111
　　5.1.1 中国整体环境污染的现状分析 ············ 111
　　5.1.2 中国各地区环境污染状况差异性分析 ········ 113
　5.2 静态面板模型 ······················· 114
　　5.2.1 模型设定和数据说明 ················ 114
　　5.2.2 基准回归结果 ···················· 125
　　5.2.3 分地区回归结果 ·················· 136
　　5.2.4 分贸易方式回归结果 ················ 142
　5.3 动态面板模型 ······················· 149
　　5.3.1 模型设定和数据说明 ················ 150
　　5.3.2 基准回归结果 ···················· 154
　　5.3.3 分地区回归结果 ·················· 161
　5.4 小结 ······························· 165

第6章 基于中国城市数据的研究 ················ 168
　6.1 中国城市空气污染的现状分析 ············· 169
　6.2 横截面数据模型 ······················ 172
　　6.2.1 模型设定和数据说明 ················ 172
　　6.2.2 实证结果分析 ···················· 181
　6.3 面板数据模型 ······················· 192
　　6.3.1 模型设定 ······················· 192
　　6.3.2 实证结果分析 ···················· 195
　6.4 小结 ······························· 200

第7章　结论及政策建议 ………………………………… 203
　7.1　主要结论 …………………………………………… 203
　7.2　政策建议 …………………………………………… 206
　　7.2.1　与环境相关的贸易政策 ……………………… 207
　　7.2.2　环境政策 ……………………………………… 210
　7.3　未来的研究展望 …………………………………… 213

附　录 ……………………………………………………… 215
　附录1　联立工具变量估计 …………………………… 215
　附录2　334个样本城市名称 ………………………… 217

参考文献 …………………………………………………… 224

第1章 导 论

本章主要阐述本书的研究背景、研究意义、研究内容以及研究方法，并阐述了研究重点难点和主要的创新之处。

1.1 研究背景

40多年来，我国的经济发展取得了举世瞩目的成绩。国际贸易作为拉动经济发展的"三驾马车"之一，在这期间也发展迅猛。特别是2001年底加入世界贸易组织（WTO）以来，我国的对外贸易实现了跨越式的发展。2009年我国成为世界第一大出口国，2013年又跃居世界第一的货物贸易大国，成为120多个国家或地区最大的贸易伙伴。对外贸易无疑在我国的经济发展过程中起到了相当重要的作用。当初人们在研究贸易带来的福利变化时，环境污染问题还不足以引起重视。然而，随着我国环境污染问题逐渐显现，污染程度日趋加深，污染已经严重威胁到人民群众的生存和健康。环境恶化的代价是巨大的。北京大学陈玉宇教授等发表在美国科学院院刊的文章指出，我国北方空气污染的加重（如北京的雾霾）将会使得北方5亿人民失去25亿年的预期寿命（Chen et al., 2013）。同样地，在美国，每年由于颗粒物污染造成的死亡人数也达到了2.2万~5.2万人（Mokdad et al., 2004）。因此，在考虑国际贸易带来的利益时将环境因素纳入考虑体系是更加合理和科学的，也更加符合我国可持续发展战略的要求。在可持续发展的三大要素中，环境因素是重中之重，环境污染显然已经成为需要核心关注和解决的问题。从一定意义上来看，环境的改善成为可持续发展的最重要前提。

1.1.1 环境污染问题的全球化特征

地球生态环境正在日益恶化。温室效应、臭氧层空洞、酸雨、水土流失等现象对人类的生存和发展造成了严重的威胁，而且这一挑战是世界性的，发生在世界的各个角落。根据联合国环境规划署2012年的报告，21世纪的第一个十年是自1850年以来全球最热的十年，经历了很多环境污染的极端事件，如2003年的欧洲热浪、2010年的巴基斯坦洪水灾害等。全球环境污染问题已经涉及空气、生态、能源、水资源、废弃物等多个方面，且有不断加重的趋势。如澳大利亚2008年二氧化硫的人均排放量为125.34千克，比1990年上升67.4%；美国2008年有害气体人均排放量为22.22千克，比1990年上升13.3%；巴西2008年二氧化碳的人均排放量为1.94吨，也比1990年上升76.3%。

1.1.2 我国环境污染形势严峻

经济全球化使得环境问题逐渐成为国际性的问题。许多国家，尤其是发展中国家，随着经济的不断发展，环境污染也越来越严重。我国作为最大的发展中国家，在经济高速发展的同时，也付出了巨大的环境污染代价。如果说1973年中国第一次全国环保大会的召开，标志着中国人环保意识的觉醒，那么在随后的数十年间，如何伴随着改革开放的经济腾飞，把中国的环保事业做大做强，就应该称为一场严峻的挑战。近年来，我国生态环境状况日益恶化，主要污染物排放量超过环境承载能力，自然资源受到不同程度的破坏。这点从层出不穷的关于中国环境污染不断加剧的报道中也可以看出，如太湖的蓝藻事件、上海松江的死猪事件、许多城市日益增多的雾霾天气等突发环境事件。《2013中国环境状况公报》也显示，在2013年我国4778个地下水环境质量监测点之中，水质较差和极差的监测点比例合计为59.6%，水质优良的比例仅为10.4%；全国酸雨面积达到国土面积的

10.6%；而在74个根据空气质量新标准监测的城市之中，仅海口、舟山和拉萨3个城市空气质量达标，超标城市比例为95.9%。而《华盛顿邮报》于2014年初的报道中比较了中国和美国空气污染最为严重的十大城市，中国排名第一的邢台市$PM_{2.5}$排放浓度为155.2微克每立方米，与美国排名第一的贝克斯菲尔德市18.2微克每立方米的排放浓度相比相差甚远。2014年的中央经济工作会议也提到，我国环境承载能力已经达到或接近上限，可见我国的环境污染状况已经不容乐观。

1.1.3 中国参与国际分工进入新阶段

对外开放作为我国的一项长期基本国策，是中国经济走向世界的必要途径，在全球化不断发展的今天显得更为重要。事实上，自改革开放以来，我国经济取得了飞速发展，而这一发展在一定程度上依赖进出口贸易的推动。2001年底中国加入WTO后，国内市场逐步全面开放，融入经济全球化的步伐明显加快。经过多年的发展，我国虽然还没能实现从贸易大国到贸易强国的转变，但贸易规模、贸易结构和贸易模式都发生了很大变化。尽管中国制造的商品仍然具有出口竞争优势，但传统的劳动力成本优势正在削弱，新的比较优势正在形成。在当前我国全面深化改革的重要阶段，尽管国际形势错综复杂，国际金融危机的影响还未完全消除，但出口仍然是我国经济快速发展的重要动能。2014年中央经济工作会议中提出的经济新常态也提到，在我国的国际贸易中，高水平"引进来"、大规模"走出去"正在同步发生。这说明我国的经济和贸易正在由粗放型向集约型转变，我国正处于参与国际分工的新阶段。2014年中央经济工作会议同时提出了完善扩大出口和增加进口政策，进一步提高贸易便利化水平。

1.1.4 国际贸易与环境污染

环境污染的不断恶化驱使人们开始探寻造成污染的主要原因。除了自然灾害之外,经济活动被认为是其中重要的一项。经济活动所造成的环境影响是普遍存在的,对环境资源的使用所产生的外部不经济现象也在很大程度上影响了资源的最优配置效率。任何经济活动与自然环境都是相互关联的,每一项经济活动或多或少都会对环境产生某种影响。国际贸易作为一项重要的经济活动,必然也与环境有不可忽视的紧密关系。如清华大学 Guan Dabo 等教授应用投入产出分析证实,中国由于生产所导致的 $PM_{2.5}$ 排放占整个排放量的 2/3,即生产是中国城市 $PM_{2.5}$ 排放的主要来源;而且研究还表明,国际贸易是中国 $PM_{2.5}$ 排放增加的重要来源(Guan Dabo et al.,2014)。事实上,关于贸易与环境问题的研究有很深的渊源。自 20 世纪 70 年代以来,国内外便开始出现大量研究贸易与环境的关系问题的文献。贸易与环境的冲突来源于贸易持续增长对资源的需求上升与资源有限供给之间的矛盾,而产生这一矛盾的根源在于环境作为公共物品的产权难以界定,因此直接导致了市场失灵。在环境污染日趋加重的今天,如何解决这一矛盾,使二者能够协调发展便成为一个重大课题。

1.2 研究意义

随着全球环境压力逐渐增大,我国环境污染问题也日趋严重,环境污染的范围不断扩大,涉及地域已经从经济较发达的东部地区向中西部地区扩展,涉及空间也从天空到海洋,从地表至地下,空气、水源、土壤都遭到了不同程度的污染。这些污染不仅仅对人民群众的生存和健康造成了巨大威胁,还造成了沉重的经济代价。据原环境保护部环境规划院发布的《中国绿色国民经济核算研究报告 2010》显示，2010 年我国由于生态环境退化带来的经济损失超过 1.5 亿元，占当年 GDP 的 3.5%。而单纯由于环境污染造成的经济损失也由 2004 年的 5118.2 亿元提高到 2010 年的 11032.8 亿元，增长了 116%。因此，在我国全面深化改革、扩大开放的阶段，研究我国对外贸易与环境污染之间的关系，对正确认识贸易在促进经济增长的同时带来的环境代价，推进贸易与生态环境的协调发展意义非凡。

1.2.1 研究的理论意义

在传统国际分工和国际贸易理论中，比较优势理论和要素禀赋理论一直是各国参与国际分工的理论基础。但传统理论并没有将环境因素纳入考虑体系，而是将环境作为外生变量来考虑。在环境污染日趋严重的形势下，很多学者对传统的贸易理论进行了扩充，将环境要素作为一种禀赋加入理论框架中。一国的自然资源拥有量、消费者对绿色产品的偏好程度、对环境污染的忍耐力，以及政府制定环境规制的宽松程度都可以看作一国环境禀赋的范畴。新新贸易理论将企业作为研究单位，并打破了传统贸易理论中同质性企业的假设。但在贸易与环境问题的研究中，很少有文献考虑这一假设。企业作为污染排放产生的重要主体，不同的企业在排污强度、治污能力、治污成本投入等方面都存在巨大差异，因此不同的企业对环境污染的影响也不同。本书在机制分析中较为全面地考察了贸易对环境污染的影响渠道。在资源配置效应的解释中，还考察了在企业异质性的假设下贸易通过资源再分配对环境污染的影响渠道，能够进一步丰富关于国际贸易环境效应的说明。

1.2.2 研究的现实意义

中国作为世界第一大贸易国，改革开放以来经济发展和贸易增长的成绩有目共睹。从 2009 年以来，我国出口贸易占世界出口总额的比重为8.9%，已然跃居世界第一。2012年这一比重更是达到11.1%。而国内进出口总额的环比增长速度在1980～2012年的许多年份都保持两位数增长，最大值为2003年的37.1%，接近40%。由此可见，我国成长为贸易大国的速度之快。然而，随着我国环境污染问题日趋严重，贸易活动对资源的不断需求使得人们开始认为贸易扩张或许是我国环境污染状况难以改善的原因之一。我国政府提出要把节约资源作为我国的基本国策，并将资源消耗、环境损害、生态效益等指标纳入社会发展评价指标体系中，发展循环经济，保护生态环境。而对外开放则是我国的长期基本国策，而且目前我国正处于进一步深化改革和开放的新阶段。因此在新形势下，我国如何应对贸易和环境问题的挑战，如何实现对外贸易和环境保护的同步协调发展是十分迫切的。为此，本书研究国际贸易对环境污染的影响是否因为地域以及环境污染衡量标准的不同而有所区别，以及哪些因素在贸易影响环境污染的机制中占据主导地位。通过回答这些问题，寻求协调扩大对外开放与推动绿色循环经济发展的现实途径，为我国在更深层次和更广领域参与全球化，进一步提高外贸竞争力，同时建设环境友好型社会提供政策参考。这不仅具有一定理论意义，更具有重大的现实意义。

1.3 研究内容及研究方法

1.3.1 相关概念的说明

为了便于后续的分析，现将本书中的相关概念进行说明。

国际贸易是指世界各个国家或地区在商品和劳务方面进行的交换活动，涉及商品、劳务以及技术等的国际转移。而对外贸易是一个国家或地区与另一个国家或地区之间商品和劳务的交换。国际贸易由各国的对外贸易构成。为行文方便，本书在分析全球问题时使用国际贸易的表述，而在研究我国问题时则较多使用对外贸易的表述。

自由贸易是贸易国取消对进出口商品的限制，使得商品能够自由进出口的贸易政策，与保护贸易相对立。贸易开放则是反映一国参与国际市场的程度以及该国对国外市场的依赖程度。对贸易开放程度的测度指标有很多，包括实际关税率、非关税壁垒实施情况、进口渗透率、外贸依存度、道拉斯指数、计量方法以及引入多种判断标准的萨克斯-瓦诺法等。各种测量方法都有一定的局限性，也都具有一定的适用范围。如关税指标、非关税壁垒实施、进口渗透率等主要适用于产业及产品层面的研究；道拉斯指数用商品价格与贸易开放条件下价格的偏差程度来衡量贸易开放程度，该指数计算较为简单，将价格偏差简单地看作贸易政策作用的结果，忽略了运输成本、货币等对价格的影响，因此结果可能存在偏差；萨克斯-瓦诺法最大的优点在于判断标准多样化，同时考虑了定量与定性指标，考察范围较广，但这一方法主要用于国家层面的研究，并且属于0、1变量，较难反映一国贸易开放程度在时间层面上的连续性。关于使用计量方法对贸易开放程度的测算，虽然模型较多，但尚未形成统一的看法。外贸依存度指标是由小岛清在20世纪50年代提出的。该方法由于简单、直观，因此是许多实证研究中常用的方法。本书也主要使用外贸依存度指标。同时，为了避免该指标受到市场规模、人口、汇率、国内消费需求等变动的影响，出现了许多对外贸依存度指标的修正。本书将同时使用传统和修正后的外贸依存度指标进行分析。

依据我国《环境保护法》的规定，环境是指影响人类社会生存和发展的各种天然和经过人工改造的自然因素的总体，包括大气、水、海洋、土地、森林、城市和乡村等。环境质量一般是指环境的总体对人群的生存和繁衍以及社会经济发展的适宜程度，因此环境质量涵盖的范围很大。除环境污染之外，生态破坏、资源短缺以及经济文化等社会环境质量都属于环境质量的大范畴。而环境污染是指自然地或人为地向环境中添加某种物质超过环境的自净能力而产生危害的行为。环境污染仅仅是环境质量的一个表现方面。在本书的许多定性描述部分，使用了环境质量的表述方式，因为许多定性分析并不能区分贸易活动仅仅是对环境污染或是对整个环境质量产生影响；而本书的实证研究部分则主要关注环境污染状况，并不涉及环境质量的其他方面。

1.3.2 研究内容

本书以贸易和环境关系研究的相关理论为基础，在机制分析中加入了除传统"三效应"之外的收入、市场竞争和资源配置效应的分析。重点以工业污染物排放和悬浮颗粒排放为考察对象，采用实证分析和比较研究等多种方法，在对国际贸易环境效应进行比较的基础之上，重点研究中国对外贸易对环境污染的影响，并探讨贸易与环境协调发展的途径。本书各章的内容安排如下：

第 1 章是导论。主要阐述研究背景及研究意义，对文中涉及的重点概念进行相关说明，同时对研究思路、主要内容、研究方法、重点难点、可能创新之处等内容进行概述。

第 2 章是文献综述。国外对于贸易与环境的研究起步较早，在理论和实证上的分析都较为全面，而国内对贸易与环境的关注则发展较晚，而且更多注重实证上的发展。本章分别对国内外相关的文献进行梳理分析，并对现有文献进行评价，重点指出国内现有文献的不足之处。

第 3 章是贸易自由化与环境污染的理论模型与机制分析。关于贸易与环境的理论模型有很多，包括加入环境污染的 H-O 模型、局部均衡模型、一般均衡模型等。笔者主要介绍了传统的一般均衡模型，并在此基础上，重点分析了贸易影响环境污染的各种不同机制；除传统的"三效应"之外，还讨论了贸易通过影

第 1 章 导 论

响人均收入水平、市场竞争状况和资源分配状况对环境污染造成影响的渠道，以及这些渠道如何在中国市场上发挥传导作用。

第 4 章是基于跨国数据的实证研究。发达国家与发展中国家在资源禀赋的丰裕程度、国际贸易的发展状况、环境污染及能源使用效率等方面都存在很大差异。笔者选择了 40 个发达国家和发展中国家的样本、5 种描述环境污染的排放指标，分析比较贸易对环境的影响是否因污染物质的选择和样本国家类型的不同而结论有所不同，并将中国和其他样本国家的整体作为对立面进行比较，为进一步分析贸易对中国环境污染的影响程度提供参考。

第 5 章是基于中国省级层面数据的实证研究。在描述了我国目前各个省份环境污染状况的差异后，运用不同的计量方法和策略，采用不同的污染排放物分别在省级层面运用静态以及动态面板数据进行研究。同时，利用加权平均和算术平均的方法构建了环境污染的综合指数，分析贸易对综合环境污染状况的影响程度。在静态模型分析时，考虑到由于贸易与环境研究中的内生性问题，引入了汇率冲击的工具变量作为外贸依存度的代理变量进行分析，并根据中国东部、中部、西部地区的划分，考察贸易对环境污染的影响是否在不同区域有所差别。同时，为了检验不同贸易方式对环境污染的影响，还考察了一般贸易和加工贸易方式对同一类型的污染排放是否存在结论上的差异。

第 6 章是基于中国城市和企业层面数据的实证检验。为了补充国内现有文献中较少使用微观层次数据的缺陷，本书还运用城市层面横截面和面板数据进行实证分析，并在进一步分析影响渠道时运用了企业层面的微观数据。由于缺少微观企业的排放数据，并没有直接运用企业层面数据进行回归；但在城市分析时样本城市的数量达到 334 个，样本数量充足。在这一层次的实证检验中也充分考虑了解决内生性问题，但利用了与省级层面检验中不同的工具变量进行分析并得出结论。本章中使用的工具变量有两个：在横截面数据中利用 Blanchard 和 Perotti（2002）提出的

9

两阶段工具变量方法，利用第一阶段回归后的残差作为贸易的工具变量；在面板数据中则利用城市距离港口的地理距离作为贸易的工具变量。

第 7 章是主要结论与政策建议。在上述研究基础上阐明主要结论，笔者认为贸易对环境污染的影响会随着不同污染物质和区域而有所不同，计量方法和计量标准的选择也会对结果产生一定的影响，从而得出贸易对环境的影响不确定这一结论。根据这一结论，笔者分别从贸易政策和环境政策方面提出协调贸易与环境发展的政策建议，并阐述研究的局限与未来研究方向。

本书沿着"提出问题—文献回顾—理论分析—实证分析—结论与对策"的基本框架进行研究，研究框架如图 1.1 所示。

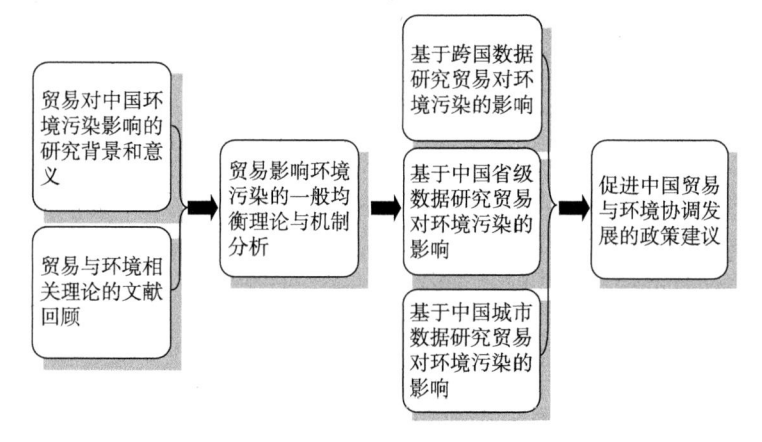

图 1.1 本书的研究框架

1.3.3 研究方法

本书试图探寻国际贸易对环境污染的影响程度，并力求在多层次、多角度、多方法相结合的情况下寻找更加稳健和合理的结论。使用到的研究方法包括以下几种：

（1）定性分析与定量分析相结合。通过定性分析，阐明国际贸易影响环境污染的不同途径与机制。同时，运用大量的数据资料，对中国对外贸易与环境污染的状况进行定量分析。通过描述有关经济变量间的关系，进一步阐释贸易与环境关系的经济规律。

（2）比较分析法。发达国家与发展中国家的国际贸易与环境污染状况国别差异很大。通过比较分析，掌握国际贸易的环境效应在不同国家产生的结论，认识中国与发达国家以及其他发展中国家的差异，作为对中国进行实证检验的基础和借鉴。

（3）理论分析与实证分析相结合。以一般均衡理论模型为基础，结合贸易影响环境的不同机制分析，从理论上考虑贸易对环境污染所产生的影响。同时，利用统计年鉴、环境统计公报等统计资料进行实证分析。具体实证分析的方法包括面板数据回归、系统 GMM 回归、工具变量法等。

1.4 研究重点难点及主要创新点

1.4.1 研究重点难点

1. 研究重点

首先介绍了贸易与环境问题的理论框架与传导机制。在介绍一般均衡模型后，重点分析了贸易对环境影响的机制，较为全面地阐述了国际贸易可以通过何种渠道影响一国的环境污染，以及这些不同的影响渠道之间是否存在内在的联系。除规模效应、结构效应和技术效应外，还考察了收入效应、市场竞争效应以及资源配置效应，并在具体分析时，说明了这些渠道如何在中国市场上发挥作用。在实证研究中，首先使用跨国数据比较国际贸易的环境效应在不同国家的区别，同时将中国数据纳入跨国数据研究中，考察中国作为其他样本国家的对立面在结论上是否有所不同，为研究中国的现实问题提供一定的参考。以此为基础，笔者重点探讨了贸易对中国环境污染的影响，即对外贸易是增加还是减少了我国污染物质的排放。在研究中涉及工业二氧化硫、工业废气、工业固体废弃物、工业废水、$PM_{2.5}$等污染排放指标，并以工业二氧化硫排放以及$PM_{2.5}$排放作为重点研究对象。同时在已有污染指标的基础上，利用指标加权的方法构建了环境污染的综合指标，考察贸易对该综合指数指标的影响程度。考虑到中国贸易发展的地区不平衡特性以及加工贸易方式在我国贸易中的重要地位，笔者还考察了不同地区和贸易方式下贸易的环境效应问题。在实证检验中，为了使结论更加令人信服，笔者分别运用了跨国层面、中国省级层面以及城市层面的数据进行验证，数据类型包含截面数据和面板数据，在实证方法上也采用工具变量法、动态面板方法等不同计量方法进行了实证检验。笔者希望通过对上述理论与实证的分析，就贸易对环境污染的影响得出较为可靠的结论，并在此基础上寻求协调贸易与环境发展的现实政策。

2. 研究难点

环境作为一个综合性概念，范畴包含了环境污染、生态多样性、资源状况等多个方面。较为全面而合理地衡量一国的环境状况是非常困难的。本书虽然仅仅涉及了环境污染这一个方面，但由于污染物质众多，且不同污染物质对环境质量的影响程度不同，造成的经济损失也存在差异，因此如何选取可信度高的指标表征环境状况便成为一个难点。虽然有部分文章运用单一指数、加权平均等方法，利用不同污染物指标构建了环境污染指数的综合指标，但对构建方法并未形成统一的意见。除此之外，本书最大的难点在于实证研究数据的匮乏。我国作为发展中国家，长久以来对环境污染的重视程度并不高，许多环境指标并未列入监测范围，而且数据准确性也值得商榷。另外，许多微观层面的企业排放数据并不公开，直接造成了实证分析的困难。尤其是企业层面的污染排放数据，虽然工业企业数据库中对企业的许多指标进行了描述，但并未公布实际数据，因此企业层面数据的使用具有很大局限性。还有一个难点在于如何解决实证问题中存在的内生性。由于贸易与环境问题的研究存在联立性问题和测量误差问题，模型中的内生性便成为实证研究中必须要解决的问题。内生性问题的主要解决办法是寻找合适的工具变量，而众所周知，寻找一个好的、可靠的工具变量是很困难的。因此，如何构建一个可以令人信服的工具变量以解决内生性问题也是本书的一个难点所在。

1.4.2 主要创新点

（1）在进行国际贸易对环境影响的机制分析时，本书除阐述传统的规模效应、结构效应和技术效应之外，还加入了收入效应、市场竞争效应、资源配置效应等新的传导机制的分析。同时，还分析了不同传导机制的内在联系以及各种效应如何在中国发挥作用。在分析资源配置效应时，还从企业异质性角度考察了不同类型的企业对污染的影响。在传导机制的实证分析中，利用企业微观层面数据考察了贸易引致的环境效应。

（2）实证分析更加全面。现有的相关研究成果主要采用省级层面的面板数据，污染排放物的指标也多集中于碳排放以及二氧化硫等传统排放指标。本书利用最新的贸易和污染数据，包括当下热门的 $PM_{2.5}$ 排放数据进行分析，并构建了包含众多污染物质的综合污染指数进行研究；数据层面不仅包含了省级层面的静态面板和动态面板数据模型，还加入了城市层面以及企业微观层面数据，丰富了实证研究的成果。

（3）探索尝试多种实证研究方法。在实证方法上，为了解决贸易与环境研究中的内生性问题，本书尝试利用多种实证研究方法，如工具变量法、系统 GMM 方法等，并创新性地寻找新的不同的工具变量，包括利用各省最大贸易伙伴国的加权汇率冲击作为国际贸易的外生工具变量，以及基于淮河两岸供暖政策差异而寻找工具变量等。

第 2 章　文献综述

如果说在 1972 年瑞典斯德哥尔摩召开人类历史上第一次环境会议时，环境问题已经引起了世界各国的普遍关注，那么 1992 年在巴西里约热内卢召开的联合国环境与发展大会则成为可持续发展经济中重要的一幕。学术界对贸易与环境问题的关注也产生于这一大背景之下。从 20 世纪 70 年代开始，关于这一问题的研究开始见诸报端，从 90 年代开始，大量关于贸易与环境问题的研究成果开始逐渐呈现。本书的文献综述主要包括国外和国内两个部分，分别介绍国外以及国内关于贸易与环境问题的主要研究成果，并对现有文献作出相应的评述。目前，国内外学术界关于贸易与环境问题的研究主要集中于国际贸易对环境质量的影响、环境规制对国际贸易的影响、贸易与环境的协调发展等方面。本书主要关注贸易对环境的影响，并且回顾了与主题直接相关的几个主要问题，包括贸易自由化的环境效应的理论与经验分析、污染天堂假说以及环境库茨涅茨曲线（以下简称"EKC 曲线"）的实证分析等。学术界关于各个方面的研究成果都很多，本书仅仅涵盖了研究这几个问题的代表性成果和观点，并在此基础上进行总结和评价。

2.1　国外的相关研究

2.1.1　国际贸易影响环境质量的理论模型

自从环境问题进入经济学家的视野，人们对贸易与环境问题的关注就一直持续。传统贸易理论中并未包含环境要素的分析，

第 2 章 文献综述

因此在考虑贸易对福利的影响时也没能将环境质量纳入理论框架。从 20 世纪 90 年代开始，自由贸易论者和环保主义者们就贸易与环境问题展开了异常激烈的争论，认为贸易和环境通过经济途径联系在一起，并产生相互影响。环境问题的出现对传统国际贸易理论无疑是一个挑战，如何在理论分析框架中加入环境要素也成为许多学者研究的对象。由于本书从贸易影响环境的角度进行研究，因此主要回顾了国际贸易影响环境质量的一些经典文献。

最早就这一问题进行研究的经济学家便是 Grossman 和 Krueger。随着北美自由贸易协定（NAFTA）的生效，许多环境保护主义者开始担心在自由贸易不断发展的同时，墨西哥的环境质量是否会受到前所未有的挑战。而在当时，并没有关于贸易对环境影响力的一般性结论，包括经济发展水平和污染排放之间的关系，因此 Grossman 和 Krueger（1991）在估计 EKC 曲线的情况下，提出了贸易对环境影响的"三效应"模型，即规模效应、结构效应和技术效应，这也是后续理论发展的主要来源。规模效应解释了由于贸易扩张导致经济活动增加进而引起污染排放增加的现象；结构效应解释了由于国际贸易导致一国经济结构变化进而引致的污染排放水平变化，结构效应的影响方向取决于要素禀赋理论和污染天堂假说之间的竞争结果；技术效应解释了环保产品和环保设备的引进使得一国技术水平向更加清洁的方向发展，从而污染排放减少的现象。贸易对环境质量的最终影响将取决于三种效应综合作用的结果，因此从理论上来说，贸易对环境的影响并不确定。

一般均衡模型是分析贸易与环境问题时最常用的模型。Copeland 和 Taylor（1994）第一次将理论模型发展为两个不同收入国家的一般均衡模型。其中运用了南北贸易模型，即国家间存在巨大的收入差距，这一收入差距引致的环境政策差异是贸易的决定因素。该模型还假设各国设定了不同的污染税来抵消污染排放导致的损害，当一国的经济发展和贸易水平等经济环境发生变化时，政府会随之调整污染税等环境政策。为了简化分析，文中还假定了污染导致的损害仅限定于发生污染排放的国家，即跨界污染的情况并不会发生。最终结论为，贸易并不像经济增长那样主要产生规模效应和技术效应，国际贸易还产生了结构效应，这是决定贸易是否会恶化环境质量的关键。如果假设污染税的差异是导致贸易的唯一动因，且贸易并不会使得要素价格均等，那么自由贸易势必会导致整个世界污染水平的恶化。同时，由于高收入的发达国家会选择更高的污染税，最终使得国际贸易对发达国家环境质量产生正面的影响，而对发展中国家的影响刚好相反。

利用南北贸易模型研究发达国家与发展中国家在贸易与环境问题上的差异一度成为许多学者的理论分析基础。Chichilnisky（1994）同样使用了南北贸易模型，国家之间的技术、要素禀赋、偏好等都一致，但环境作为投入的生产要素之一，在南北国家之间的产权定义却不相同，北方国家的环境资源属于私人产权，而南方国家的环境资源则未被管制。在南方国家，环境资源的产权不清导致资源滥用，产权通过影响资源的供给而影响市场行为，因此产权不清本身就可以作为贸易发生的动因。同时，南方国家和北方国家进行贸易将导致资源不合理分配的状况进一步恶化，并扩散至整个世界经济。南方国家过度使用资源用于生产，而北方国家则过度消费资源密集型产品，由此导致资源价格的低估。产权政策和资源税政策都可以作为改善这一状况的手段，但产权政策将更加有效。

和上述研究相同的是，Ekins et al.（1994）同样从引致贸易的动因出发进行研究。其认为贸易保护主义者们强调国际贸易改善环境质量的原因包括提升了人们对环境保护的需求，以及经济增长带来了更多的资源用于环境保护，但这些成立的前提依赖于一些重要的条件。首先，需要认清经济增长是否会导致环境的恶化，而这一现象似乎并不是小概率事件。其次，经济增长带来的资源并不一定会被分配用于环境保护方面，这是一种常态，更不用说有很多的环境损害是不可逆的。其还提到了对贸易至关重要的运输问题以及贸易导致的土地所有权的变更。运输所需的燃料是污染的主要原因之一，而土地所有权的变更使得原有农民为了生存而破坏生态环境。引致贸易的动因有很多，包括经济的、社会的、政治的，甚至文化的动因。引致贸易的动因有很多，包括经济的、社会的、政治的，甚至文化的动因。因此，在研究贸易对环境的影响时，厘清引致贸易的动因才是决定这一影响的关键。

随着理论分析越来越多，原有理论分析中的假设条件逐渐被放开，经济学家们开始考虑与传统分析不同假设下的结论。Beladi 和 Oladi（2000）在不完全竞争市场的情况下研究了国际贸易对环境质量的影响。他们建立了双头垄断模型，一个是国内企业，另一个则为国外的企业。两家企业同时生产同质产品并只供应国内市场，投入劳动力，在产出产品的同时排放污染，但产品清洁度不同，即每单位产出的污染排放量不同。在均衡条件下得出的结论是，东道国单边的贸易自由化可以导致本国污染的减少，并且还能降低全球的污染水平（当且仅当国外企业的生产清洁度远远高于国内生产时）。

随着异质性贸易理论的兴起，Kreickemeier et al.（2012）在企业异质性的框架下进行了研究，旨在于揭示贸易对环境的影响受到企业排放强度的影响。该模型为垄断竞争市场的单部门模型，部门内的各企业生产率不同，且环境效率也有所差异，并假定生产效率越高的企业，环境效率也越高。他们提出了再分配效应，即贸易自由化通过提高企业生产率，降低企业排放强度而导致经济中平均排放强度降低的现象。文中并没有涉及传统文献中的技术效应和结构效应。技术效应可以被认为是该部门贸易开放度提高使得其企业平均生产率提高的总体效应。结构效应则可以被看成发生在部门内部的一种资源再分配。结论是贸易对环境是有利的（当且仅当企业的排放强度随着企业生产率的提高而大幅降低时）。

2.1.2 国际贸易影响环境质量的实证研究

在学术界,关于贸易自由化的环境效应已经争论很久,但至今尚未达成清晰的共识。一方面,国际贸易通过扩大经济活动的规模增加了资源的消耗,从而破坏生态环境。如果该国在国际分工中专注于生产污染密集型产品,则出口贸易的增加将造成本国污染排放量的上升。另一方面,贸易活动,尤其是进口贸易活动的增加为进口国学习和引进先进的清洁技术,进口更加符合环保要求的中间投入品等提供了更大的便利。总体上,国际贸易对环境污染的影响主要有三种观点:第一种观点认为国际贸易对环境是有利的;第二种观点认为国际贸易会造成环境污染的加重;第三种观点认为贸易与环境的关系是复杂、不确定的,这一观点目前占据主导地位。

认为国际贸易将促进环境质量提升的经典文献是 Antweiler et al. (2001) 发表于美国经济评论上的文章。笔者通过清晰的污染需求–供给模型将 Grossman 和 Krueger (1991) 提出的"三效应"理论模型化,分别衡量了三效应的不同符号以及大小,也因此成为后续实证研究的基础模型。文中对 43 个国家(包含 108 个城市)1971~1996 年的二氧化硫数据进行实证,并假定了贸易对产出结构的影响由于国家的不同而各有差异,同时使用了固定效应和随机效应模型。结果表明,虽然由于贸易引致的结构效应相对较小,但贸易可以通过影响产出和收入进而借由规模效应和技术效应影响污染排放,综合看来,贸易对环境的整体影响是有利的。

在贸易与环境问题研究中,二氧化硫作为工业生产的副产品,对人类的危害较大,而且各国对二氧化硫的监测也较为普遍;因此二氧化硫排放是最常被关注的指标之一。除此之外,二氧化碳、化学需氧量(COD)、挥发性有机物等也是实证文章中常常出现的指标。由于各国在环境监测方面选用的指标并不统一，因此在研究贸易对环境的影响时，不同的样本国家有可能会选取不同的污染物质指标。如 Bajona 和 Kelly（2012）的研究中用到了二氧化硫、烟灰、粉尘、化学需氧量等污染排放指标，将贸易环境问题的研究具体化为贸易补贴的减少对污染物质排放的影响。文章模型中考虑了减少补贴对原先受补贴企业生产水平、贸易条件、资本积累等方面的影响。理论上，如果受补贴部门比私有部门的污染集中度更高，则降低补贴会导致污染的减少，因为一般来说这些受补贴的部门受到的污染监管也较轻。而考虑到中国的实际情况，国有企业往往比私营企业更加容易收到补贴，实证检验也证明国有企业的污染集中度更高，因此实证对理论是支持的。

　　Dean（2002）则以化学需氧量作为环境质量的代理指标，以 H-O 理论为基础建立了联立方程模型。该模型假定没有跨国界污染，环境作为要素投入生产，但环境的供给则是内生的，取决于消费者对环境破坏的忍耐力，因此会受到贸易政策的影响。两方程的联立可以区分国际贸易对环境的直接影响以及通过影响收入而带来的间接环境影响，因为这两种影响极有可能是相反的。实证结果显示，贸易对环境的直接影响是不利的，但贸易限制每降低 1% 可以导致收入增长率增加 0.09%。这一收入的增加最终会导致污染排放增长率降低 0.03%，即贸易对环境质量的间接效应是有利的，最终的净效应也证明贸易有利于环境质量的提高。Dean 和 Lovely（2007）使用了中国 1995~2005 年的化学需氧量、二氧化硫、烟尘、粉尘数据，运用反实验分析发现这一状况部分源于贸易结构向清洁产品的转变，部分源于清洁技术的不断提升。他们还考虑到了加工贸易在中国贸易中的特殊地位，将传统贸易和加工贸易进行对比发现，加工贸易的清洁程度要大于传统贸易。原因可能是加工贸易的厂商多为外国投资企业，这类企业一般拥有更先进的清洁技术。

　　上述文章都以中国为样本进行分析，而 McAusland 和 Millimet

（2013）则选用了美国和加拿大的有毒化学物质作为考察对象。通过比较美国和加拿大国内贸易和国际贸易对有毒化学物质排放的不同影响，试图回答边界对这一问题的重要性，即对于贸易与环境之间的关系而言，一国内部边界和国家之间的边界是否不同。文章模型中考虑了非完全竞争状态、差异化产品以及产业内贸易等各种现代贸易经济中的重要元素，并强调了产业内贸易在贸易和环境问题争论中的重要性。其中，实证部分利用美国和加拿大1997~2002年的省级数据，并运用Frank和Rose（2005）的引力模型以及工具变量法，证实国际贸易能够降低污染排放，而国内贸易则会增加污染排放，即边界在这一问题上很重要。这一结论事实上在一定程度上推翻了Chintrakarn和Millimet（2006）的结论，因为后者以美国州际数据作为研究样本，事实上假设了国家内部边界和国家边界是相同的。Levinson（2009）同样以美国为研究对象，污染物质涉及二氧化硫、二氧化氮、一氧化碳、挥发性有机物四种。他从美国制造业所排放的污染物质稳步减少说起，试图探究技术效应和结构效应对这种污染排放减少的作用哪个更大，即美国制造业污染排放减少更多是来源于技术进步还是国际贸易带来的进口污染品增加。在实证分析时，还考虑到了进口中间产品对环境质量的影响，利用投入产出表，构建了美国制造业的排放强度指标，最终证明进口污染产品增加只能解释10%的美国制造业污染减少。因此，想要减少制造业带来的污染排放，还需要致力于清洁技术的广泛使用。

在实证检验贸易对环境的影响时，由于贸易与环境之间的相互影响关系以及测量误差等问题，极有可能产生内生性问题。许多实证文章在分析时都考虑到了这一内生性问题，并提出了不同的解决办法。如Frankel和Rose（2005）最大的贡献在于考虑到了贸易和收入的内生性问题，重点研究了贸易对环境质量的因果影响。为了解决联立性等导致的内生性问题，将贸易和收入都作为内生性变量进行处理，运用引力模型中的地理变量作为贸易的代理变量，运用滞后期收入、投资率水平以及人力资本等要素作为收入的工具变量。结果表明，贸易对空气质量提升具有正面影响，但对于其他污染排放物质则不尽然。由于文中仅仅使用了国家层面的横截面数据，并且来源不同，数据质量存有一定的疑义。因此在 Frankel 和 Rose（2005）方法的基础上，Chintrakarn 和 Millimet（2006）将数据扩展为美国各州的面板数据，结论仍然保持一致。Gamper – Rabindran（2006）针对内生性问题使用了双差分模型（Difference in Difference，DID）。文章将北美自由贸易协定看作对成员国贸易自由化的政策冲击，研究这一冲击对墨西哥的污染排放的影响。利用双差分模型对比北美自由贸易协定之前和之后的差别，认为如果美国从墨西哥进口的污染产品较北美自由贸易协定签订之前增加，则墨西哥专业化生产污染产品，即贸易自由化带来的结构效应是负面的。文中还探讨了北美自由贸易协定通过技术效应和产业迁移进而影响环境的作用。总体看来，北美自由贸易协定并没有对墨西哥的环境质量造成负面影响。而 Baghdadi et al.（2013）同样使用了双差分模型进行研究，研究对象为 182 个国家的二氧化碳排放。文中使用了区域经济协定这一虚拟变量，并区分了协议中是否有环保条款。他充分考虑了在研究这一问题时可能存在的内生性问题，使用了工具变量法来解决收入和国际贸易变量的内生性；而在解决区域经济协定变量的内生性时，使用了倾向得分匹配（PSM）方法和双差分模型，结论认为签订有环保条款的区域经济一体化组织的成员国的二氧化碳排放量会更低。

还有一部分学者通过实证研究得出了国际贸易不利于环境质量改善的结果。在实证中，如何选择合理可信的指标代表环境质量一直是个难点，环境污染物种类繁多，衡量指标也各有不同。随着越来越多的污染物质被列入环境监测范围，实证文章中环境指标的选择也变得越来越多样化，在选择样本国家时也开始加大对发展中国家的探讨。如 Cole（2006）考虑到很多实证文献在讨论国际贸易的环境效应时因污染物质的选择不同而结论不同，因此使用了能源消耗作为因变量。因为能源消耗是引起污染排放的直接原因，因此检验贸易与能源消耗直接的关系也可以作为贸易对环境质量影响的间接证据。他使用了32个发达国家和发展中国家1975~1995年的数据，并使用了引力模型进行稳健性检验，结论认为贸易开放度越大，人均能源消耗越大。而Feridun et al.（2006）则以发展中国家尼日利亚为研究样本，除二氧化碳指标外，还加入了森林砍伐指标。他在ACT模型基础上进行了修改，考虑到人口数据不真实对人均收入数据质量的影响，用真实GNP数据而非人均收入数据来衡量技术效应，并同时使用了OLS和GLS方法进行验证。尽管结构效应为正，但是负的规模效应和技术效应使得贸易自由化对环境的最终影响为负。有趣的是，一向被认为对环境质量应该起到改善作用的技术效应在此却是负面的，但是数值很小，文中并没有对此进行详细解释。

O'Bannon et al.（2013）通过虚拟水贸易引致的全球环境代价，阐述农产品贸易对世界环境质量的影响有多大。其使用灰水来代表农产品贸易导致的污染衡量指标。如果一国进口灰水，则该国将由此导致的污染外部化至出口国，而出口灰水的国家则将积累内部污染。文中还提到灰水贸易在各国分布得并不平均，原因是各国的社会发展状况大不相同，但结论显示虚拟水贸易的增加会导致全球污染的增加。随着中国城市雾霾天气的增加，$PM_{2.5}$也成为中国乃至世界的热搜词之一。Guan Dabo et al.（2014）将中国$PM_{2.5}$的排放成因划分为五种，一是人口的增加，二是技术的变化，三是生产结构的变化，四是消费结构的变化，五是人均GDP的变化。其中技术和消费结构的变化起到降低排放的作用，而其他三种的作用则相反。还单独考察了出口对$PM_{2.5}$排放的影响。结果显示尽管资本形成是造成$PM_{2.5}$年均排放的最大原因，但这一排放量却在稳步下降，而用以满足出口的生产是 1997~2010 年唯一一个一直推动排放增加的类型，而且超过六成以上的 $PM_{2.5}$ 的排放都是用来满足经济合作与发展组织（OECD）国家的消费的。

在得出国际贸易能够恶化环境质量结论的文献中，许多都使用了二氧化碳作为研究对象。二氧化碳是很强的温室气体，对长波辐射具有很强的辐射效应。地表向外发出的长波辐射被大气吸收后，地表与底层大气温度增高，故而引起温室效应。由二氧化碳引起的全球变暖引致的死亡案例已经很多，因此人们对二氧化碳的关注始终没有减弱。Atici（2012）以东南亚国家联盟为研究对象，着重研究了该联盟国家与其最大的贸易伙伴日本之间的贸易对二氧化碳排放的影响。东南亚国家联盟作为区域经济组织，贸易尤其是出口对其经济发展的作用不容小觑。他在回归方程中加入了出口占 GDP 的比重，结果发现出口增加会引起二氧化碳排放的增加。而如果将联盟内的国家按照不同经济发展阶段进行划分，则出口对于二氧化碳的影响也有所区别。但该联盟国家对日本的出口却并没有造成环境污染的加剧，原因可能是日本对进口产品的严格限制，或日本进口的污染产品并不来源于该联盟国家。Dietzenbacher et al.（2012）运用中国独特的三分式投入产出分析表将加工出口和普通出口进行区分，描述其对二氧化碳排放的影响。和普通投入产出表不同，三分式表格将加工出口生产、仅供国内使用的生产以及其他生产（包括非加工出口和外商投资企业用作国内用途的生产）进行了区分。发现如果使用普通表格，则 2002 年中国的二氧化碳排放中有 20.3% 源于出口；但如果使用三分式表格，则这一比例下降至 12.6%。因此，相对普通出口来说，加工贸易的出口更加清洁。

Peters 和 Hertwich（2006）在使用投入产出模型时考虑了国家间技术的差异，用以研究挪威的贸易中隐含的二氧化碳排放。在以往的文献中，多半假设贸易伙伴国之间的技术是没有差异的，但由于各国能源结构的不同，这一假设往往不够真实。挪威因为其独特的能源结构以及对贸易的依赖，是研究这一问题的极好样本。结果发现，挪威进口中包含的二氧化碳排放量占国内排放总量的67%，且很大部分来源于发展中国家。同样以发达国家二氧化碳排放为研究对象的还包括 Stahls et al.（2011）。其使用了以消费为基础的二氧化碳排放作为代表环境质量的变量，研究芬兰的林木业贸易对环境质量的影响。林木产业作为芬兰经济重要的组成部分，同时也在芬兰的出口中占据很大比例，因此研究在林木业出口中所隐含的二氧化碳排放是说明贸易环境效应在芬兰的很好材料。文中使用投入产出分析发现出口产品的排放强度要远远高于用于国内消费的排放强度，即林木业产品的出口增加了芬兰的二氧化碳排放。

为了对贸易和环境问题进行更加细致的研究，许多文章还进一步讨论了贸易对环境产生影响的主要途径，从更深层次探讨贸易的环境效应。如 Schatan（2000）比较了墨西哥在加入北美自由贸易区之前和之后的出口以及污染排放的变化，发现墨西哥在加入北美自由贸易区后并没有出现所谓的向污染密集型部门转移的现象，因此污染排放的增加主要来源于规模效应而非结构效应。同时，尽管贸易的开放使得墨西哥的出口产品加入了很多高技术因素，但这一现象却是局部的，而且主要发生在出口加工部门，这可能会产生新的环境问题。总之，贸易开放对墨西哥环境的影响是不利的，但还不至于使墨西哥成为污染天堂。Weber et al.（2008）将中国二氧化碳排放的来源分为四类：家庭消费、资本投资、政府花费以及出口，着重研究出口对二氧化碳排放的影响。文中使用1987~2005年的数据，发现中国由于出口导致二氧化碳排放持续增加，到2005年已经增加至1/3。同时，出口数据也几乎以同样比例增长，间接证明出口的二氧化碳排放强度与国内消费和投资相似，但出口引致的排放增长率仍大于总排放增长率。Lin Jintai et al.（2014）在描述了中国生产的空气污染物已经成为世界空气污染重要组成的同时，探究了其中有多少是用来供应国外而非中国本土的消费的。在 2006 年，中国排放的 36% 的二氧化硫、27% 的氮氧化物、22% 的一氧化碳以及 17% 的黑炭都是用来供应国外消费者的，而这其中的 21% 则用来供应美国消费者。假设美国不从中国进口而改为自行生产，则美国本土的排放量将增加 6%~19%。因此，文中主张在考虑如何减少世界污染问题时，应以消费为基础而非生产来考量各国的清洁责任问题。

最后一种观点则认为国际贸易对环境污染的影响并不确定。这类文献在研究方法和研究对象上都较为多样化，分析选取的角度更加多元化，定性分析说明也更加详尽。Tsigas et al. (2002) 发现贸易自由化与环境之间的关联是复杂的，而贸易自由化对环境的净效应则是一个实证问题。他们提到贸易政策通过四种经济机制来影响环境：一是生产地点的国际转换，二是部门间对自然资源等的竞争，三是生产的增加和污染减少的努力，四是贸易对收入进而对消费者行为的影响。文中提到西半球的自由贸易确实提高了经济效率，但并不能保证环境质量提升或下降，即环境效应不明确。Cole 和 Elliott (2003) 在 ACT 模型的基础上重点研究了结构效应的决定因素。他们将贸易对环境质量影响的结构效应分为两种途径：一是通过各国环境规制的不同而产生的比较优势进而影响产品结构；二是在假设污染产品为资本密集型产品的前提下，通过各国要素禀赋的不同而对产品结构产生影响。这也就是污染天堂假说和要素禀赋理论之间的较量。结论显示贸易引致的结构效应相比规模效应和技术效应以及直接结构效应的作用要小，而且贸易对环境质量的净效应也因污染物质和因变量的选取不同而不同。

而 Creason et al. (2005) 的文章不仅涵盖的数据信息量异常庞大，分析角度也较传统文章有所不同。文中利用美国环境保护机构的贸易与环境评估模型（TEAM）和数据验证贸易自由化对环境的影响。该系统涉及美国 1175 个部门的数据，并涵盖包括水污染、空气污染、农业污染以及危险废弃物在内的 900 多种化学污染物的排放，并且可以用来评估任何经济事件对环境质量的影响。文中主要分析 2002 年美国国际贸易委员会发布的关于撤销对美国制造业、农业和服务业的进口限制对于环境质量的影响。总的来说，贸易自由化对美国整体的环境质量是有利的，但当分析到美国各个州时发现，美国南部许多州随着贸易的开放污染排放有所下降，而北方和中部各州则完全相反。

在认为贸易对环境的影响不确定的计量分析中，文献中使用的实证方法也各自不同。实证方法的不同是否是造成结论不确定的原因之一尚有待考察，但各种计量方法的使用无疑为今后的实证检验提供了更多的研究素材。Managi et al.（2009）认为在分析贸易对环境质量的影响时，许多文章没有考虑到内生性问题，即收入的内生性，没有将贸易对收入的作用明确化，而贸易对环境质量的影响很多是通过收入来起作用的，因此将贸易间接引致的规模效应和技术效应与贸易对环境直接影响的结构效应加总的做法是不科学的。文中将国际贸易和收入作为内生性变量，并考虑到可能存在的序列相关，使用了 GMM 方法进行实证。结论显示，贸易对环境质量的影响因样本国家和污染物质的不同而有所区别。总体来说，贸易对 OECD 国家的环境质量改善有促进作用，但却增加了非 OECD 国家的部分污染物质的排放，而且这种作用在考虑长期时更加明显。Hubbard（2014）使用了横截面数据的泊松似然估计方法研究贸易和二氧化碳排放之间的关系。他构建了一个多国模型，由于各国消费者会受到污染排放的影响而福利受损，因此各国政府会制定相应政策进行干预。各国政府的目标是国内消费者福利最大化。理论上，从自给自足到自由贸易究竟会增加还是减少世界污染排放量是不确定的，取决于污染排放对消费者的影响有多大。实证中，考虑到贸易成本的变化会对各国企业层面二氧化碳排放量造成影响，结论显示，贸易成本降低会使得世界企业层面的二氧化碳排放增加，但具体到各个国家时，情况各不相同。

随着区域经济一体化的不断发展，许多国家都加入了不同的区域经济组织。加入区域经济组织势必对成员国的贸易规模、贸易结构、贸易品价格等产生很大影响。因此研究一国加入区域经济组织对该国环境的影响也成为研究贸易与环境问题的一个重要角度。如 Beghin et al. (2002) 以智利为研究样本，考察贸易一体化、环境污染和公共健康之间的联系。他们采用了仿真研究的方法，在考察贸易对环境质量的影响时，考虑了三种情况——单边贸易自由化、加入北美自由贸易区以及加入南方共同市场。在不同情况下，对于不同的污染物质，结论各不相同。但总体来说，加入北美自由贸易区和南方共同市场对于智利的环境来说是有利的，但单边贸易自由化引起的全世界自由贸易则有可能对环境产生不利影响。Gumilang et al. (2011) 以发展中国家印度尼西亚为研究对象，以签订的印度尼西亚－日本经济合作协议和东盟自由贸易区协定为背景，分别考察了这两个不同协议带来不同程度的贸易开放对印度尼西亚的空气质量和水质量的影响。结论显示，关税降低对不同污染物质排放会有不同的影响，但总的来说，这种影响是很小的，弹性介于 0.47~2.51。

部分文献还研究了具体某一种产业的贸易对环境污染的影响。如 Cooper et al. (2003) 运用实验分析法，在假设农产品贸易极端自由化的条件下对环境的影响，这一影响可以看作贸易对环境影响的上限。假设的场景是所有 WTO 成员之间取消农产品贸易的所有限制，包括关税和非关税壁垒。在这种情境下，贸易对农产品生产的影响其实并不大，进而对农产品生产带来各种污染的影响也并不大。尽管总体来说污染会出现小幅增加，但增加比率小于 1%。当运用区域分析法分析美国不同的州时，结论出现了偏差，各州农产品贸易对环境影响有利有弊。Saunders 和 Cagatay (2004) 以乳制品产业的国际贸易为基础，以局部均衡模型为实证方法，研究了自由贸易政策对乳制品生产以及由此引起的地下水中硝酸盐浓度的影响。乳制品产业作为很多国家受保护的产业之一，生产和贸易状况势必受到政策变化的影响，进而影响污染物质的排放。文章通过比较静态分析法，比较在没有贸易开放、欧盟开放以及 OECD 开放情况下的不同结果，发现贸易自由化政策对环境质量的影响在不同国家是不同的。

表 2.1 展示了本节中所列出文献的作者信息、发表刊物、数据类型、样本国家、实证方法以及实证结论等。表中排序按照文章第一作者的字母顺序进行排列。从表中能够更加清晰地看到，在研究国际贸易对环境影响的实证检验中，污染物质、国家类型、估计方法以及结论都各不相同。

2.1.3 污染天堂假说的研究

污染天堂假说是由于各国在环境政策制定上的不同而衍生的一种假设。该假说认为，拥有更加严格环境规制的国家会失去污染密集型产品的比较优势，在短期内可能会从环境规制较宽松的国家进口污染密集型产品，而长期则会导致污染密集型企业的重新选址。对于污染天堂假说的验证，有很多的实证文章，但结论却是有争议的。有些文章证实了假说的成立，有些则持否定态度，还有一些文章则部分证实了污染天堂国家的存在，因为这可能只限定于某些产业或某些国家。

污染天堂假说的拥立者认为污染密集型产业会通过自由贸易以及外商直接投资（FDI）的方式向环境规制宽松国家转移。短期内，国际贸易仍是污染天堂效应形成的必经途径。Levinson 和 Taylor（2008）利用美国 1977～1986 年从墨西哥和加拿大 132 个生产部门进口的贸易数据，估计污染削减成本对贸易流向的作用。结果显示，成本每增加 1%，美国从墨西哥的净进口将增加 0.2%，从加拿大的净进口将增加 0.4%。如果考虑污染削减成本的内生性，运用工具变量法进行回归，则这一效果会更明显。

第 2 章 文献综述

表 2.1 国际贸易影响环境质量的实证研究文献

作者	发表期刊	数据类型	数据年限	涉及国家或地区	污染物质	估计方法	结论
Antweiler et al.	The American Economic Review (2001)	Panel	1971~1996	43个发达和发展中国家	SO_2	固定效应和随机效应	有利
Atici C.	Journal of the Japanese and International Economies (2012)	Panel	1970~2006	东南亚国家联盟	CO_2	固定效应和随机效应	不利
Baghdadi et al.	Journal of International Economics (2013)	Cross-sectional	1980~2008	182个国家	CO_2	双差分模型	有利
Bajona and Kelly	Journal of Environmental Economics and Management (2012)	Panel	1995~2007	中国	SO_2、烟灰、粉尘、COD	固定效应	有利
Beghin et al.	Environment and Development Economics (2002)	Cross-sectional	1997~2010	智利	水污染、空气污染等13种污染物质	模拟分析	不确定
Chintrakarn et al.	Journal of Environmental Economics and Management (2006)	Panel	1993~1997	美国	有毒化学物质	广义矩估计	有利
Cole	Economic Letters (2006)	Panel	1975~1995	32个发达和发展中国家	人均能源消耗、能源消耗强度	固定效应	不利

29

续表

作者	发表期刊	数据类型	数据年限	涉及国家或地区	污染物物质	估计方法	结论
Cole and Elliott	Journal of Environmental Economics and Management (2003)	Panel	1975~1995	26 (32) 个发达和发展中国家	SO_2、NO_X、CO_2、COD	固定效应	不确定
Cooper et al.	The Second North American Symposium on Assessing the Environmental Effects of Trade (2003)	Panel	1989~1995	美国	土地侵蚀,地下水和地表水中氮和磷流失、脱氮等	模拟分析	不确定
Creason et al.	Agricultural and Resource Economics Review (2005)	Cross-sectional	2002	美国	水污染、空气污染、农业污染以及危险废弃物	投入产出分析	不确定
Dean	The Canadian Journal of Economics (2002)	Pool	1987~1995	中国	BOD	联立方程模型	有利
Dean and Lovely	China's Growing Role in World Trade (University of Chicago Press) (2007)	Pool	1995~2005	中国	COD、SO_2、烟尘、粉尘	广义最小二乘	有利
Dietzenbacher et al.	Journal of Environmental Economics and Management (2012)	Cross-sectional	2002	中国	CO_2	投入产出分析	不利

续表

作者	发表期刊	数据类型	数据年限	涉及国家或地区	污染物质	估计方法	结论
Feridun et al.	Journal of Developing Societies (2006)	Time-series	1980~2000	尼日利亚	CO_2、森林砍伐	普通最小二乘、广义最小二乘	不利
Frankel and Rose (2005)	The Review of Economics and Statistics	Cross-sectional	1990	30多个发达国家和发展中国家	SO_2、NO_2、TSP	工具变量法	对于空气质量有利
Gamper-rabindran	Economic Development and Cultural Change (2006)	Panel	1989~1999	墨西哥	空气污染物、有毒物质	普通最小二乘、Tobit	有利
Guan Dabo et al.	Environmental Research Letters (2014)	Panel	1997~2010	中国	$PM_{2.5}$	投入产出分析	不利
Gumilang et al.	Economic Modelling (2011)	Panel	2001~2022	印度尼西亚	CO_2、CH_4、N_2O、BOD、COD、TSP	模拟分析	不确定
Hubbard	Applied Economics (2014)	Cross-sectional	2000	20个发达国家和发展中国家	CO_2	泊松似然估计	不确定

续表

作者	发表期刊	数据类型	数据年限	涉及国家或地区	污染物质	估计方法	结论
Levinson	The American Economic Review (2009)	Panel	1987~2001	美国	SO_2、NO_2、CO、VOC	投入产出分析	有利
Lin Jintai et al.	PNAS (2014)	Panel	2000~2009	中国、美国、欧盟、日本等	SO_2、NO_X、CO、BC	投入产出分析	不利
Managi et al.	Journal of Environmental Economics and Management (2009)	Panel	1973~2000	88个OECD和非OECD国家	SO_2、CO_2、BOD	广义矩估计	不确定
McAusland and Millimet	Journal of Environmental Economics and Management (2013)	Panel	1997~2002	美国、加拿大	有毒化学物质	工具变量法	有利
O'Bannon et al.	Hydrology and Earth System Sciences (2013)	Panel	1986~2010	联合国数据	灰水	模拟分析	不利
Peters and Hertwich	Global Environmental Change (2006)	Cross-sectional	2000	挪威	CO_2	投入产出分析	不利

第 2 章 文献综述

续表

作者	发表期刊	数据类型	数据年限	涉及国家或地区	污染物质	估计方法	结论
Saunders and Cagatay	Journal of Environmental Assessment Policy and Management (2004)	Cross-sectional	2010	17个欧盟以及OECD国家	地下水中的硝酸盐浓度	比较静态分析	不确定
Schatan	Paper prepared for the North American Symposium (2000)	Cross-sectional	1992/1998	墨西哥	各类污染排放物	普通最小二乘	不利
Stahls et al.	Journal of Cleaner Production (2011)	Cross-sectional	2005	芬兰	CO_2	投入产出分析	不利
Tsigas et al.	5th Annual Conference on Global Economic Analysis (2002)	Cross-sectional	1991	加拿大、美国、墨西哥、巴西、阿根廷	工业和农业污染排放物	模拟分析	不确定
Weber et al.	Energy Policy (2008)	Panel	1987~2005	中国	CO_2	投入产出分析	不利

FDI作为污染密集型产品生产企业的长期选择，成为污染天堂假说验证中的主要关注点。各个国家因其不同的经济、资源、人口状况，对外投资的主要驱动力也有所不同（张宗斌 等，2019）。Becker和Henderson（2000）利用美国1963~1992年的企业数据，验证了环境规制对企业是否投资以及投资地点转移等的选择问题。实证结果表明，在环境规制严格的地区，污染产业的企业诞生率会下降26%~45%，而且对于拥有大型企业的产业和部门，这种影响更为强烈。Jie He（2006）利用中国29个省份工业二氧化硫排放的面板数据研究了FDI与环境污染之间的关系。利用联立方程模型进行实证的结果显示，FDI每增加1%，工业二氧化硫排放将上升0.098%，影响很小；同时，通过引入动态研究，即假设FDI受到上期经济增长和环境规制严格程度的影响，还证实了污染天堂假说在中国是成立的，即环境规制的严格性会在一定程度上阻碍FDI的流入。Yi Lu et al.（2013）在考虑到环境规制内生性问题的基础上，运用双差分模型验证了污染天堂假说。文章利用中国政府在1998年实施的酸雨控制区和二氧化硫污染控制区（Two Control Zones，TCZ）政策，将280个城市划分为TCZ城市和非TCZ城市（其中受控制的城市为158个）进行双差分模型实证分析，结论表明环境规制严格的城市相比其他城市引入的FDI减少31.9%，证明了污染天堂假说是成立的。同时，考虑到污染产业和非污染产业之间可能存在的异方差性，进一步利用城市-产业-时间的数据进行分析，结果显示环境规制对FDI的负向作用在污染产业显著，在非污染产业并不显著。

和上面文献的结论相反，部分学者并不赞成污染天堂假说。Mani和Wheeler（1998）利用OECD国家和亚洲、拉美国家1960~1995年的数据否定污染天堂假说的存在性。文章认为污染产业向发展中国家输入的现象并不是普遍存在的，即便存在也是一种暂时的现象，因为发展中国家成为污染天堂的效应会随着经济增长同时引致的规制、技术等的不断发展而减弱。

第 2 章 文献综述

污染天堂假说的成立还被认为是由于出现了向底线赛跑的现象，即发展中国家为了吸引投资主动降低环境标准的现象。但许多学者认为向底线赛跑假说并不成立，进而否定了污染天堂的存在。Wheeler（2001）通过描述美国、中国、巴西和墨西哥的 FDI 和空气污染趋势否定向底线赛跑假说，认为向底线赛跑之所以不能成立是因为其基本假设存在偏误。首先，污染控制成本对很多企业来说并不是很重要的成本，在总成本中比例很低。其次，尽管发展中国家的环境规制相对宽松，但仍存在很多非政府组织会督促并惩罚污染严重的企业。而且随着发展中国家的收入水平的提高，环境规制会越来越严格，这也与 EKC 曲线理论相一致。另外，市场中一些其他因素，如技术因素、金融环境、公众影响力等都会影响到企业在污染控制方面的决定。许多大型跨国公司在发展中国家的分支机构往往会采用与发达国家的环境规制相同的水平。所以尽管发达国家和发展中国家在环境规制上面确实存在差距，但这一差距并不会自动导致向底线赛跑的现象。

在检验污染天堂假说的方法中，一种是通过贸易流向或 FDI 的区位选择进行验证。发达国家和发展中国家在 FDI 的区位选择上存在很大差异（张宗斌 等，2019）。如 Eskeland 和 Harrison（2003）在验证污染天堂假说时使用了墨西哥、委内瑞拉、摩洛哥和科特迪瓦四个发展中国家的数据，结果并未发现这些国家的 FDI 与污染消除成本有关，而且国外公司往往比东道国本地公司技术更加清洁，尽管这不能说明污染天堂一定不存在，但至少提醒了政策制定者们在力求较少污染时应该更加关注环境政策本身而非投资政策。还有一种是通过构造污染产业指数的方法进行验证。如 Mongelli et al.（2006）以参加了京都议定书和欧盟排放交易体系的意大利为样本国，构造污染产业转移指数，即用污染密集型产品的净出口除以国内该产品的消费。若该指数呈上升趋势，则污染天堂假说不成立；相反，如果该指数呈下降趋势，则假说有可能是成立的。结果显示虽然意大利某些产业的指数较为平稳，总体来说并不支持污染天堂假说的成立。

除上述两种观点之外，还有一部分学者则认为污染天堂假说是局部成立的，或者说污染天堂并不是普遍存在的。Cole 和 Elliott（2003）分别运用要素禀赋模型和产业内贸易模型验证环境规制对贸易模式的影响。在 HOV 模型下，环境规制对污染产业净出口并没有显著影响，即污染天堂假说不成立。但同时文章还在 IIT 模型下，利用双边贸易数据研究环境规制对贸易构成的影响。结果显示，随着两国环境规制差异的增大，产业间贸易的份额也在增加，而产业间贸易是基于比较优势而发生的，产业内贸易则是基于产品差异化而发生的，因此这一结论也预示着拥有较为宽松环境规制的国家可能存在污染密集型产品的比较优势，符合污染天堂假说。

Dean et al.（2009）认为中国作为全球吸引 FDI 最多的发展中国家，并且各省份之间的环境政策各不相同，因此中国是验证污染天堂假说是否成立的绝好样本。文章利用中国 1993~1996 年不同省份、产业和 FDI 来源国的合资企业数据进行实证，结果表明只有来自中国香港、澳门和台湾的高度污染产业投资才会受到环境规制的阻碍，而来自发达国家的 FDI 并没有受到这一阻碍。

2.1.4 环境库茨涅茨曲线的研究

环境库茨涅茨曲线（也称"EKC 曲线"），参见图 2.1，由于形状和库茨涅茨 1955 年提出的人均收入和分配公平程度之间倒 U 形曲线关系相似而得名。EKC 曲线假说描述了经济增长和环境质量之间的二次曲线关系。当一国的经济发展达到某一峰值之后，经济增长对环境质量的提高将具有正面作用。对 EKC 曲线的解释有很多，包括从产业升级角度、消费者消费偏好角度以及政府环境规制角度等进行分析说明。因此，对 EKC 曲线的验证也从多个角度使用多种方法进行，因此得出了不同的结论。研究经济增长与环境之间的关系，理清其思想渊源无疑为研究贸易与环境问题提供了一定的理论基础。

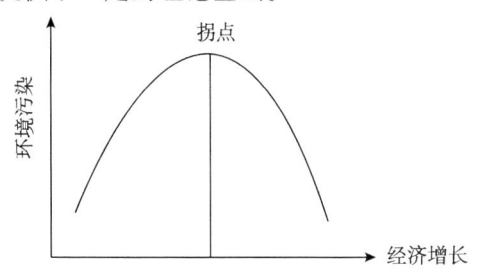

图 2.1　EKC 曲线示意图

通过实证分析验证 EKC 曲线理论的文献有很多。为了使 EKC 曲线的验证更加合理化，实证文章往往选取较长的时间区间，以避免由于时间选取的片面性而导致的结论偏误。如 Shahbaz et al.（2012）以巴基斯坦 1971~2009 年的数据为样本，考察二氧化碳排放、能源消费、经济增长以及国际贸易之间的关系。文章发现了 EKC 曲线在巴基斯坦存在的证据，还发现能源消费会始终增加二氧化碳的排放，而贸易作用尽管在短期内的结果不显著，在长期却会降低二氧化碳的排放。Esteve 和 Tamarit（2012）同样使用了二氧化碳的数据，但样本国家变为西班牙，时间区间则更长，样本集包含了 1857~2007 年的数据，也同样证实了 EKC 曲线在西班牙是成立的。Markandya（2006）等更以 12 个西欧国家长达 150 年的污染数据为样本集，研究人均 GDP 和二氧化硫排放之间的非线性关系。结果证明，无论是对单个国家而言，还是将所有国家作为一个整体，在不牺牲长期经济增长的情况下降低污染物质的排放是有可能的。文章还引入了环境规制作为控制变量，表明环境规制会使得 EKC 曲线的峰值向左移动，但在单个国家的情况下，移动的方向并不确定。

同国际贸易影响环境的实证分析一样，对 EKC 曲线理论的验证也存在多种污染物质的选择问题。不同的实证文章选择了不同的污染物质，对于污染物质选择的合理性并未产生共鸣。如

Selden 和 Song（1994）使用 8 个国家 4 种污染物质的面板数据验证经济增长和环境污染之间的关系。他们除使用了 Grossman 和 Krueger（1991）使用的悬浮颗粒和二氧化硫面板数据外，还使用了氮氧化物和一氧化碳的人均排放量表征环境污染，结果表明，污染排放量和人均 GDP 之间存在倒 U 形关系。Millimet et al.（2003）发现在验证 EKC 曲线时模型的假定是至关重要的。文章以美国 1929～1994 年二氧化硫和氮氧化物的州级面板数据为样本，使用了参数模型和半参数模型的实证方法。结论支持环境库茨涅茨曲线假说，但不同的模型设定将会产生不同的峰值点，尤其当因变量为二氧化硫时，这种差异更加明显。Cole（2004）则同时使用了 OECD 国家 6 种空气污染物和 4 种水污染物质进行验证，结果除挥发性有机化合物和一氧化碳外，其余 8 种污染物质的面板数据和人均收入之间都呈现倒 U 形关系。在 EKC 曲线的估计方程中，加入了向非 OECD 国家出口的污染产品占总出口的比重以及从非 OECD 国家进口的污染产品比重作为衡量污染天堂假说是否会影响 EKC 曲线形状的证据。实证表明，EKC 曲线在高收入水平阶段可能会受到污染天堂假说的影响。文章同时还提供了国际贸易促进环境质量提高的部分证据。

这一假说在看待经济增长对环境质量的作用时的态度是乐观的，也因此出现了很多质疑之声，部分学者运用实证研究推翻了这一假说。Kearsley 和 Riddel（2009）的研究不仅否定了污染天堂假说，还在 27 个 OECD 国家 7 种排放物的实证中否定了 EKC 曲线假说。他们发现当一国的收入水平达到某一值之后，边际排放并没有如预期一样成为负值，而是变为 0，而且峰值的置信区域太大，甚至在样本数据以外，因此并不能提供足够的证据证明倒 U 形曲线的存在。Stern 和 Common（2001）认为原有文献在验证 EKC 假说时更多地使用了 OECD 国家的数据，但这种样本选择极有可能由于遗漏变量对峰值的估计产生偏误，因此使用了更为广泛的数据库进行实证。数据库包含了 73 个 OECD 国家以及非 OECD 国家 1960~1990 年的数据，其中 2/3 的国家为中等或低收入国家。结论显示，当使用全球样本时，人均硫排放量和人均收入之间是单调的函数关系，只有当使用高收入国家样本时，才得出了倒 U 形曲线关系。也因此说明了在验证 EKC 曲线假说的问题上，样本的选择至关重要。Halkos（2003）使用了与 Stern 和 Common（2001）同样的数据库，却得出了不一样的结论。和后者不同的是，他同时使用了随机系数以及 GMM 方法进行实证，结论却不尽相同。只有在动态模型 GMM 估计方法下，EKC 曲线才是存在的，而且 OECD 国家的转折点更高。

EKC 曲线理论的实证检验中同样存在内生性问题，因为经济增长和环境污染之间可以相互影响。或者可以说，研究贸易对环境的影响离不开经济增长这一纽带。Lee et al.（2010）在验证 EKC 曲线时为了解决内生性问题使用了 GMM 方法对 97 个国家 1980~2001 年的数据进行动态分析，并且用化学需氧量指标代表水污染的程度，结论表明 EKC 曲线并不存在。在进一步的分析中，为了验证该假说是否因为地域的不同而存在差异，将总样本划分为非洲、亚洲、大洋洲、美洲和欧洲五个区域分别进行验证，结果证实在美洲和欧洲，EKC 假说是成立的，而在另外三个区域则并没有证据证明其存在性。

在 EKC 曲线的研究中，大多文献以人均收入水平代表一国的经济增长水平，但也有些文献在此基础上进行了拓展。如 Paudel 和 Schafer（2009）以 EKC 曲线理论为基础，试图研究社会资本和污染排放之间是否也存在同样的倒 U 形关系。文中选用了美国路易斯安那州 53 个地区的面板数据，并使用磷、氮以及溶解氧的指标代表水污染的程度，在估计方程中，用构造的社会资本指数代替传统方程中的人均收入指标，但倒 U 形关系并没有出现。

2.1.5 国外文献评述

综上所述，国外关于贸易与环境问题的研究主要包括国际贸易影响环境的理论与实证检验、验证污染天堂假说是否成立的分析以及对 EKC 曲线倒 U 形关系是否存在及其峰值点的研究。国外的文献无论从理论上还是实证上都较为完整。学者们从不同的角度，运用不同的分析工具和策略，使用不同的样本数据对贸易自由化的环境效应以及其他相关问题进行了阐述。虽然结论可能各有不同，但许多理论和实证方法都非常典型，具有借鉴意义。

目前，国外文献中已经建立了一些理论框架用以研究贸易对环境的影响，包括将环境要素纳入理论框架中的要素禀赋模型，考虑环境后的贸易福利分析，从生产消费角度分析的贸易与环境的一般均衡模型，以三效应为基础的传导机制分析以及加入不完全竞争因素的分析等。虽然也有文献考虑在异质性企业假设下的理论框架，但分析比较简单，对企业的描述不够详尽，企业异质性的假定条件较为单一，并且对国际贸易影响环境的机制也没有进行详细的阐述，还具有一定的局限性。

在实证研究方面，国外研究中较为多见的模型包括可计算一般均衡模型、联立方程回归、投入产出分析、计量回归分析等。尽管模型众多，但结论却存在争议。从表 2.1 可以看出，国外关于贸易影响环境的实证研究多集中于发达国家，专门研究发展中国家的文献较少，因此结论的普适性存在争议。从污染物质的选择来看，仍多集中于二氧化硫、二氧化碳、氮氧化物等传统污染物质，尽管也有对新兴污染物质如灰水、$PM_{2.5}$ 等的研究，但研究数量较少。研究方法虽然多样，并且在计量回归分析中已有很多实证文献意识到在研究贸易与环境问题中内生性问题的重要性，却没有提出十分可靠的解决办法。这仍将是未来实证研究中的重点。

2.2 国内的相关研究

2.2.1 国内关于国际贸易与环境质量关系的研究

相对于发达国家，发展中国家对于这一问题的研究起步较晚。一是由于发展中国家对环境污染问题的重视程度远远落后于发达国家,二是发展中国家的环境指标检测数据并不完备,存在较大误差,限制了实证研究的发展,因此关于这一问题的文献研究相对落后。但随着污染问题更加全球化,许多发展中国家,包括中国在内,开始积极探讨环境质量恶化的经济原因。因此,出现了一批关于贸易与环境的具有参考价值的研究成果。

ACT 模型作为贸易与环境实证研究中的经典模型,被中国学者广泛运用于中国问题的研究。不同文章可能侧重于不同效应的研究,由于规模效应的传导机制较为简单,因此大多数文章更加注重对结构效应和技术效应的分解分析。由于选用数据以及计量方法上的差异,文献的结论也并非一致。如张连众等(2003)在运用中国省级横截面数据进行实证检验时,使用人均 GDP 代表规模效应,以资本劳动比代表结构效应和技术效应,同时方程中还加入了出口总额与 GDP 的比重来代表贸易开放的程度,用以衡量贸易对环境的总效应。结果显示,资本劳动比和贸易开放度的系数为负,而人均 GDP 系数为正,表明贸易并不是造成环境质量恶化的原因之一。党玉婷和万能(2007)以"三效应"模型为基础,利用中国 1994~2003 年的数据进行实证,发现中国的结构效应和技术效应对改善环境质量起到了一定的推动作用。虽然这种作用也在逐年增加,但鉴于规模效应为负,国际贸易对中国环境质量的总效应仍然为负。其中出口能增加污染物质的排放,而进口产品的污染密度要大于出口产品,因此进口在一定程度上对环境质量是起推动作用的。而刘林奇(2009)的研究则表明贸易对环境的总效应因区域的不同而有所不同。他将 Grossman 和 Krueger(1991)提出的三效应扩展为加入了市场效率和环境政策的五种效应。贸易通过影响资源配置进而影响市场效率,同时通过影响消费者对环境的需求而影响环境政策。通过对我国 2000~2006 年省级面板数据进行回归,他发现贸易对环境的总效应在东中西部地区各不相同:国际贸易提高了我国东部地区的环境质量，却增加了中部和西部地区的工业废水排放量。

国内部分文献进行实证时也意识到了解决内生性问题的必要性。如李锴 等（2011）在考虑贸易开放与二氧化碳排放的关系时，充分考虑了实证研究中可能发生的内生变量问题。文中分别利用了工具变量法和广义矩估计来解决内生性问题，同时分析了其对二氧化碳排放量和排放强度的影响，结论一致认为国际贸易对中国环境质量的作用是负面的。除工具变量法之外，联立方程模型也是较为常用的一种方法。沈荣珊和任荣明（2006）以 Dean（2002）的联立方程模型为基础，运用 34 个发展中国家的数据考察贸易对水体有机化合污染物排放的影响。因为模型假设不存在跨境污染，因此相较于空气污染的数据，水体有机污染物的数据更加合理化。文章采用二阶段最小二乘法进行回归，结果显示贸易开放度通过影响 GDP 进而使得环境质量有所下降，但在长期来看技术效应和结构效应将逐渐显现，进而实现贸易对环境质量的正面影响。何洁（2010）同样使用了联立方程系统模型就中国贸易对工业二氧化硫排放效应进行检验。文中在生产函数中对进口和出口进行区分，用以区别进口和出口对环境质量的不同影响。出口通过影响全要素生产率来影响增长，进而影响排放，而进口则以技术效应以及对产业结构的改变为渠道来影响环境质量。据中国 1993~2001 年省级面板数据的实证发现，出口会导致排放增加，而进口则相反。而贸易对环境的总影响是非常小的。

自从 Leontief 创立投入产出模型之后，很多学者也开始运用投入产出分析法分析贸易和环境的相互影响。国内许多学者通过投入产出表计算我国的贸易含污量，讨论贸易产品中隐含的污染排放。如张友国（2009）利用投入产出模型对中国的贸易含污量进行了测算，文中主要关注能源消耗和二氧化硫排放。在构造投入产出表时，考虑到了价格变化因素，因此将价格转为不变价进行比较，同时还在表中区分了国内产品和进口产品，形成了非竞争型投入产出表。结果表明由出口引致的能源消耗和二氧化硫排放增长迅速，虽然进口含污量也在不断上升，但 2004 年以来贸易的净效应是不利于环境的。沈利生和唐志（2008）同样使用二氧化硫排放指标计算出口排污量和进口减排量的强度和总量，并且强调在计算中使用的是完全排放系数而非直接排放系数。中国 2002~2006 年的出口二氧化硫排放强度都低于进口，即在进出口贸易相等的情况下，国际贸易势必将减少二氧化硫的排放，但中国巨大的贸易顺差却使得以总排量衡量的国际贸易的环境效应为负。当然，这其中的原因还包括不断下降的进口与出口的排放强度之比。彭水军和刘安平（2010）通过开放经济体系下的投入产出模型考察了贸易对工业二氧化硫、工业烟尘、工业粉尘以及化学需氧量排放的影响。文中主要涉及了两个概念：一是净出口含污量，表明出口含污量与进口含污量之差，我国 1997~2005 年该数据均大于 0，表明贸易对中国环境质量的负面影响；二是污染贸易条件指标，用以衡量单位出口和进口产品的清洁度，实证表明中国并不具有污染密集型产品的出口优势，即污染天堂假说在中国不成立。前面的研究都集中分析中国的特定问题，而王奇等（2013）则以跨国数据为研究对象，计算了发达国家、新兴工业化国家以及发展中国家这三类国家贸易中的隐含污染转移排放量，发达国家和新兴工业化国家倾向于通过贸易向外输出污染，而发展中国家则正好相反。对于中国来说，1970~2000 年的系数都为负值，表明中国每年都通过贸易输入污染。这也导致了发达国家和新兴工业化国家通过贸易向外输出污染而使得 EKC 曲线的拐点提前。而对发展中国家 EKC 曲线的拟合结果则未发现任何拐点的出现。与上述使用投入产出分析的结论不同，李小平（2010）的文章涉及了污染天堂假说的验证、隐含碳的计算以及国际贸易环境效应的检验等问题。文章在对这三类问题的检验上，分别使用了净出口消费系数、投入产出分析以及面板数据的系统 GMM 分析方法。结论发现中国并没有出现向所谓的污染天堂转变的现象，同时出口隐含碳中的国内部分有所下降，最主要的是，GMM 主回归结果中环境污染对贸易开放的弹性为 -0.009，表明贸易开放程度每增加 1%，二氧化碳排放将减少 0.009%。虽然系数的绝对值并不大，但依然表明了国际贸易对减少污染排放的正向影响趋势。

随着全球化的不断加深，国际分工的不断细化，国内还有很多学者致力于研究某些特定的贸易模式对环境质量的影响。鉴于中国特殊的贸易现状，加工贸易在中国贸易中不容忽视的比重，因此很多研究集中于加工贸易和一般贸易对环境质量影响的区别上。如刘婧（2009）利用时间序列 ARMA 模型分别研究了一般贸易和加工贸易对工业废水、废气以及固体废弃物排放的影响。除在工业废气的排放方面，加工贸易对排放量的弹性为负，表明加工贸易减少了工业废气的排放，其他情况下一般贸易和加工贸易的排放弹性都为正值，表明贸易是环境质量恶化的原因之一。通过比较一般贸易和加工贸易的影响大小可知，加工贸易的弹性绝对值都大于加工贸易，表明加工贸易比一般贸易更容易对环境质量造成影响。袁建新等（2013）则以江苏为研究样本，同样使用了时间序列模型，实证结果发现加工贸易相比于一般贸易对环境的不利影响要更大，可能的原因在于江苏作为加工贸易出口的大省，加工出口产品中又以机电产品为主，因此加工贸易通过结构效应对环境质量产生了不利影响。当然也有些不同观点，如牛海霞等（2009）以中国 1995～2006 年的面板数据为基础，在三效应模型基础上进行适当调整后得出结论，随着加工贸易的开放度提高，中国以二氧化硫排放所表示的环境质量在不断恶化，但各地区的效应并不相同。其中中西部地区的环境代价是恶化的，而东部地区则相反，随着加工贸易的增加而环境质量有所提升。田野（2012）通过对我国 17 种污染密集产业的出口污染水平的核算，也得出了基于产品内分工的贸易降低出口污染水平的结论。

国内也有许多学者致力于研究 EKC 理论在实证上的检验。尽管 EKC 理论已经得到证实,但在实证上的结论却不一致。这种不一致不仅体现在拐点的数值上,还包括曲线的形状等。彭水军等(2006)采用多项式模型,并在方程中加入人均收入水平的立方项用以判断经济发展和环境质量之间的曲线关系。同时在实证中比较了加入控制变量和没有加入控制变量之前的回归结果:除工业废水外,其余污染物的曲线形状都不符合倒 U 形,而且在加入控制变量后曲线形状亦发生很大变化,足以说明环境 – 收入关系是一个复杂的问题,而且受到很多因素的影响。曹光辉等(2006)分别运用全国数据和省份数据对 EKC 理论进行验证,结果发现运用全国人均废气、废水和固体废弃物排放量数据后得出的曲线形状分别为 N 形、线性向下以及 U 形,和 EKC 理论不符。而运用省级数据回归的结果发现人均收入的二次项和三次项系数都不显著,只存在线性关系,因此文章不支持环境 EKC 理论的成立。李刚(2007)的文章分别使用面板数据模型和空间计量模型进行环境 – 收入关系的验证。使用面板数据模型主要是为了克服样本数据较少和样本选择偏差的问题,而选择空间计量模型则是考虑到环境污染指标在相邻区域之间的特征可能会由于产业结构的相似性而存在相关性。两种模型分别对 6 种污染物质进行验证,只有工业废水的 EKC 特征明显,其余污染物质的曲线呈现 N 形或倒 N 形。符淼(2008)考虑到中国全国数据并不能覆盖 EKC 曲线的全部阶段,而由于各省的发展阶段不同,某些省份面板数据可能已经处于 EKC 曲线的后半部分,因此各省份之间可以相互补充,因此使用了省级数据进行实证。同时考虑到参数估计需要对模型和误差项进行预设,如果模型选择不适合,对结论会有很大影响,因此文章主要选用了非参数估计的方法。结论显示除废水曲线符合倒 U 形之外,废气和固体废弃物曲线并不符合 EKC 理论的预期,且各地区的曲线形状差异也较大。刘钴石等(2011)利用全球 213 个国家和地区 1960~2009 年的数据集，运用南北贸易模型进行实证，结果发现对不同污染排放物质而言，EKC 曲线的形状不尽相同，贸易对不同类型国家环境质量的影响也不同。总体而言，开放条件下的发展中国家 EKC 曲线的形状更加接近倒 U 形，发达国家则不确定。

2.2.2 国内文献评述

总体来说，国内关于贸易与环境的相关研究时间还不长，相关研究始于 20 世纪 90 年代，文献数量并不多，但从 21 世纪初开始至 2010 年却呈现大幅度上涨的趋势（马晨峰等，2013）。许多文献都借鉴了国外已有研究的模型和方法。当然，根据中国贸易发展的特点，也衍生了一些针对中国特殊贸易现象的研究，例如研究不同贸易方式下对环境质量的影响。有许多文献还专门研究我国的加工贸易对环境质量的影响、加工贸易与一般贸易在影响环境方面的区别等，以及由于直接引入外商投资在我国开放过程中的重要性，很多文献研究对外贸易、FDI 与环境质量的关系。

通过对国内相关文献的梳理发现，国内的研究领域与国外相似，但主要集中于实证研究方面，缺乏理论方面的创新，同时缺乏机制方面的说明。而且国内关于这一问题的研究主要集中于对中国的实证分析，较少采用其他国家数据样本，尽管可以对我国的政策制定提供一定的启示，但对国际贸易环境效应的验证却有些片面。在实证方法上，许多文献采用了投入产出分析测算贸易含污量。尽管这一方法能更好地显示进出口产品在污染含量上的区别，并可以将间接污染纳入考虑，但作为研究基础的投入产出表的编制时间较长，五年才一次，虽然有些文献依据官方公布的投入产出表进行了一定的延长，但由于工作量巨大，数据准确性上可能存在质疑。而在利用计量方法进行实证检验的文章中，虽然部分文献考虑到了解决内生性问题的重要性，但如何寻找可靠的工具变量仍然是个难点。另外，由于数据获得方面存在困难，大量国内文献采用的表征环境污染的指标都较为局限，工业二氧化硫、工业废水、碳排放等排污指标仍然占据多数，相对国外文献使用多种污染物质的情况来说较为匮乏。而且国内的文献大多采用宏观层面的数据进行研究，例如国家层面数据或省级层面数据，缺少运用微观数据进行的检验，当然这和我国微观层面数据较难取得是直接相关的。如果使用宏观层面数据，各省份内部不同城市之间的经济发展、贸易规模、产业结构等方面存在的差异便无法显现出来，贸易对环境的影响可能会由于这些差异而得出不同的结论。因此，使用微观数据研究贸易与环境问题得出的结论可能更加可靠，这也是我国实证文献未来的主要发展方向。

第 3 章　国际贸易影响环境污染的理论模型与机制分析

贸易与环境的冲突来源于贸易活动对资源的无限需求性与环境对资源的有限供给性之间的矛盾。如果自然界中的资源是取之不竭的，又或者经济发展中产生的环境污染远远弱于环境的自净能力，那么这个矛盾自然可以迎刃而解。而事实上，作为污染主体的个人或企业，更加注重当前的现实利益，因此不惜以污染环境为代价而实现其当前的经济利益，而现实中的资源，尤其是不可再生资源，供应量是非常有限的。为了从理论上分析贸易对环境的影响，许多文献开始将环境因素纳入贸易理论的框架中进行考虑，包括考虑环境要素的 H-O 理论、贸易福利分析的局部均衡模型、一般均衡模型等。本章主要对贸易与环境的一般均衡模型进行介绍，因为后面章节关于贸易与环境的实证研究主要依据一般均衡模型。本章第二节和第三节对贸易影响环境的机制进行了说明，对传统的规模效应、结构效应和技术效应进行了扩展，加入了收入效应、市场竞争和资源配置效应。

3.1　一般均衡模型

一般均衡模型最早是由瓦尔拉斯提出的，是在整体经济的框架内解释生产、消费和价格的理论。和局部均衡分析单一市场不同，一般均衡分析反映了所有市场相互联系的性质，在整个经济约束范围内把各个经济部门和产业联系了起来。本节主要介绍 Antweiler et al.（2001）构建的贸易与环境一般均衡模型。该模型分析在小国开放经济下包含贸易与环境污染变量的一般均衡。

3.1.1 模型假设

假设一个小型开放型经济国家，该国使用劳动 L 和资本 K 生产两种最终产品 X 和 Y。两种产品的要素密集度并不相同，X 是资本密集型产品，Y 是劳动密集型产品。假设资本密集型产品同时也是污染密集型产品，那么生产 X 产品的过程中将会产生一定的污染，这一现象并不发生在产品 Y 的生产过程中。同时假设在两种产品的生产过程中规模报酬都不变，单位产品的成本函数为 $c^X(w, r)$、$c^Y(w, r)$。w、r 分别代表劳动和资本要素的价格。令产品 Y 的国内价格为 1，产品 X 的国内价格为 p，则 p 也表示两种产品的相对价格。

3.1.2 生产者行为

产品 X 是污染密集型产品，产品 X 的生产者在生产过程中将会排放的污染总量为 z。企业为了减少污染的排放量，需要进行一定的投入。假设用以减少污染的要素投入与用以生产产品 X 的要素投入密集度相同，则可以粗略地认为企业将生产出的一部分产品 X 投入了减排过程中。设这一比例为 θ，表征企业生产过程中的排污投入。θ 越大，企业对污染减排的投入越多。设每生产一单位产品 X 的污染排放量为 e，则 e 便是 θ 的减函数。因为企业对污染排放的投入增加会使得单位产品的排污量减少。如果该企业的总产出为 x，则该企业的排污总量为：

$$z = e(\theta)x \tag{3.1}$$

如果政府以征收污染税 τ 的方式对企业进行减排控制，那么企业在计算收益时则需要扣除除要素成本之外的自身减排投入的成本以及税收成本。企业的利润变为：

$$\pi^X = p^n x - wL_X - rK_X \tag{3.2}$$

其中 $p^n = p(1 - \theta) - \tau e(\theta)$，表示企业产品 X 的净价。该式两边同时对 θ 求导，可以得出：

$$p = -\tau e'(\theta) \tag{3.3}$$

由上式可以得出，企业的排污强度 $\theta = \theta(\tau/p)$。因此企业单位产出的排放量 e 便成为 τ/p 的函数。在完全竞争的市场条件下，企业通过选择总产出 x 以及排污投入 θ 追求利润最大化，由零利润条件可以得出：

$$p^n = c^X(w,r) \quad 1 = c^Y(w,r) \tag{3.4}$$

同时，均衡时还需要满足充分就业的条件，即：

$$L = c_w^X x + c_w^Y y \quad K = c_r^X x + c_r^Y y \tag{3.5}$$

3.1.3 消费者行为

环境资源作为公共物品，对环境的污染势必对所有消费者产生很大影响。不同消费者是否会对同样的环境污染问题给予同样的反映，这就涉及了消费者对污染的偏好问题。假设社会中有两种类型的消费者：一类消费者对生态环境的要求较高，因此对环境污染的反应强烈；而另一类消费者对生态环境的关注较少，环境污染并不会对其造成很大困扰。将前一类型的消费者称为绿色消费者，而后一类型的消费者称为棕色消费者，分别记作 N^g 和 N^b，字母 g 代表 green，字母 b 代表 brown。如果该国的人口总数为 N，则 $N^g + N^b = N$，即因污染偏好不同的消费者只有这两类。这里假设消费者拥有同样的商品消费偏好，在给定的污染水平下，消费者的间接效用函数为：

$$V^i(I,z) = u(I) - \rho^i z \quad i = \{g,b\} \tag{3.6}$$

其中，I 代表消费者的实际收入水平；u 为效用函数，单调递增且为凹函数；ρ^i 代表第 i 类消费者的污染边际效用；z 代表污染排放量水平。消费者的总效用为消费引起的正向效用减去污染引起的效用之差，消费者追求总效用的最大化。由于两类消费者对污染的偏好有所不同，因此，污染增加对不同消费者的效用影响也不同。绿色消费者更加无法容忍环境污染带来的破坏性，因此 $\rho^g > \rho^b \geq 0$。

第 3 章 国际贸易影响环境污染的理论模型与机制分析

3.1.4 政府行为

假设政府通过征收污染税的方式减轻一国的污染水平。政府所追求的目标便是社会福利最大化，而且假设社会福利水平由所有消费者的总效用决定。由于消费者对生态环境的要求不同，因此一国所有消费者的总效用为两类消费者的效用之和。政府在制定环保政策时更倾向于照顾哪类消费者的利益体现了政府的不同类型。一般认为发达国家将给予绿色消费者更大的关注。政府通过选择污染税率 τ 使得福利最大化的目标函数为：

$$\max N[\lambda V^g + (1-\lambda) V^b] \tag{3.7}$$

其中，N 为该国消费者的总人数，V^g 和 V^b 分别代表两类消费者的间接效用函数，λ 为政府在制定政策时对绿色消费者的重视程度，是一个权重。λ 越大，政府越有可能制定较为严格的环境政策。参考式（3.6）可得出式（3.7）最大化的一阶条件：

$$u'(I)\frac{dI}{d\tau} - [\lambda \rho^g + (1-\lambda)\rho^b]\frac{dz}{d\tau} = 0 \tag{3.8}$$

假设私人部门利润最大化下的收益为 $R(p^n, K, L)$，则国民收入 $G = R(p^n, K, L) + \tau z$，即国民收入包括私人部门的政府收入，消费者实际收入水平 $I = \dfrac{G/N}{\sigma(p)}$，$\sigma(p)$ 表示价格指数。则：

$$\frac{dI}{d\tau} = \frac{1}{N\sigma(p)}\left[R_{p^n}\frac{dp^n}{d\tau} + z + \tau\frac{dz}{d\tau}\right] \tag{3.9}$$

将方程（3.9）代入方程（3.8）中可得 $\tau = \dfrac{N\sigma(p)}{u'}[\lambda \rho^g + (1-\lambda)\rho^b]$，如果将不同类型消费者所受到的污染的边际损害表示为 $MD^i(p, I) = \rho^i \sigma(p)/u'$，那么：

$$\tau = N[\lambda MD^g(p, I) + (1-\lambda) MD^b(p, I)] \tag{3.10}$$

上式表示政府制定的污染排放价格可以表示为加权后的两类消费者私人边际损害之和乘以消费者总数。再令 $T = N[\lambda \rho^g +$

$(1-\lambda)\rho^b$] 表示国家类型，主要体现为对 λ 的赋值不同，则该国有效边际损害可以表示为方程（3.11），表明一国的政策制定不仅与国家类型有关，还与价格、收入等经济要素相关联。

$$\tau = T\psi(p, I) \tag{3.11}$$

3.1.5 污染需求曲线与供给曲线

根据方程（3.1），企业对污染的需求为单位产品污染排放量和污染产品 X 的总产出的函数。由于企业同时生产污染产品 X 和非污染产品 Y，假设该企业的总产出为 S，则 S 为产品 X 和 Y 的产出总和。令 φ 表示总产出中污染品 X 的比重，则方程 3.1 可以改写为：

$$z = e\varphi S \tag{3.12}$$

对上式求微分可得出污染的需求曲线为：

$$\frac{\mathrm{d}z}{z} = \frac{\mathrm{d}e}{e} + \frac{\mathrm{d}\varphi}{\varphi} + \frac{\mathrm{d}S}{S} \tag{3.13}$$

上式中，$\dfrac{\mathrm{d}e}{e}$ 代表单位产品污染排放的变化率，表征技术效应；$\dfrac{\mathrm{d}\varphi}{\varphi}$ 代表企业总产出中污染产品的占比变化率，表征结构效应；$\dfrac{\mathrm{d}S}{S}$ 代表企业总产出的变化率，表征规模效应。

政府通过设定污染的价格来决定污染的供给情况。政府设定的污染价格的表现形式为污染税，而根据政府设定政策的目标，政府设定的污染排放价格应该等于总的边际损失。根据上部分对政府行为的分析，污染税的制定和国家类型、价格以及收入相关。由于方程假设该国为开放型经济国家，因此产品 X 的相对价格 $p = \eta p^w$，p^w 是产品 X 的世界相对价格。如果该国从外国进口该商品，则 $\eta > 1$，表明产品 X 的国内价格大于世界市场价格；反之，则相反。考虑贸易因素后对式（3.11）进行微分得出该国的污染供给曲线方程：

$$\frac{\mathrm{d}\tau}{\tau} = \frac{\mathrm{d}T}{T} + \varepsilon_{MD,\eta}\frac{\mathrm{d}\eta}{\eta} + \varepsilon_{MD,p}\frac{\mathrm{d}p^w}{p^w} + \varepsilon_{MD,I}\frac{\mathrm{d}I}{I} \quad (3.14)$$

ε 代表经济弹性概念。将污染的需求与供给曲线进行联立求解便可得出均衡值，简化的数理模型也可以由此得出。

3.2 规模效应、结构效应与技术效应

Grossman 和 Krueger（1991）将国际贸易对环境的影响分为规模效应、结构效应和技术效应。规模效应对环境污染的影响为负，结构效应不明确，技术效应则被认为是减轻污染的传导机制之一，因此从理论上就很难得出贸易对环境是促进或者恶化的结论。因此许多实证文献得出结论，认为贸易对环境的影响不确定本身是具有理论依据的。

3.2.1 规模效应

规模效应是指在一国的产业结构和污染排放强度不变的情况下，国际贸易通过影响经济活动的规模进而影响环境污染的渠道。这里隐含的假设前提便是贸易活动的增加能够带来经济规模的扩大。这一假设无论从理论上还是从现实情况考虑都是较为合理的，传统贸易理论中很多理论都强调贸易对经济增长的重要作用，包括绝对优势理论、比较优势理论、相互需求理论、对外贸易"发动机"理论等。而在现实中，许多国家的对外贸易活动都在一定程度上促进了经济的发展，尤其对于像我国这样的发展中国家来说。国际贸易作为拉动我国经济的"三驾马车"之一，为我国的经济增长作出了很大贡献。改革开放以来，我国的对外贸易以超过 GDP 的速度增长，对外贸易量在世界范围内的占比也逐步提高，对我国的经济发展起到拉动作用。虽然对于中国的进出口贸易在多大程度上拉动了 GDP 的增长看法不尽相同，但一般都认为贸易活动，尤其是出口贸易对 GDP 增长的贡献影响

显著。根据国家统计局公布的数据，2012年我国外贸净出口对GDP增长的贡献率为9.6%，稳定增长的对外贸易为实现国民经济增长目标作出了很大贡献。贸易活动带来的经济规模的扩大，不仅导致了自然资源的过度使用，带来了大规模开采滥用导致的自然资源匮乏、生态环境破坏等问题，同时由于生产活动增加的污染排放增加也成为我国环境状况恶化的来源之一。虽然从要素密集度角度来看，行业之间存在不同的污染排放差别，即部分行业属于污染密集型行业，但部分行业在生产过程中产生的污染较少，但单纯从生产规模扩大角度来看，任何产品的生产都会在不同程度上加大污染物质的排放，并不会因为行业的不同而有所区别。即便有些行业生产本身排放极少量的污染，但也有可能对其他环境状况造成不利影响，如噪声、生物多样性、植物分布破坏等。

贸易活动通过规模效应影响环境的另外一个渠道在于运输活动的增加。国际贸易是通过大范围的陆地和海洋运输实现的，大型飞机的使用也使得国际贸易货物的长距离空运成为可能。国际贸易是依赖于运输的，没有运输，贸易活动不可能实现。交通运输的主要问题之一便是大部分交通工具以矿物燃料为驱动力，例如石油。在开采、炼制、储运以及使用石油的过程中会造成对土壤、水体、空气等各方面的污染。当然，运输业造成的污染不仅仅包括上述几点，噪声、交通事故、有害液体泄漏等也是运输增加而造成的负面环境影响。在世界银行数据库发布的运输部门二氧化碳排放量占总的燃料燃烧排放量的百分比数据中，有20%左右来源于运输业，OECD成员国1990~2011年的比例为24%~28%，中国的占比也从1990年的4.8%增加至2011年的7.8%。而从能源消耗角度来看，运输业已经被许多学者认为是能源密集型行业（Daly，1993；Batra et al.，1998），如果按照这一依据，那么国际贸易本身便成了一种污染源。根据世界银行数据库的数据，世界道路部门能耗量占能源消耗量的百分比为13%~15%，

第3章 国际贸易影响环境污染的理论模型与机制分析

OECD 国家占比较高，从 1990 年的 17.6% 增长至 2011 年的 19.8%；中国的这一比重较低，但增速迅猛，从 1990 年的 2.4% 增长至 2011 年的 6.2%，增幅为 158%。国际贸易中涉及的运输业不仅包括道路运输部分，海运和航空运输占据了更大的份额。而海运和航空运输对污染的影响也不言而喻。图 3.1 描述了中国 1990~2011 年道路部门能源消耗量和运输业部门二氧化碳排放量的变化趋势。其中，道路行业的能源包括石油产品、天然气、电力及可再生燃料和废弃物。从图 3.1 可以看出，无论是道路部门的能源消耗量还是运输部门的二氧化碳排放量，从 20 世纪 90 年代开始都呈明显的上升趋势。贾顺平等（2010）也指出，按照国际口径修正后，2007 年中国交通运输业石油能耗量占全部石油终端能耗量的比例为 60.1%，交通运输总能耗量在全部终端能耗量中的比例为 12.7%，不得不说这一比重还是很高的。运输不仅增加了本国的环境问题，还加大了环境问题国际化的可能性，因此在国际贸易通过规模效应影响环境污染的过程中，运输是不可忽视的一部分。

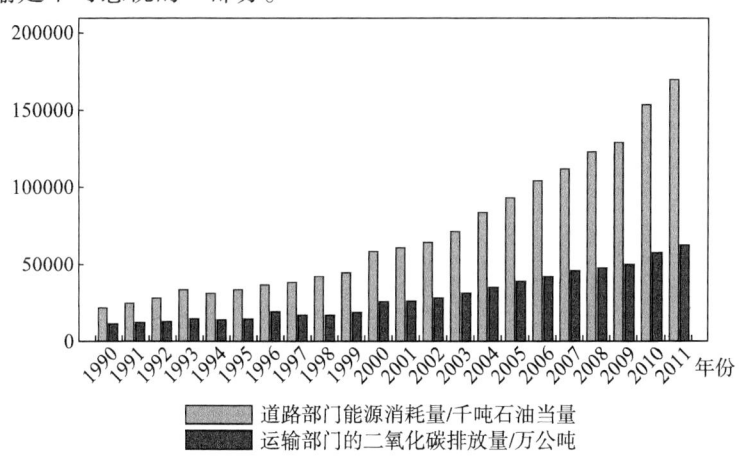

图 3.1 中国道路部门能源消耗量与运输部门二氧化碳排放量

资料来源：国家统计局网站（http://stats.gov.cn/）。

3.2.2 结构效应

结构效应是传统"三效应"中较为复杂的一个效应，复杂性主要在于贸易通过结构效应影响环境的预期结论是不确定的，结果取决于要素禀赋还是污染天堂假说占据主导地位。结构效应是指国际贸易通过影响经济结构而对环境产生影响。在全球范围内的国际分工过程中，各国利用各自的禀赋优势参与国际市场竞争，在这一过程中，各国的产业结构也随之发生改变。正如在一般均衡模型中提到的，产品生产过程会排放一定量的污染物质。污染密集型产业是指在产品生产过程中会产生大量污染的产业，例如造纸业、石油化工业、电力行业等。对污染密集型产业的划分不同的文献有不同的标准，本书根据 Lu et al.（2013）的文章，将表 3.1 中的行业列为污染密集型行业，同时在第 6 章的实证中也使用同样的污染产业划分标准。

表 3.1 中国污染密集型行业

行业代码	行业名称
22	造纸和纸制品业
25	石油加工、炼焦和核燃料加工业
26	化学原料和化学制品制造业
30	非金属矿物制品业
31	黑色金属冶炼和压延加工业
32	有色金属冶炼和压延加工业
4411	火力发电
4430	热力生产和供应

结构效应对环境的积极影响是通过贸易使资源流向相对清洁的部门，加速一个国家的产业结构从污染较为严重的行业转向污染较轻的行业。但如果恰好相反，贸易使得该国的资源流向污染密集型行业，那结构效应就会产生消极的影响。一国的结构效应

第3章 国际贸易影响环境污染的理论模型与机制分析

会出现积极还是消极的影响取决于，在发生作用时是要素禀赋理论还是污染天堂假说占据主导地位。根据要素禀赋理论，各国应该专注于出口该国丰裕要素密集型的产品。由于发达国家相较于发展中国家来说属于资本密集型国家，因此发达国家应该出口资本密集型产品。而一般来说，资本密集型产品的污染特性比劳动密集型更大。因此发达国家按照要素禀赋理论出口了污染密集型的产品，对本国的环境污染势必造成不利影响。发展中国家则刚好相反，因为它们丰裕的要素主要是劳动力而非资本。但是在贸易与环境问题上还有一种假说便是污染天堂假说。该假说认为各国环境规制的不同会使得高收入国家将污染产品向低收入国家转移，因为低收入国家的环境规制一般更加宽松。如果这一假说成立，那么贸易通过结构效应影响环境便对发达国家有利，因为污染产业已经转移至发展中国家。这两种理论在实际过程中应该会同时发挥作用，但究竟结构效应的最终结论如何还要看这两种理论哪个更占上风。具体来说，如果一国生产规模扩大的出口部门的平均污染程度低于规模缩小的进口竞争部门，那么该国结构效应的影响就是消极的，反之则是积极的。图3.2展示了2003~2011年中国污染密集型产业中大中型工业企业的出口交货值情况。出口交货值是工业企业本期生产、本期交给外贸经营部门或自营出口的产品价值，和国际贸易中的出口总值的报告期不同，但同样可以衡量工业企业生产的产品进入国际市场的程度，也是衡量我国大中型工业企业融入世界经济的一个主要参数。从图3.2可以看出，除电力、热力的生产和供应行业的出口交货值在2008年之前有下降的趋势，随后又开始呈显著上升的趋势外，其他几个污染密集型行业中大中型工业企业出口交货值都随着时间的推移呈上升趋势。尽管个别年份存在波动，但都不影响整体上升的趋势。由此可以推断，我国污染密集型行业的出口是增加的，如果按照这一结论推算，我国的国际贸易通过结构效应对环境的影响极有可能是消极的。

(1) 造纸和纸制品业

(2) 石油加工、炼焦和核燃料加工业

(3) 化学原料和化学制品制造业

(4) 非金属矿物制品业

(5) 黑色金属冶炼和压延加工业

(6) 有色金属冶炼和压延加工业

(7) 电力、热力的生产和供应业

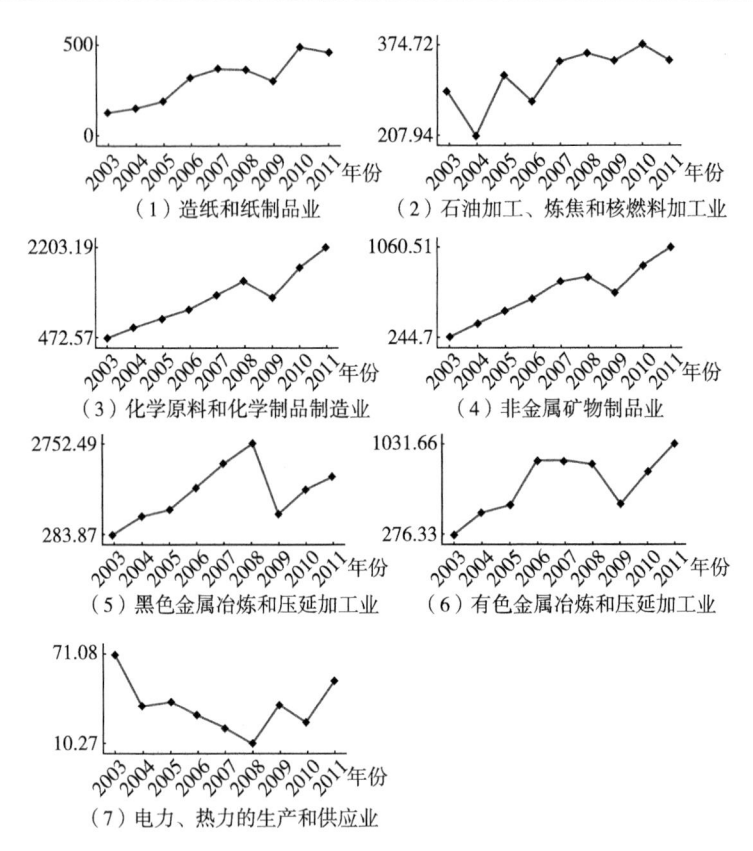

图 3.2 2003~2011 年污染密集型产业中大中型工业企业的出口交货值

资料来源：国家统计局网站（http://stats.gov.cn/）。

注：图中纵轴均为大中型工业企业出口交货值，单位为亿元。

3.2.3 技术效应

国际贸易对环境影响的技术效应是指贸易通过引进环保设备、传播清洁技术而使得企业生产单位产品所造成的环境污染降低，即企业污染强度下降或者单位能耗降低的渠道。技术效应一般被认为会对环境产生正面影响。一国通过国际贸易引进的环保设备越多，清洁技术越先进，对该国环境污染改善起到的作用也

第3章 国际贸易影响环境污染的理论模型与机制分析

将越大。一般来说，凡是涉及新能源、新材料以及环保相关行业的技术和设备都属于清洁技术范畴，例如太阳能、光伏、风能以及其他可再生能源的使用，纳米材料、高分子环保材料的广泛应用以及企业末端污染治理设备的引进都体现了清洁技术的多个方面应用。通过技术效应改善环境污染状况是一国可持续发展过程中的重要支持。而国际贸易为环境友好型的国际技术溢出提供了可能。不同国家由于生产力发展水平的不同，企业在同一产品生产过程中所使用的生产设备、工艺流程、操作方法以及技术人员的素质都存在很大差异，而且各国政府对企业进行技术研发、技术革新等方面的支持力度也各有不同。因此如果国家之间可以就技术领域进行流动和渗透，将先进的清洁技术和设备由技术先进国家向落后国家进行扩散，那么对落后国家的环境保护自然会起到非常大的帮助。

技术效应作为传统三效应中肯定能够发挥正面作用的唯一效应，受到了许多经济学家的重视，因此出现了许多专门研究国际贸易环境技术效应的文献（如 Levinson，2009；Yakita，2009；徐圆等，2014）。在实证检验中，对于清洁技术的衡量，有些文献采用了该国的研究与试验发展水平进行衡量，但由于在研发水平中并没有具体地分类说明哪些研究是用来提高技术和设备的清洁度水平的，因此这一指标的衡量范围太广。国际技术效应的溢出还可以通过专利技术转让这一途径。而且在专利技术数据中，可以直接查看到与环境相关的专利技术数据，这一数据相较于研究与试验发展的数据更加具有针对性，同时专利被授权后会在本国市场甚至国际市场上受到保护，因此更加能够体现技术在企业之间的转移特性。Popp（2002）发现，在世界范围内，美国、日本和德国不仅是拥有环保专利最多的国家，同时也是环保设备的主要出口国。因此，与环境有关的专利水平能在一定程度上反映出国际贸易中环境友好型技术的扩散程度。

根据国家知识产权局下设的知识产权综合信息服务平台提供

的数据，表3.2列举了与环境相关的专利技术数据，并专门列出了国内申请人的技术数据。表中分别列出了与减轻污染、污水处理、废气处理以及废弃物处理有关的专利数据。由于与环境有关的专利技术包含多个方面，笔者只是选择性地列举了具有代表性的污染减排专利数据。该数据平台不仅按照专利类别提供了专利数据，还按照国别进行划分，因此表3.2中不仅列出了各类型的专利数据，还列举了申请人为中国企业或个人的专利数据。其中，发明专利是发明人运用自然规律而提出解决某一特定问题的技术方案，是专利中技术含量最高的一项，包括产品发明和方法发明。而实用新型专利主要是指创造性不太高、实用性较强的对具体产品的形状、构造等提出的新的改进，一般是指小型发明。从表3.2中的数据来看，相比其他类别的专利数据，各国对废弃物处理的相关发明专利较少；而相比总的数据来说，我国与环境有关的专利技术还较少，其中关于废气处理的发明专利仅占到所有国家此类专利的3.1%左右。由于我国与环境有关的专利技术较少，因此，一方面，可以进一步加强对与环境有关的发明专利的鼓励和投入；另一方面，则可以通过国际技术转移引进国外节能减排的先进清洁技术，为国际贸易的环境技术效应发挥作用提供有利的先决条件。

表3.2 与环境有关的专利数据

专利类别	国别	发明专利/件	实用新型专利/件
减轻污染	各国数据	15155	4242
	中国数据	1449	270
污水处理	各国数据	12996	14791
	中国数据	1005	518
废气处理	各国数据	11916	8976
	中国数据	365	258
废弃物处理	各国数据	3480	1115
	中国数据	219	38

资料来源：知识产权综合信息服务平台（http://cnipr.xainfo.gov.cn）。

3.3 收入效应、市场竞争效应与资源配置效应

上一节关于国际贸易影响环境污染的分析是基于传统的规模效应、结构效应和技术效应的分类,这三种效应是理论文献和实证文献分析中最为常见的三种效应。而事实上,除此之外,国际贸易还可以通过其他渠道影响贸易国的环境状况,这一节将从收入效应、市场竞争效应与资源配置效应的角度进行说明。

3.3.1 收入效应

收入效应是指国际贸易通过影响贸易国的人均收入水平,进而影响该国环境状况的渠道。收入效应从污染的需求角度出发,考察不同收入水平的消费者对污染的需求差别而导致对环境污染的不同影响。在西方经济学中,将商品划分为正常商品、劣质商品和吉芬商品三种类型。正常商品是指随着收入增加而需求量上升或随着收入减少而需求量降低的商品。而劣质商品则相反,随着收入水平的增加,人们对劣质商品的需求量会减少,但价格和需求量之间仍然呈反方向变化。而吉芬商品是商品的需求与其价格呈同方向变化的商品,是一种特殊的低档商品。环境作为特殊的公共产品,并不影响它同时作为正常产品的定位。如果将环境看作正常商品,随着人们收入水平的提高,人们会要求水平更高的环境质量,这种要求可以体现在消费者对绿色产品的消费倾向上,还可以体现在人们对更加清洁的公共环境的需求上。这一需求是以效用为核心的,即人们购买绿色产品的初衷并不见得是因为绿色产品的功能相比普通产品有进一步的提升,但从效用角度来讲,人们购买绿色产品后获得的效用比普通产品要大。

自实施改革开放政策以来,按照世界银行公布的数据,我国按购买力平价计算的人均收入水平已由 1990 年的 970 国际元发展到 2013 年的 11850 国际元,按现价美元计算的人均国民总收

入也由 1978 年的 190 美元增长为 2013 年的 6560 美元，增幅超过 30 倍。随着人们收入水平的不断提高，人们对环境质量的需求也越来越大：在市场上，贴有绿色标签的食物售价要远远高于普通食物的售价，贴有低能耗标志的家电类产品售价也较其他同类型产品偏高，更多的人开始在雾霾天气戴口罩出门，专门的 $PM_{2.5}$ 口罩不仅价格高昂，还经常出现断货现象。不仅如此，随着我国环境污染状况的不断恶化以及人们对环境污染的不断重视，各类型的公益环保组织纷纷出现，如中华环境保护基金会、大海环保公社等。这些环保机构的成立也从侧面体现出人们对生态环境的要求越来越高。

其实，对收入效应的分析在验证贸易与环境问题中的 EKC 曲线中就有所体现。EKC 曲线理论是表现一国经济发展与环境污染指标之间倒 U 形非线性关系的理论。而在实证检验中，一般用人均收入水平代表一国的经济发展水平。因此按照 EKC 曲线理论，在经济发展的初期，随着人均收入水平的提高，环境污染加深，当经济发展到一定水平之后，污染排放将随着人均收入水平的增加而下降。对 EKC 曲线的解释需要从多个方面考虑，而消费者对生态环境的需求也是其中的一个方面。正如上面提到的，随着人们收入水平的增加，消费者越来越倾向于消费环境友好型的商品，对公共环境的要求也越来越高，因此很符合 EKC 曲线中倒 U 形斜率为负的后半部分。而 EKC 曲线倒 U 形的前半部分则可以通过高收入人群对环境要求较高的逆命题来进行解释，即人均收入较低时，对生态环境的要求也较低。这一点在发展中国家表现得更加明显。美国、欧洲、日本等发达国家或地区早在 20 世纪 70 年代初期就已经开始了所谓的有机产品思潮，而中国的环境标志产品认证委员会在 1994 年才正式成立。发展中国家在发展初期为了摆脱贫困，更加关注经济的快速增长，消费者对产品的诉求还集中于满足人们自身的基本生活需求上，对环境服务的需求较低。

国际贸易通过影响一国的人均收入水平进而影响对生态环境的需求这一渠道，随着我国人均收入水平的不断提高以及经济全球化作用的不断渗透，未来一定会有很大的发挥空间。人们作为绿色产品的最终消费者以及公共环境污染的最终受害者，对环境质量的需求状况如何势必会在很大程度上左右贸易活动对环境质量的综合作用。而人类的生活活动作为自然界环境污染来源的一部分，随着人们对环境质量要求的提升，对自身生活活动的约束，如对生活垃圾的分类处理、加大使用公共交通出行的力度等，也会对减轻环境污染状况产生一定的正面效应。这也成为国际贸易收入环境效应发挥作用的一部分原因。

3.3.2 市场竞争效应

环境作为典型的公共物品，由于产权无法界定清楚、产生环境负外部性的特征，因此企业生产产品所引致的边际社会成本要远远大于边际私人成本。企业作为实施环保技术的主体，在技术的研发和使用过程中需要投入大量的成本，而这一投入虽然可能会由绿色商品与普通商品之间的差价补偿一部分，但还需要更大的动力来支持企业推行清洁环保技术。市场竞争效应便是描述贸易企业为了提高国际竞争力水平不得不使用先进环保技术进行生产，从而减少了环境污染排放的渠道。

我国作为社会主义市场经济国家，市场经济的一个重要特点便是企业之间展开竞争，而随着国内外经济联系的日渐紧密以及我国企业逐步走向国际化，所有企业都直接或间接地参与了全球竞争，因此如何提升企业的国际竞争力也成为企业家们重点思考的问题之一。一家企业竞争力的表现是多层次、多方面的，而技术创新无疑是其核心竞争力中关键的一部分，也是企业在国际市场竞争中保持长久竞争优势的重要一环。随着全球对环境污染问题的重视程度越来越深，企业在生产过程中是否采用了新型环保材料，是否使用了最先进的环保技术，是否有能力进行环保技术的自主创新等都成为衡量企业竞争力的标准。随着我国国际贸易的不断发展，越来越多的企业走出国门，和其他国家，尤其是发达国家的企业在国际市场上竞争。即便是内销企业，随着进口产品的不断增加，也同样面临与国外产品在本国市场上的激烈竞争。

  随着世界范围内各国环境污染状况的不断恶化，各国政府都制定了一系列环境规制政策，用以降低企业生产过程中带来的社会环境外部性成本。企业为了达到环境规制政策中的污染排放要求，势必需要投入一定的成本以降低原有的污染水平，这极有可能会造成企业竞争力的下降。但也有经济学家认为环境规制对企业竞争力并没有负面影响，反而是正面作用居多。例如 Porter 和 Linde（1995）提出的波特假说认为，企业的比较优势是企业进行创新和改进能力的函数。如果从动态的框架进行分析，一个国家对企业实施严厉的环境管制可以促使企业进行更多的创新活动，而这些创新活动将提高企业的生产力，从而抵消成本增加带来的不利影响，完全有可能提升该国企业的国际竞争力。如果将这一假说推行至全球范围，则国际贸易活动中各国政府环境规制政策的差异便可能成为一国企业提升国际竞争力的助力。自世界贸易组织在世界范围内推行自由贸易政策以来，传统的贸易政策如关税、非关税政策等受到越来越多的限制，更多政府开始寻找其他政策工具来保护本国产业。而环境污染问题的国际化趋势使得许多国家政府开始将环境规制政策延伸至国际贸易领域。但由于各国政府的经济发展阶段不同，各阶段政府的主要目标不同，对环境污染问题的重视程度也存在差异，因此，普遍来说，发达国家对进口商品设置的绿色壁垒要更加繁复和严格。换句话说，我国企业生产的商品即便满足了本国政府规定的污染减排要求，在出口市场上仍有可能不符合国际市场标准。这一点从我国出口企业频繁遭到欧美发达国家绿色贸易壁垒的案例中便可窥见一二。因此，我国企业为了在出口市场上达到发达国家的环境标准，需要实行更加严格的技术标准，这也因此为企业进行技术创新活动提供了更多的原动力。

3.3.3 资源配置效应

市场资源配置是经济运行过程中对资源进行分配、组合以及再分配的过程。资源配置的流向、流量、利用率等问题能够直接反映不同产业、地区以及企业之间的竞争情况。如果不考虑政府干预的结果，一个产业、地区或者企业能够吸引资源流向该部门，则证明相比其他产业、部门或企业，它们在市场中拥有更大的竞争优势。资源配置效应就是描述国际贸易活动通过影响市场中的资源分配情况进而影响该国环境状况的渠道。

随着对微观基础的研究加深，以 Melitz（2003）为代表的企业异质性贸易理论开始强调资源在微观企业之间的重新分配。该理论以企业异质性为假设前提，认为不同企业在规模、人力资本、技术选择等方面差异很大，综合体现为生产率差异。企业在生产率差异、国内市场和国际市场进入成本差异的情况下需要作出是否进入市场的选择，并由此产生了零利润边界生产率水平，只有大于该边界生产率水平的企业才能进入相应的市场。而由于国外市场存在额外的固定成本和"冰山成本"，因此零利润边界生产率水平也更高，也因此表明同一产业内的出口企业比非出口企业的生产率更高。贸易自由化程度的提升使得出口企业对要素投入的需求增加，而在资源供给有限的约束下，企业之间展开对资源的激烈竞争。而出口企业的高利润使得其在资源竞争中具有很大优势，因此资源流向高生产率的出口企业。不仅如此，低生产率企业的被迫退出也会提升行业的平均生产率水平，即便企业各自的生产率没有发生变化，也同样如此。

异质性贸易理论以企业生产率差异为分析基础，将资源在企业间的重新配置进行了说明，而将资源配置效应用来分析贸易与环境问题的理论基础正是异质性贸易理论。污染物质作为企业生产的非期望产出，在传统的劳动生产率测度中并未考虑非期望产出的存在。在此基础上考虑环境因素，或者说将企业异质性的表现延伸至企业环境效率之间的差异后重新分析，发现国际贸易对资源配置的影响可以最终影响到环境。这一结论的得出有一个重要的假设前提，便是企业的排污强度与企业生产率之间存在强烈的相关性。一般认为，生产率越高的企业，污染排放强度越低，两者之间的负相关关系已经被很多文献证实，如 Cole 和 Elliott（2008）、Mazzanti 和 Zobbli（2009）等。而正如异质性贸易理论的结论一样，贸易自由化使得生产中的资源流向生产率更高的出口企业，而由于高生产率企业也同时代表该企业的环境效率更高，因此贸易活动的增加使得资源流向环境效率更高的企业，而且由于生产率较低的企业退出市场，尽管单个企业的排污强度并未发生改变，产业的平均排污强度也有所下降，因此降低了贸易国的环境污染水平。

3.4　小结

本章的第 3.1 节介绍了贸易与环境问题中最常用到的一般均衡理论模型，参照 Antweiler et al.（2001）的模型，由此作为后续章节实证检验的理论基础。一般均衡模型分别从生产者、消费者和政府角度分析，求解在达到均衡状态时污染的需求和供给曲线方程。将需求和供给曲线方程进行联立便可成为数理分析的基础方程，但一般在实证过程中会对该方程的形式进行一定程度的简化和变形。

本章的第 3.2 节和第 3.3 节介绍了国际贸易影响环境的六种不同渠道。其实贸易影响环境的渠道还有很多，例如政策渠道、价格渠道等，这里仅仅分析了较为重要的一部分。各种效应综合作用的结果才能最终决定贸易活动对环境的最终影响如何。贸易通过这六种机制对环境产生或积极或消极的影响，尽管传导的渠道不同，但事实上不同渠道之间也存在很强的内部联系。例如，很多文献都将收入效应和市场竞争效应归结为技术效应，事实上，这两个效应和技术效应确实有很强的关联性。如果说技术效应描述的是国际贸易为企业通过引进先进清洁技术而降低污染提供了可靠的渠道的话，那么收入效应和市场竞争效应则从更深层次剖析了企业引进技术的原因。企业一是为了适应市场需求，二是为了在竞争中立于不败之地，才通过国际技术引进的方式降低排污强度。企业在技术升级方面可以选择国外技术引进，在此基础上进行模仿跟进，还可以选择自主研发，完全依靠企业自身能力创新技术。如果说企业选择前者是国际贸易的技术效应在发挥作用，那么在选择后者时，更多的可能则是国际贸易的市场竞争效应在发挥作用。收入效应和规模效应之间也存在一定的关联性。正如在介绍规模效应时提到的，规模效应发挥作用的前提是贸易活动能够带来经济规模的扩大，而人均收入水平很多时候被用来作为衡量经济规模的指标。收入效应描述了贸易提高人均收入水平后人们对环境服务需求的变化，而人均收入水平提高后，从需求角度来看，对所有正常产品的需求都会增加，即产品需求的增加必然会刺激厂商生产更多的产品，生产规模扩大，进而通过规模效应负面影响该国的环境污染状况。而从资源配置效应来说，如果将结构效应看成国际贸易通过影响资源在产业间的配置进而影响环境的话，那么资源配置效应则是国际贸易通过影响资源在同一产业不同企业间的配置进而影响该国的环境状况，因此资源配置效应可以被认为是结构效应在企业层面的扩展。

第4章 基于跨国数据的研究

在当今经济全球化背景下，国家之间通过对外贸易、资本流动、技术转移等形成了相互依存的经济整体，经济活动早已超越国界。自由贸易作为经济全球化的载体之一，使世界各国之间的经贸往来日趋频繁。尽管国家之间的经济依赖性不断增强，但不同国家的贸易规模、贸易商品结构、经济发展程度、能源发展战略、国内的产业布局等都存在一定差异。最重要的是，各国的环境污染状况也各异。在这一现象的背后，国际贸易作为进行产品国际交流的主要途径发挥了怎样的作用？而在不同类型的国家中，国际贸易对环境污染的影响又存在怎样的差异？本章力图在探讨这些问题的基础上，探求我国和发达国家以及其他发展中国家之间的区别，并试图寻找造成差异的原因。

4.1 数据描述及来源

4.1.1 国际数据的比较

本章采用了40个具有代表性的国家样本数据进行实证研究，其中包括了34个OECD成员国以及6个非OECD国家。根据联合国2010年发布的《2010年人文发展报告》中人类发展指数（HDI）关于发达国家和发展中国家的划分标准，本章的样本数据中包括了 31 个 OECD 发达国家❶和智利、墨西哥及土耳其这 3 个 OECD 发展中国家，还选取了 6 个非 OECD 的发展中国家，包括中国、拉脱维亚、俄罗斯、乌克兰、阿尔巴尼亚和克罗地亚。因此样本数据一共包含了 31 个发达国家和 9 个发展中国家。HDI 指数对发达国家和发展中国家的衡量不仅仅包含了生活水平的衡量，还包括了对各国预期寿命和教育水平的衡量，在一定程度上还反映了该国的社会发展以及技术水平，因此其合理性远远超过了使用单纯的人均 GDP。从国家的地理分布来看，这 40 个样本国家也分布在世界不同的区域，其中 29 个国家位于欧洲大陆，另外 11 个国家则分布在其他各洲。如美国、加拿大和墨西哥位于北美洲，智利位于南美洲；中国、日本、韩国、以色列和土耳其位于亚洲；澳大利亚和新西兰则位于大洋洲。因此，在所选样本中，除非洲外，各大洲的国家均有涉猎。图 4.1 为样本国家的地理分布图。图中分为四个象限，第一象限为样本数最多的欧洲国家；第二象限为美洲国家，包括了 3 个北美洲国家和 1 个南美洲国家；第三象限为大洋洲国家；第四象限为样本中包含的 5 个亚洲国家。图中同时还用不同符号标注了发达国家和发展中国家。

本书选取了 40 个样本国家 1990~2012 年的面板数据进行分析。按照国际货币基金组织（IMF）公布的 2012 年世界国家 GDP 的排名，本书所选取的 40 个样本国家囊括了 GDP 排名前 20 位中的 16 个国家❷，可见样本国家的经济规模在世界经济中具

---

❶ 31 个 OECD 发达国家包括澳大利亚、奥地利、比利时、加拿大、捷克、丹麦、芬兰、法国、德国、希腊、匈牙利、冰岛、爱尔兰、意大利、日本、韩国、卢森堡、荷兰、新西兰、挪威、波兰、葡萄牙、斯洛伐克、西班牙、瑞典、瑞士、英国、美国、爱沙尼亚、以色列、斯洛文尼亚。

❷ IMF 公布的 2012 年 GDP 现价美元排名中前 20 位的国家分别为美国、中国、日本、德国、法国、英国、巴西、俄罗斯、意大利、印度、加拿大、澳大利亚、西班牙、墨西哥、韩国、印度尼西亚、土耳其、荷兰、沙特阿拉伯、瑞士。

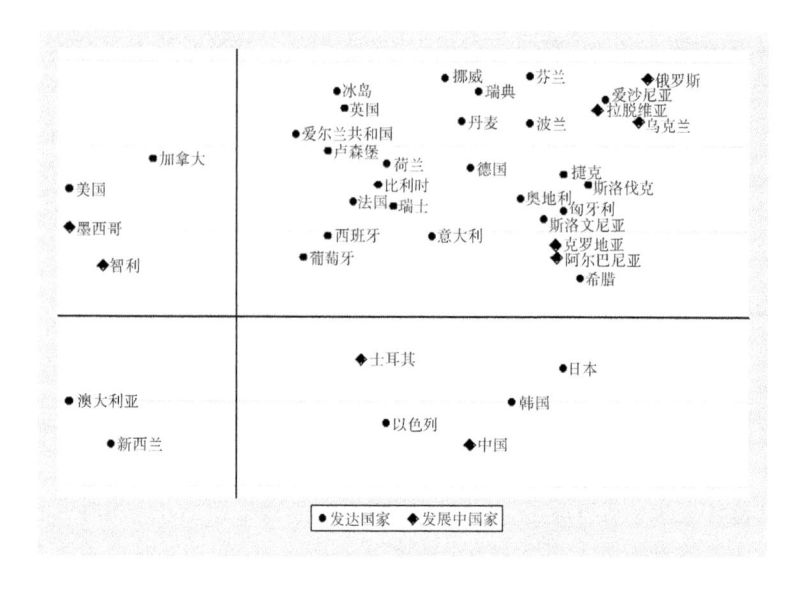

图 4.1　样本国家的地理分布图[1]

有举足轻重的地位。如果按照本书中使用的 2005 年不变价美元 GDP 作为排序依据，2012 年排名前十位的国家中只有印度没有被包括在样本内，而对于排名前 20 位的国家，样本数据中囊括了 17 个国家。如果回顾 1990 年的国家 GDP 排序，则除印度外，排名前 20 位的国家都为样本国家。在 2012 年全球人均 GDP 的排名中，以 2005 年不变价美元衡量的人均 GDP 最大的国家是卢森堡，人均 GDP 达到约 8 万美元。排名前十位的国家中有 7 个属于样本国家，前 20 位的国家或地区中仍然仅有百慕大、卡塔尔和中国澳门特别行政区这 3 个国家或地区被剔除在样本之外。而在 1990 年的排名中，针对前 20 位的国家或地区，样本中包括了 75% 的国家或地区。表 4.1 展示了 2012 年以不变

---

[1]　图中四个象限分别代表欧洲、美洲、大洋洲和亚洲四个洲，各国的分布位置按照各国在地图中的相对位置排列。

价美元衡量的 GDP 和人均 GDP 全球排名前 20 位的国家或地区。

表 4.1　2012 年 GDP 和人均 GDP 排名前 20 位的国家或地区

\multicolumn{3}{c}{GDP（2005 年不变价美元）}	\multicolumn{3}{c}{人均 GDP（2005 年不变价美元）}
序号	国家或地区	GDP/百万美元	序号	国家或地区	人均 GDP/美元
1	美国	14136307.00	1	卢森堡	79780
2	日本	4708574.51	2	百慕大	70601
3	中国	4517459.82	3	挪威	65617
4	德国	3158594.04	4	卡塔尔	59579
5	英国	2534858.73	5	瑞士	58559
6	法国	2345256.66	6	冰岛	57629
7	意大利	1794102.83	7	中国澳门	49177
8	印度	1389049.42	8	丹麦	47649
9	加拿大	1293143.70	9	爱尔兰	47285
10	西班牙	1187053.22	10	瑞典	45260
11	韩国	1165254.03	11	美国	45038
12	巴西	1138348.49	12	荷兰	43334
13	墨西哥	1031112.70	13	奥地利	41367
14	俄罗斯	980589.44	14	英国	39796
15	澳大利亚	845903.73	15	芬兰	39749
16	荷兰	726055.32	16	德国	39273
17	土耳其	627742.35	17	比利时	37682
18	沙特阿拉伯	500871.59	18	澳大利亚	37225
19	瑞士	468284.74	19	加拿大	37208
20	瑞典	430847.94	20	日本	36912

资料来源：世界银行数据库（http://databank.shihang.org/）。

除了经济规模和收入水平之外，2012年的40个样本国家人口总数占世界人口总数的比重为40.14%，而且在1990~2012年这一比重均超过40%。而且由于本书主要研究国际贸易对环境污染的影响，样本国家的国际贸易是否具有代表性是至关重要的问题。样本国家出口总额的总和占世界出口总额的比重也由1990年的52.09%上升至2012年的73.48%，除个别年份❶外，这一比重均在50%以上。如果从进口总额的角度来看，样本国家的进口总额在1990~2012年均为世界进口总额的一半以上，其中最小值出现在2001年，比重为51.54%；而在2011年这一比重达到最大值，为80.78%。另外，样本国家在1990~2012年的进出口贸易总额在世界贸易中的占比也均为50%以上（2001年除外）。图4.2描述了样本国家出口总额、进口总额以及进出口贸易总额在世界贸易中占比随时间的变化趋势。图中的X轴为年份，Y轴为样本国家贸易占世界贸易的比重，辅助线所在处为百分比为50%的点。从图中可以看出，总体上来说，样本国家的贸易规模总和基本都超过了世界贸易额的一半，其中，相比出口，样本国家的进口总额在世界进口总额中的份额更大一些。因此，本书所选取的样本国家数虽然只有40个，但在世界贸易中的地位是具有绝对优势的，以这一样本作为研究国际贸易对环境污染影响的数据集是合理的。

随着全球一体化进程的不断加快，世界贸易的规模也不断扩大。根据WTO的统计数据，世界贸易量在2008年的国际金融危机发生之前一直保持着10%以上的增长速度。而在这一快速发展的过程中，发达国家和发展中国家并没有保持一致的步调。

---

❶ 2000年样本国家出口总额占世界出口总额的比重为49.87%，2001年为48.15%，2002年为48.48%。

第4章 基于跨国数据的研究

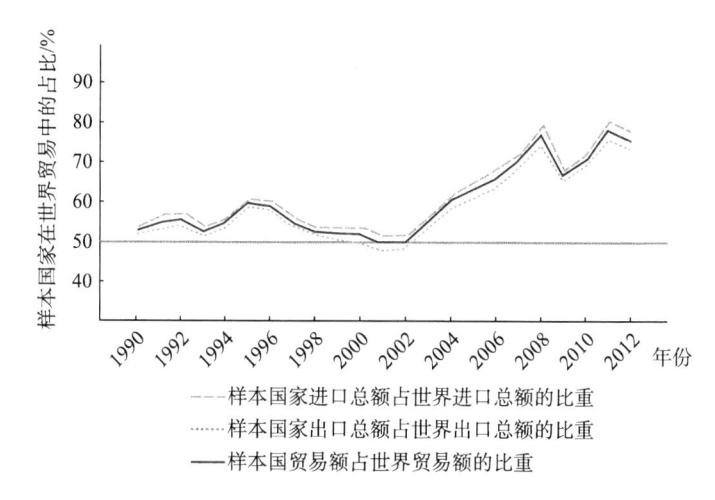

图4.2 样本国家在世界贸易占比的时间变化趋势

资料来源：世界银行数据库（http://databank.shihang.org/）。

发达国家始终在国际市场上占据支配地位，但发展中国家，尤其是新兴经济体国家的经济和贸易增长势头迅猛，也成为世界经济和贸易中不可忽视的力量，正在发挥着越来越大的作用。因此，本书选取了同时包括发达国家和发展中国家在内的样本数据，但由于发展中国家的数据可获得性和准确性较差，因此样本中发达国家的数量多于发展中国家。从经济规模来看，样本中的发展中国家GDP总和在1990年仅占样本总数的11.17%，但这一比重随着发展中国家经济发展水平的不断提升而有所提高，在2012年达到18.94%。人均GDP水平也呈现相同的趋势。如果按照2005年不变价美元计算，1990年样本中的9个发展中国家人均GDP的均值为5031.64美元，约为所有样本国家平均值的1/4。尽管发达国家和发展中国家的人均收入水平在这23年中都有所提升，但发达国家的经济增长速度略低于发展中国家，尤其是发展中国家的样本中包括中国、墨西哥、土耳其等经济高速发展的国家数据，更使得这一现象明显，因此到2012年，样本中的发展中国家人均GDP均值已经上升至总样本均值的1/3左右。从国际贸易的角度来看,样本中9个发展中国家的贸易规模随着时间的推移也在快速稳定地增长,增长最为迅速的是中国、墨西哥、俄罗斯和土耳其4个国家,其余5个国家的进口和出口总额虽然也有不同幅度的增长,但增速相比前者较慢。从总体来看,样本中的发展中国家进口总额占样本总数的比重由1990年的4.26%一路攀升至2012年的22.15%,增幅达到4倍以上。而出口的表现则更加突出,1990年样本中的发展中国家出口总额占所有样本国家总出口额的比重仅为4.34%,2012年达到25.19%,是1990年的5.8倍。由此可见,虽然样本数据中发展中国家的个数相对较小且发达国家比重占据绝对优势,但由于选取的时间段较长,发展中国家的经济贸易水平在不断提升,故也在样本数据中占据了一席之地。因此在评估国际贸易对环境污染的影响过程中,才能更加合理地探讨不同类型国家对结果的影响是否存在差异性。

在探讨贸易问题时,除贸易总量外,人们更加关注外贸依存度,即进出口贸易总额占一国GDP的比重,反映了一国市场对国际市场的开放程度。自从"二战"以来,世界贸易的增长速度明显加快,特别是自20世纪80年代末90年代以来,在各种国际机构以及区域组织的协调推动下,国际贸易的障碍逐渐减少,贸易发展迅猛。在这一过程中,发达国家和发展中国家都积极地参与其中,但由于发展中国家经济和贸易发展起步较晚,因此其贸易的开放程度在20世纪90年代时仍与发达国家存在明显差距。样本中9个发展中国家1990年外贸依存度的平均值为0.13,而同时期的发达国家外贸依存度已经达到0.4左右,相当于发展中国家的3倍。但随着WTO对贸易自由化的不断倡导,以及欧盟、北美自由贸易区、亚太经合组织等区域贸易组织的不断成立,这一差距正在不断地缩小。本书所选取的样本国家均为WTO成员,同时34个国家来自OECD,10个国家隶属于亚太经合组织，样本中的9个发展中国家也分别参与了多个不同的国际及区域经济组织。图4.3显示了样本中的发达国家和发展中国家在1990~2012年外贸依存度均值的变化趋势。从图中可以看出，无论是发达国家还是发展中国家，贸易的开放程度都在不断提高，发达国家和发展中国家之间的差距也随着时间的推移在不断减小。到2012年，样本中的发达国家和发展中国家外贸依存度分别为0.92和0.83，比值为1.1。从图4.3中的两条曲线来看，20世纪90年代外贸依存度呈缓慢上升态势，从2002年之后上升幅度明显提高；2008年之前虽然也有小幅波动，但从总体趋势来看都处于平稳上升态势；从2008年开始出现较大程度的波动，外贸依存度的下降趋势明显。这主要源于2008年国际金融危机的影响，无论发达国家还是发展中国家，为了减轻经济疲软威胁带来的种种不利后果，贸易保护水平大幅度上升，各国的贸易保护主义倾向纷纷抬头。

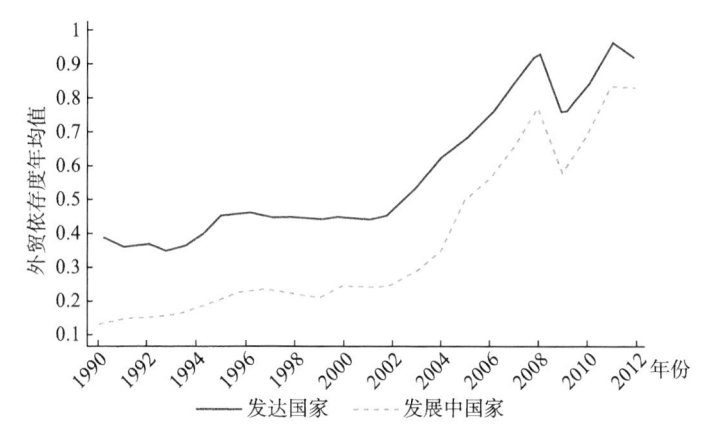

图4.3　1990~2012年样本国家外贸依存度年均值变化趋势
资料来源：世界银行数据库（http://databank.shihang.org/）。

本书主要以污染物质的排放水平作为衡量一国环境污染的标

准，污染物质排放量越大，则表明该国的环境状况越差。而不同国家的环境指标体系存在一定的差别。表 4.2 是 OECD 国家和中国关键性环境指标的分类比较情况。表中的中国指标体系中与 OECD 重合的指标并未列出，仅列出了超出 OECD 指标体系的其他指标。如果该分类中没有列出任何指标，表明中国的环境指标体系并未对该类指标进行衡量。从表中可以看出，OECD 和中国就环境问题的分类存在区别。OECD 国家的环境分为气候变化、臭氧层、空气质量、废弃物、淡水质量、森林资源、渔业资源、能源及生物多样性 9 个指标。中国的环境指标分别中并没有气候变化、臭氧层、渔业资源和生物多样性指标，但却包含了自然灾害、森林防治、草原建设等 OECD 没有的指标[1]。除此之外，两类指标体系中共有的指标分类也有些差别，其中差别较大的是空气质量和淡水质量。OECD 的空气质量指标中包含多种污染物质的排放指标，而中国的空气质量主要测量二氧化硫（SO_2）、氮氧化物和烟（粉）尘的排放，虽然我国从 2012 年开始对部分城市的 $PM_{2.5}$ 进行监测，2015 年监测范围覆盖了所有地级市，但由于监测时间不长，数据的时间序列还较短。而在淡水质量的分类中，相比 OECD 国家，中国的排放数据中增加了化学需氧量以及氨氮排放量；而 OECD 国家没有氨氮排放量指标，同时在衡量有机污染物质方面则使用了生化需氧量（BOD）的值。化学需氧量和生化需氧量虽然同为氧化水中有机物所需的氧量，但由于降解方法不同，化学需氧量使用化学氧剂，而生化需氧量使用微生物降解，因此二者的值会存在区别，一般来说化学需氧量的值大于生化需氧量的值。联合国统计处所使用的指标和 OECD 的分类指标较为接近，还增加了农业污染、海洋污染及自然灾害等指标。

---

[1] 为了表格美观，将这些指标放在了森林资源类别中。事实上，中国的指标体系中这几个类别是单列的。

第 4 章　基于跨国数据的研究

表 4.2　环境指标体系分类比较

环境指标分类	OECD 指标体系	中国指标体系
气候变化	CO_2、CH_4、N_2O、PFC、HFC、SF_6	—
臭氧层	臭氧层危害物质	—
空气质量	硫氧化物、氮氧化物、PM_{10}、$PM_{2.5}$、VOC、重金属、POPs	二氧化硫、氮氧化物、烟（粉）尘（不包括 PM_{10}、$PM_{2.5}$、VOC、重金属、POPs 等）
废弃物	城市废弃物产生及处理	生活垃圾产生及处理
淡水质量	废水排放量、水和土壤中的氮和磷、生化需氧量、重金属、有机化合物	化学需氧量、氨氮排放量
森林资源	森林覆盖面积、造林面积、保护区面积	草原建设利用、自然灾害、深林火灾、森林病虫害
渔业资源	捕鱼数量、主要鱼类数量	—
能源	能源供给、能源消费	能源转换效率
生物多样性	濒临绝种物种数量	—

资料来源：OECD Key Environmental Indicators 以及国家统计局网站（http://stats.gov.cn/）。

鉴于受到数据可获得性的限制，本章中主要选取样本国家具有代表性的污染物质的排放水平对其环境污染状况进行描述，如二氧化硫、氮氧化物、$PM_{2.5}$、PM_{10} 以及有机污染物等。二氧化硫和氮氧化物作为衡量空气污染的主要指标，表 4.3 至表 4.4 列出了样本国家中这两类污染物质排放前十位国家，分别以人均排污量和污染排放强度指标来衡量。从表 4.3 可以看出，40 个样本国家中人均二氧化硫排放量前十个国家都为发达国家，但如果从二氧化硫排放强度来看，发展中国家的表现则不尽如人意，不仅排名前三位的都为发展中国家，除土耳其、拉脱维亚、墨西哥和克罗地亚之外，其余的5个发展中国家都榜上有名❶。表4.4展示了按照氮氧化物排放标准衡量的样本数据中污染最严重的前十位国家。和以人均二氧化硫排放量和二氧化硫排放强度衡量的结果类似，发达国家占据了人均氮氧化物排行榜的前十位，但是发展中国家则在以氮氧化物排放强度衡量时占据了绝对的劣势，排名前五位的都为发展中国家，并且乌克兰仍然高居第一位❷。

表4.3　样本国家中二氧化硫排放前十位国家

序号	国家	人均二氧化硫排放量（千克/人）	序号	国家	二氧化硫排放强度（千克/1000美元）
1	冰岛	134.9087	1	乌克兰	18.1766
2	澳大利亚	110.4143	2	智利	12.1312
3	智利	109.0559	3	中国	11.1651
4	爱沙尼亚	79.04670	4	爱沙尼亚	7.4874
5	加拿大	72.9691	5	阿尔巴尼亚	5.7688
6	捷克	59.0739	6	俄罗斯	4.6800
7	美国	50.9909	7	波兰	4.3983
8	波兰	44.9709	8	冰岛	4.3448
9	希腊	44.7013	9	捷克	3.6804
10	斯洛文尼亚	42.7165	10	澳大利亚	3.6057

资料来源：OECD国家的数据来源于http://stats.oecd.org/，非OECD国家的数据来源于http://www.ceip.at/，中国数据来源于国家统计局网站http://stats.gov.cn/。

---

❶ 土耳其、拉脱维亚、墨西哥和克罗地亚的排名依次是第11位、第12位、第18位和第19位。

❷ 墨西哥、克罗地亚、智利和土耳其的排名依次是第12位、第13位、第19位和第26位。

第 4 章　基于跨国数据的研究

表 4.4　样本国家中氮氧化物排放前十位国家

序号	国家	人均氮氧化物排放量（千克/人）	序号	国家	氮氧化物排放强度（千克/1000 美元）
1	卢森堡	101.0304	1	乌克兰	7.8838
2	冰岛	94.4	2	中国	5.2568
3	加拿大	77.6461	3	俄罗斯	4.3369
4	澳大利亚	77.0926	4	拉脱维亚	4.0596
5	美国	69.1874	5	阿尔巴尼亚	3.3869
6	挪威	43.1704	6	冰岛	3.2670
7	芬兰	41.4170	7	爱沙尼亚	2.5604
8	丹麦	40.6187	8	澳大利亚	2.5439
9	捷克	37.4839	9	加拿大	2.4422
10	新西兰	34.9731	10	波兰	2.3448

资料来源：OECD 国家的数据来源于 http：//stats.oecd.org/，非 OECD 国家的数据来源于 http：//www.ceip.at/，中国数据来源于国家统计局网站（http：//stats.gov.cn/）。

随着全球空气质量的不断恶化和雾霾天气的持续出现，从 20 世纪七八十年代开始，许多欧美发达国家开始关注空气中的悬浮颗粒物对生态环境以及人类健康造成的危害，并制定相应标准对其进行监控。近年来许多发展中国家也开始汇报空气中的颗粒物含量指标。表 4.5 和表 4.6 分别列出了样本中 $PM_{2.5}$ 和 PM_{10} 排放最多的国家。但由于许多国家仍未对该环境指标进行监测，或者官方并未发布颗粒物的监测数据，因此颗粒物的样本数据中有些国家的数据是缺失的❶。从表中可以看出，不同国家之间悬

---

❶ 样本数据中 $PM_{2.5}$ 的监测数据中缺失国家有：澳大利亚、日本、乌克兰、新西兰、以色列和中国；样本数据中 PM_{10} 的监测数据中缺失国家有：阿尔巴尼亚、澳大利亚、克罗地亚、日本、乌克兰、希腊、新西兰、以色列和中国。

浮颗粒的排放水平差距较大。总体来说，使用人均排放量标准衡量时发达国家的悬浮颗粒排放量较大，而且排名前十位的国家拥有惊人的相似程度。但如果以排放强度进行排序，则除去数据缺失的发展中国家，其余发展中国家几乎都存在严重的悬浮颗粒污染。事实上，像中国这样的发展中国家，即使没有国家层面的数据来显示 $PM_{2.5}$ 和 PM_{10} 的排放水平，就从中国持续的雾霾天气以及各大城市的监测数据中便可得知，中国的悬浮颗粒污染状况也是非常严重的。

表 4.5　样本国家中 $PM_{2.5}$ 排放前十位国家

序号	国家	人均 $PM_{2.5}$ 排放量（千克/人）	序号	国家	$PM_{2.5}$ 排放强度（千克/1000 美元）
1	希腊	1106.65	1	拉脱维亚	1.8846
2	加拿大	38.6365	2	阿尔巴尼亚	1.3480
3	美国	19.6252	3	加拿大	1.2100
4	卢森堡	15.1561	4	爱沙尼亚	1.0221
5	爱沙尼亚	15.3643	5	美国	0.5104
6	拉脱维亚	12.8058	6	俄罗斯	0.4518
7	挪威	8.9830	7	墨西哥	0.4467
8	斯洛文尼亚	7.7317	8	土耳其	0.3508
9	芬兰	7.7284	9	葡萄牙	0.3439
10	葡萄牙	6.7165	10	斯洛文尼亚	0.3364

资料来源：OECD 国家的数据来源于 http：//stats.oecd.org/，非 OECD 国家的数据来源于 http：//www.ceip.at/。

第4章 基于跨国数据的研究

表 4.6 样本国家中 PM_{10} 排放前十位国家

序号	国家	人均 PM_{10} 排放量（千克/人）	序号	国家	PM_{10} 排放强度（千克/1000 美元）
1	卢森堡	248.2226	1	加拿大	5.8209
2	加拿大	187.0791	2	卢森堡	5.2709
3	美国	74.0144	3	拉脱维亚	2.2997
4	爱沙尼亚	22.0623	4	美国	1.9213
5	拉脱维亚	15.7035	5	爱沙尼亚	1.4385
6	土耳其	10.7957	6	土耳其	1.1026
7	挪威	10.6309	7	俄罗斯	0.7126
8	芬兰	10.6292	8	墨西哥	0.6167
9	斯洛文尼亚	9.6646	9	波兰	0.5789
10	葡萄牙	8.9330	10	葡萄牙	0.4561

资料来源：OECD 国家的数据来源于 http://stats.oecd.org/，非 OECD 国家的数据来源于 http://www.ceip.at/。

除上述污染物指标外，本章还选取了挥发性有机化合物（VOC）作为衡量环境污染的指标之一。VOC 是指能够参加任何大气光化学反应的有机化合物，主要成分是各种烃类化学物质，来源也非常广泛。不仅燃料的燃烧、交通运输都能产生一定量的VOC，同时建筑、装饰、采暖甚至吸烟也都是 VOC 的来源之一。并且由于其具有易挥发的特性，因此对人类身体健康的危害性非常大而且危害持续时间较长，国内外都进行了严密的监测，并规定了严格的环保标准。表 4.7 显示了样本国家中 VOC 排放前十位国家，数据中并不包含阿尔巴尼亚、克罗地亚、拉脱维亚、乌克兰和中国。发展中国家的数据问题一直是众所周知的，不仅缺失较多，而且准确性也较差。VOC 的缺失数据全部来源于发展中国家。从剩余的 35 个样本国家所表现出来的规律来看，和其他污染物质类似，发达国家的人均 VOC 排放量较大，同时发展中国家的 VOC 排放强度较大。

表 4.7　样本国家中 VOC 排放前十位国家

序号	国家	人均 VOC 排放量（千克/人）	序号	国家	VOC 排放强度（千克/1000 美元）
1	加拿大	79.0335	1	墨西哥	3.4333
2	挪威	62.3857	2	俄罗斯	3.3302
3	澳大利亚	61.5100	3	智利	3.0935
4	美国	58.4717	4	爱沙尼亚	2.7813
5	墨西哥	42.8067	5	加拿大	2.4970
6	新西兰	40.2244	6	澳大利亚	2.0752
7	以色列	35.5527	7	新西兰	1.8065
8	卢森堡	32.8152	8	波兰	1.5583
9	爱沙尼亚	31.5422	9	挪威	1.5274
10	芬兰	31.2665	10	美国	1.5235

资料来源：OECD 国家的数据来源于 http://stats.oecd.org/，非 OECD 国家的数据来源于 http://www.ceip.at/。

表 4.3 至表 4.7 分别列出了样本国家中各类污染物质排放前十位的国家。由于表征环境污染状况的污染物质众多，本书只选择了具有代表性和数据较易获得的指标对样本国家进行了比较。通过比较，其中不难发现一些规律：污染物质不同，各国的排放量水平也各有不同，而且当分别使用人均排放量标准和排放强度标准来衡量时，各国的表现也不完全相同。一般来说，发达国家在以人均排放量标准衡量时表现较差，但发展中国家的环境污染较严重的状况则可以通过排放强度指标作出更好的诠释。人均排

放量标准和排放强度标准虽然都是反映排放量指标的计量单位，但究竟应该使用哪种标准则是国际上一直在争论的问题。这两种标准都在一定程度上反映了一国环境污染的严重程度，只是侧重点各有不同。人均排放量指标是指一国总排放量除以人口总数后的比值，是一国的环境污染状况在居民个人身上的体现，能够更好地反映环境污染对人类的危害。排放强度指标是一国排放总量除以 GDP 后的比值，反映了一国随经济发展而造成环境污染的程度，对该指标的关注体现了国家兼顾经济发展与减少排放的要求。发达国家由于人口稀少，因此人均排放量相对较大。而发展中国家在排放强度指标上表现较差，原因有可能是其经济发展过程中的排放效率较低，导致经济扩张的同时带来了大量的污染。

本书主要研究国际贸易对环境污染的影响。图 4.4 显示了样本数据中所有发达国家 1990～2012 年外贸依存度和污染物质排放的散点图。由于污染排放物质中二氧化硫的数据样本量最大，其他污染物质缺失数据较多，因此这里仅使用二氧化硫排放数据。坐标中的横轴是国家的外贸依存度，纵轴为二氧化硫人均排放量和排放强度的自然对数值。图中对散点进行了线性的趋势拟合，可以看出，不同国家的拟合趋势有所不同。有些国家随着外贸依存度的提高，污染排放有所下降，下降趋势较明显的如爱尔兰共和国、德国、斯洛文尼亚、匈牙利等；有些国家的外贸依存度与二氧化硫排放虽然也呈现负相关的趋势，但趋势较为平缓，如爱沙尼亚、加拿大、美国等。另外，还有个别国家的污染排放呈现出随贸易活动增加而上升的趋势，如冰岛和新西兰。从散点图的趋势来看，31 个发达国家污染排放与外贸依存度之间的相关关系有正有负，似乎并不能得出结论说贸易对环境会造成正面或负面的影响，因此，对于国际贸易和环境污染之间的关系问题还需要更进一步的实证分析。

国际贸易与生态环境：影响与对

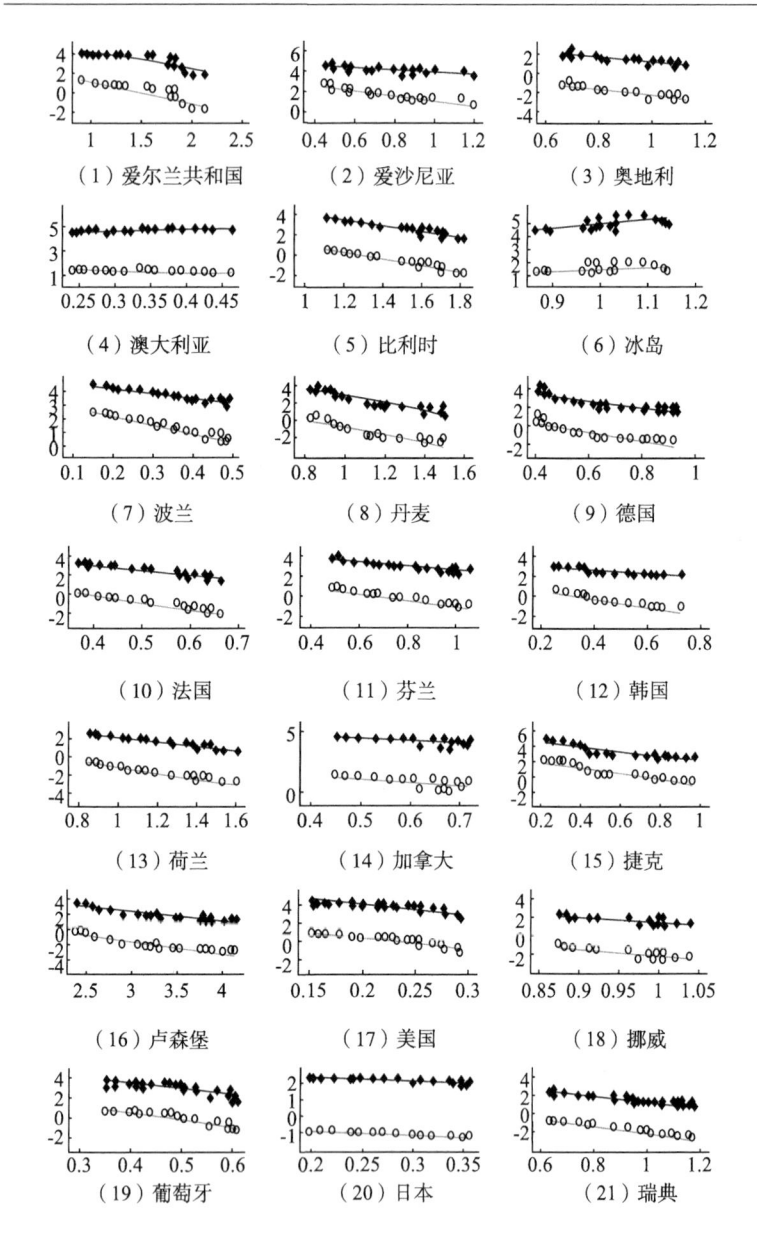

(1) 爱尔兰共和国　(2) 爱沙尼亚　(3) 奥地利

(4) 澳大利亚　(5) 比利时　(6) 冰岛

(7) 波兰　(8) 丹麦　(9) 德国

(10) 法国　(11) 芬兰　(12) 韩国

(13) 荷兰　(14) 加拿大　(15) 捷克

(16) 卢森堡　(17) 美国　(18) 挪威

(19) 葡萄牙　(20) 日本　(21) 瑞典

第4章 基于跨国数据的研究

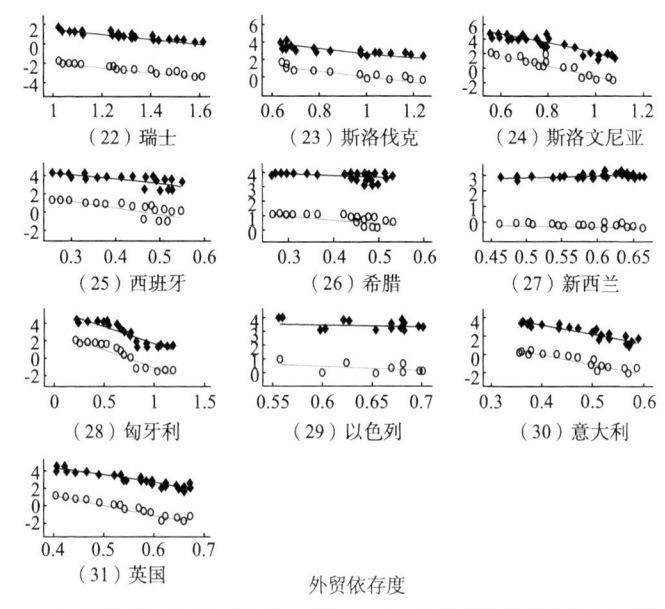

图4.4 发达国家二氧化硫排放与外贸依存度散点图

资料来源：OECD 国家的数据来源于 http://stats.oecd.org/，非 OECD 国家的数据来源于 http://www.ceip.at/。

注：图中纵轴均为二氧化硫人均排放量和排放强度的自然对数。

图4.5 则展示了样本国家中的 8 个发展中国家二氧化硫排放与外贸依存度的趋势关系图。由于墨西哥的二氧化硫排放只有 4 年的数据❶，因此在这里并没有列出。同发达国家一样，发展中国家的贸易和二氧化硫排放的相关关系也并不一致，呈现明显负相关关系的包括拉脱维亚、乌克兰、智利和中国。其中，中国的二氧化硫排放强度随着贸易依存度的提高而急剧下降，但人均排放量却似乎有缓慢上升的趋势。人均排放量和排放强度由于计算

---

❶ 墨西哥的二氧化硫排放数据仅有1999年、2002年、2005年和2008年的数据。

方法不同，因此变化趋势也有可能存在差异。污染排放强度的计算中分母为该国的 GDP，如果 GDP 增长速度高于污染排放的增长速度，那么这一指标值就会呈现下降的趋势。而人均排放量指标的分子、分母分别为排放量和人口数量。就中国的现状来说，中国的 GDP 增长率从改革开放，尤其是进入 20 世纪 90 年代以来，大部分年份都保持着两位数的奇迹般增长，即便是在 2008 年金融危机之后面临疲软的外部需求，我国仍然保持着较高的增长速度。而我国的人口数量虽然基数庞大，但人口的自然增长率

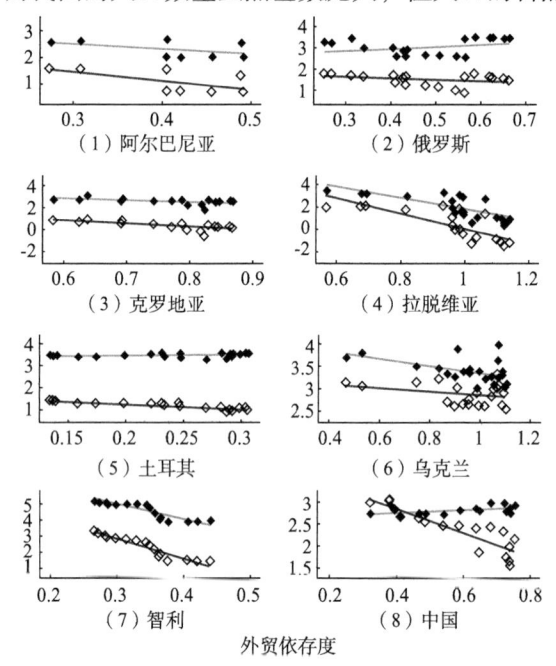

◆ 二氧化硫人均排放量的自然对数　　◇ 二氧化硫排放强度的自然对数

图 4.5　发展中国家二氧化硫排放与外贸依存度散点图

资料来源：OECD 国家的数据来源于 http：//stats.oecd.org/，非 OECD 国家的数据来源于 http：//www.ceip.at/，中国数据来源于国家统计局网站（http：//stats.gov.cn/）。

注：图中纵轴均为二氧化硫人均排放量和排放强度的自然对数。

却呈现下降趋势，从新中国成立初期20%以上的自然增长率发展到20世纪90年代10%左右的增长率，到2012年我国的人口自然增长率仅为4.95%。因此，如果污染排放量的增长率给定，由于GDP的增速较快，而人口的增速在逐渐下降，因此从发展趋势来讲，极有可能呈现如图4.5所示表现的情况，即污染排放强度呈明显下降趋势，而人均排放量却并没有呈现出同样的趋势。同样的状况也发生在俄罗斯和土耳其，这两国的人均排放量与外贸依存度之间存在轻微的正相关关系，但排放强度却随着外贸依存度的提高而下降，但下降趋势不如中国明显。其他国家如阿尔巴尼亚和克罗地亚都呈缓慢下降趋势。从对图4.5的观察中可以发现一点，即同一污染排放物的不同衡量指标和国际贸易之间的相关性也可能不相同。因此，在下面的实证分析中，笔者也将使用同一类污染物质的不同计量指标对贸易的环境效应进行检验，由此来进一步分析计量指标的选择是否也是影响贸易与环境关系的因素之一。

4.1.2 数据来源

本书中涉及的40个样本国家的数据主要来源于OECD官方网站、世界银行官方网站、CEIP❶网站以及中国生态环境部官方网站。其中34个OECD国家的污染排放数据主要来源于OECD官方网站，由于1990年之前大部分国家的污染排放数据缺失量较大，因此样本的时间区间是1990~2012年。除中国外的其余5个国家的污染排放数据则来源于CEIP网站。CEIP为EMEP下设中心之一，EMEP是为了通过国际合作解决跨界空气污染问题而成立的，该项目的宗旨在于以科学研究为基础，以提供政策建议为导向。该项目隶属于联合国欧洲经济委员会长距离跨界空气污染大会的一部分。CEIP作为其中的一个中心，提供了相对详尽

---

❶ CEIP全称为Centre on Emission Inventories and Projections，是EMEP下设的5个中心之一。EMEP的全称为The European Monitoring and Evaluation Programme。

的多国污染排放数据。CEIP 中的污染排放数据分为各国的官方发布数据和 EMEP 模型中使用的数据,模型数据对官方发布数据进行了一定程度的补充和修正,因此更加准确,本书利用模型数据进行实证分析。

除污染排放数据外,其余用来表示各国国际贸易、经济社会状况等的数据则主要来源于世界银行数据库,主要包括 GDP、人均 GDP、人口密度、FDI、工业增加值以及进出口贸易数据。虽然 OECD 的官方网站中也对 OECD 国家以及部分非 OECD 国家的经济和社会数据进行了统计,但经过比较发现,OECD 网站的部分数据和世界银行统计数据存在一定出入。因此为了保证数据来源的统一性,除污染排放数据外的其余数据都取自世界银行数据库。还需要值得一提的是,CEIP 网站并没有提供关于中国的污染排放数据,中国的污染排放数据来自中国生态环境部网站中发布的历年《全国环境统计公报》中。而关于中国的其他变量数据同样来自世界银行数据库。

尽管本书样本数据包含的时间区间为 1990~2012 年,但有些国家的数据由于获取的困难性,个别年份存在缺失。表 4.8 展示了样本数据中所包含的各国数据的年份区间。

表 4.8 样本数据中包含的国家、年份区间及污染物质

国家	年份区间	污染物质	国家	年份区间	污染物质
阿尔巴尼亚	2005~2012	SO_2、NO_X、$PM_{2.5}$	卢森堡	1990~2012	SO_2、NO_X、$PM_{2.5}$、PM_{10}、VOC
爱尔兰共和国	1990~2012	SO_2、NO_X、$PM_{2.5}$、PM_{10}、VOC	美国	1990~2012	SO_2、NO_X、$PM_{2.5}$、PM_{10}、VOC
爱沙尼亚	1993~2012	SO_2、NO_X、$PM_{2.5}$、PM_{10}、VOC	墨西哥	1999、2002、2005、2008	SO_2、NO_X、$PM2.5$、PM_{10}、VOC

续表

国家	年份区间	污染物质	国家	年份区间	污染物质
奥地利	1990~2012	SO_2、NO_X、$PM_{2.5}$、PM_{10}、VOC	挪威	1990~2012	SO_2、NO_X、$PM_{2.5}$、PM_{10}、VOC
澳大利亚	1990~2012	SO_2、NO_X、VOC	葡萄牙	1990~2012	SO_2、NO_X、$PM_{2.5}$、PM_{10}、VOC
比利时	1990~2012	SO_2、NO_X、$PM_{2.5}$、PM_{10}、VOC	日本	1990~2012	SO_2、NO_X、VOC
冰岛	1990~2012	SO_2、NO_X、$PM_{2.5}$、PM_{10}、VOC	瑞典	1990~2012	SO_2、NO_X、$PM_{2.5}$、PM_{10}、VOC
波兰	1990~2012	SO_2、NO_X、$PM_{2.5}$、PM_{10}、VOC	瑞士	1990~2012	SO_2、NO_X、$PM_{2.5}$、PM_{10}、VOC
丹麦	1990~2012	SO_2、NO_X、$PM_{2.5}$、PM_{10}、VOC	斯洛伐克	1992~2012	SO_2、NO_X、$PM_{2.5}$、PM_{10}、VOC
德国	1990~2012	SO_2、NO_X、$PM_{2.5}$、PM_{10}、VOC	斯洛文尼亚	1990~2012	SO_2、NO_X、$PM_{2.5}$、PM_{10}、VOC
俄罗斯	1990~2012	SO_2、NO_X、$PM_{2.5}$、PM_{10}、VOC	土耳其	1990~2012	SO_2、NO_X、$PM_{2.5}$、PM_{10}、VOC
法国	1990~2012	SO_2、NO_X、$PM_{2.5}$、PM_{10}、VOC	乌克兰	1990~2012	SO_2、NO_X

续表

国家	年份区间	污染物质	国家	年份区间	污染物质
芬兰	1990~2012	SO_2、NO_X、$PM_{2.5}$、PM_{10}、VOC	西班牙	1990~2012	SO_2、NO_X、$PM_{2.5}$、PM_{10}、VOC
韩国	1990~2012	SO_2、NO_X、$PM_{2.5}$、PM_{10}、VOC	希腊	1990~2012	SO_2、NO_X、$PM_{2.5}$、VOC
荷兰	1990~2012	SO_2、NO_X、$PM_{2.5}$、PM_{10}、VOC	新西兰	1990~2012	SO_2、NO_X、VOC
加拿大	1990~2012	SO_2、NO_X、$PM_{2.5}$、PM_{10}、VOC	匈牙利	1991~2012	SO_2、NO_X、$PM_{2.5}$、PM_{10}、VOC
捷克	1990~2012	SO_2、NO_X、$PM_{2.5}$、PM_{10}、VOC	以色列	1996、2000、2003~2011	SO_2、NO_X、VOC
克罗地亚	1995~2012	SO_2、NO_X、$PM_{2.5}$	意大利	1990~2012	SO_2、NO_X、$PM_{2.5}$、PM_{10}、VOC
拉脱维亚	1991~2012	SO_2、NO_X、$PM_{2.5}$、PM_{10}、VOC	英国	1990~2012	SO_2、NO_X、$PM_{2.5}$、PM_{10}、VOC
智利	1990~2011	SO_2、NO_X、$PM_{2.5}$、PM_{10}、VOC	中国	1990~1995、1997~2012	SO_2、NO_X

4.2 模型设定

本章使用 40 个国家 1990~2012 年的数据对国际贸易与环境问题进行实证研究，数据性质为面板数据。面板数据的优点之一便是包含的信息量更大，降低了变量之间共线性的可能，并同时增加了自由度和估计的有效性。理论上，影响环境中污染排放的因素有很多，如自然灾害、燃料燃烧、工业生产、交通运输、人口增加等都能带来污染物质的排放，有些污染物质之间还可以相互作用形成新的污染物。除自然灾害以外，污染物质的排放归结为人类的生产和生活活动。国际贸易作为人类重要的经济活动之一，必然与环境有不可分割的紧密关系，这也是本书主要探讨的问题。同时由于影响污染排放的因素较多，因此在实证分析中，除贸易之外，还需要控制其他影响因素。

在实证方法上，现有文献主要运用的经验方法包括一般均衡模型、联立方程模型以及投入产出模型等。其中一般均衡模型是其中最为常见的一种，有大量的实证文章都使用了这一模型。本章也以第 3 章中的一般均衡理论为基础，构建了如下方程：

$$\begin{aligned} Ln(e_{it}) = & \alpha + b_1 Ln(tradeopenness_{it}) + b_2 Ln(y_{it}) + \\ & b_3 [Ln(y_{it})]^2 + b_4 Ln(indus_{it}) + b_5 Ln(pop_{it}) + \\ & b_6 Ln(FDI_{it}) + b_7 energy_{it} + b_8 fossil_{it} + b_9 year_t + \theta_i + \varepsilon_{it} \end{aligned}$$

(4.1)

方程 (4.1) 中，$Ln(e_{it})$ 是方程的因变量，表示第 i 国在第 t 年污染物质的排放水平，分别取人均排放量和排放强度指标，本章涉及的污染物质包括二氧化硫、氮氧化物、$PM_{2.5}$、PM_{10} 和 VOC，人均排放量单位为千克/人，排放强度单位为千克/1000 美元，以自然对数形式表示。因数据可能存在缺失。回归时各国的污染物质的种类选择有所不同，选取的年份也存在细微差别，具体可参照表 4.7。α 为方程中的常数项。$Ln(tradeopenness_{it})$ 是表征国际贸易的变量,实证检验中采用外贸依存度,即一国进出口总额除以 GDP 的方法来表示,为了剔除汇率和通货膨胀变动对该值的影响,各国的进出口总额和 GDP 都采用 2005 年不变价美元数据。系数 b_1 代表污染排放对贸易的经济弹性,若 $b_1 > 0$,则表明一国的贸易会加重该国的环境污染,反之亦然。$Ln(y_{it})$ 为人均收入,用各国人均 GDP 水平的自然对数表示,为了保持数据的一致性,人均 GDP 也采用 2005 年不变价美元数据。同时,根据 EKC 曲线理论的结论,一国的人均收入与环境污染水平呈现非线性的倒 U 形关系,因此方程(4.1)中还加入了人均收入水平的平方项 $[Ln(y_{it})]^2$。如果回归结果中系数 $b_2 > 0$ 而且 $b_3 < 0$,则证明 EKC 曲线理论成立。在验证 EKC 曲线的实证检验中,有些文献还加入了人均收入的三次方变量,用以检验是否存在其他非线性的可能性。由于 EKC 曲线理论的验证并不是本书所研究的重点,因此笔者仅使用了人均收入的平方项变量。$Ln(indus_{it})$ 表示工业增加值占 GDP 的比重,反映一国的产业结构。污染物质的产生很大一部分来源于工业生产,如煤炭、冶金、化工等工业产业都属于污染密集度极高的产业,因此理论上来说,该比重越大,污染物质的排放量应该越大。$Ln(pop_{it})$ 是人口数量的自然对数值。人口规模变量与污染排放量之间存在紧密的关联,一般来说,人口数量越大的国家,对产品的需求量越大,由此可能产生负的规模效应。而且人类的生活活动也是污染物质的来源之一,人口数量越大,由于人类的生活活动造成的污染也会越多。$Ln(FDI_{it})$ 为一国外商直接投资流入额的自然对数,FDI 作为国际资本流动的主要形式之一,也在一定程度上代表了一国的开放程度。之所以选择 FDI 流入额而不是 FDI 总流量是因为流入本国的外商直接投资会直接影响一国的产品生产,进而影响该国的污染排放,因此选择 FDI 流入额更加合理。$energy_{it}$ 是一国的 GDP 单位能源消耗,表明每千克石油当量的能源消耗所产生的 GDP,单位为 2005 年不变价美元/千克石油当量,在一定程

度上反映了该国的能源利用效率，也能间接反映出一国的设备技术装备水平和经济增长方式。$fossil_{it}$ 表示化石燃料能耗占总量的百分比，化石燃料包括煤、石油、石油产品和天然气及其产品。化石燃料作为不可再生能源，对环境的危害程度大于可再生能源。而且作为世界一次能源中的重要组成部分，化石燃料不仅在燃烧过程中会产生污染，在开采过程也会造成对土地、森林资源以及水资源等的危害。我国由于能源消费结构不合理，煤炭和石油能源消耗占整体能源消耗的比例太大，因此化石燃料的占比相比发达国家较高。$year_t$ 为时间趋势变量，衡量由于技术进步、环境政策等随时间变化的因素。θ_i 为截面效应，体现了样本国家之间持续存在的差异，如资源禀赋、消费偏好等。ε_{it} 为聚集在国家层面的随机扰动项。

固定效应和随机效应的主要差别在于对待个体效应的不同。由于理论上，随机效应模型要求影响一国污染不可观测的其他变量与所有解释变量无关，这一假设前提的实现比较困难，因此笔者选择使用固定效应模型进行回归分析。而且就估计目的来说，本书实证的主要目的是模型的参数估计，因此在个体数目不是很大的情况下，固定效应模型是个不错的选择。表 4.9 是主要变量的描述性统计结果，表中列出了回归中主要变量的观测值、均值、标准差和最大最小值。变量名称中的 *per capita* 表示人均水平，如 SO_2 *per capita* 表示人均二氧化硫排放量；*intensity* 表示强度，如 SO_2 *intensity* 表示二氧化硫排放强度，并以此类推。可以看出，污染排放数据中，PM_{10} 排放强度的观测值是最少的，仅有 512 个观测值；而观测值最大的为人均二氧化硫排放量的观测值。

表 4.9　主要变量的描述性统计

变量	观测值	均值	标准差	最小值	最大值
Ln (SO_2 *per capita*)	873	2.933	1.091	0.169	5.567
Ln (SO_2 *intensity*)	867	0.0243	1.497	-3.507	3.345

续表

变量	观测值	均值	标准差	最小值	最大值
$Ln(NO_x\ per\ capita)$	864	3.306	0.598	1.584	4.880
$Ln(NO_x\ intensity)$	814	0.320	0.647	-1.514	2.820
$Ln(PM_{2.5}\ per\ capita)$	569	1.559	1.260	-0.658	7.020
$Ln(PM_{2.5}\ intensity)$	547	-1.806	1.022	-3.916	0.588
$Ln(PM_{10}\ per\ capita)$	534	1.969	1.253	-0.212	6.901
$Ln(PM_{10}\ intensity)$	512	-1.329	1.278	-3.437	3.147
$Ln(VOC\ per\ capita)$	750	3.205	0.527	2.010	4.589
$Ln(VOC\ intensity)$	743	0.0151	0.629	-1.427	1.585
$Ln(tradeopenness)$	888	-0.463	0.613	-2.011	1.424
$Ln(GDP\ per\ capita)$	909	9.794	0.891	6.137	11.19

4.3 实证结果及分析

4.3.1 实证结果的经济分析

根据 40 个样本国家 1990～2012 年的数据，本节选取了二氧化硫、氮氧化物、$PM_{2.5}$、PM_{10} 以及 VOC 的人均排放量和排放强度作为环境污染的主要指标，对贸易自由化的环境效应进行了实证检验。由于个别国家的污染物质排放数据存在缺失，因此对不同的污染物质进行回归时选择的国家个数略有不同。由于二氧化硫和氮氧化物的人均排放量和排放强度数据较全，因此回归时采用全部 40 个样本国家的数据。使用 $PM_{2.5}$ 作为表征环境污染的标准时，剔除了澳大利亚、日本、乌克兰、新西兰、以色列和中国的数据。且由于许多国家的 $PM_{2.5}$ 数据都是从 2000 年开始的，为避免在数据中出现过多的缺失值，因此对 $PM_{2.5}$ 人均排放量和排放标准的回归将选择 2000～2012 年的时间区间。和 $PM_{2.5}$ 一样，

PM_{10}的数据也并不完备，剔除的国家包括阿尔巴尼亚、澳大利亚、日本、克罗地亚、乌克兰、希腊、新西兰、以色列和中国共9个国家，回归的时间区间也选择2000～2012年。相比$PM_{2.5}$和PM_{10}，VOC的数据量相对更多，从表4.9中的观测值也可以看出。但仍存在缺失数据的国家，如阿尔巴尼亚、克罗地亚、拉脱维亚、乌克兰和中国，这5个国家会在回归时被剔除。

面板数据由于兼具截面数据和时间序列数据的特征，因此异方差问题和序列相关问题都是需要考虑的。同时，不同的截面之间还可能存在一定的内在联系，由此截面不相关假设也可能无法得到满足。截面依赖性虽然不会改变估计值的一致性，但会改变估计值的有效性。而STATA软件提供的xtscc命令作为一个综合的处理方法，相对于xtreg命令的固定效应能够更好地解决面板数据的异方差、时间序列自相关和截面相关的问题。xtscc命令采用了Driscoll - Kraay稳健型标准误差（D - K标准误）。

表4.10是采用D - K标准误固定效应模型回归后的结果。表中模型（1）至（10）的回归因变量依次为二氧化硫、氮氧化物、VOC、$PM_{2.5}$、PM_{10}的人均排放量和排放强度的自然对数值。回归结果由STATA 12.0软件给出。贸易对环境污染的影响可以从方程（4.1）中b_1的系数估计值得以窥见。从表4.10可以看出，b_1的系数估计值在统计上都显著，但符号大小却各不相同，笔者倾向于得出贸易对环境污染的影响是不确定的结论，即国际贸易对不同种类污染物质的排放水平影响不同，而且即使是同一种类的污染物质，如果使用不同的计量指标，得出的结论也可能不同。具体来说，国际贸易减少或减弱了二氧化硫人均排放量和排放强度、VOC排放强度以及$PM_{2.5}$、PM_{10}的人均排放量和排放强度，但随着外贸依存度的加大，氮氧化物的人均排放量、排放强度以及VOC的人均排放量却增加了。污染排放对外贸依存度的经济弹性估计值范围为 - 0.716～0.118。从绝对值来看，国际贸易对二氧化硫排放强度的影响最大，即外贸依存度每上升1%，

表 4.10 国际贸易对环境污染的影响（一）

模型 因变量	(1) Ln (SO$_2$ per capita)	(2) Ln (SO$_2$ intensity)	(3) Ln (NO$_x$ per capita)	(4) Ln (NO$_x$ intensity)	(5) Ln (VOC per capita)	(6) Ln (VOC intensity)
Ln (tradeopenness)	-3.705***	-0.716***	0.0873***	0.0861**	0.118*	-0.374***
	[0.161]	[0.163]	[0.032]	[0.032]	[0.069]	[0.122]
Ln (y)	1.227	0.288	3.466***	2.570***	7.634***	12.02***
	[0.870]	[0.882]	[0.670]	[0.672]	[0.849]	[1.772]
Ln (y)^2	-0.00442	-0.00785	-0.151***	-0.157***	-0.338***	-0.626***
	[0.059]	[0.060]	[0.036]	[0.036]	[0.042]	[0.083]
Ln (indus)	-0.0721	-0.0556	0.0845	0.104*	0.234***	0.526***
	[0.175]	[0.172]	[0.062]	[0.058]	[0.049]	[0.105]
Ln (pop)	1.340***	1.359***	0.215	0.261	1.178***	-0.0862
	[0.465]	[0.472]	[0.218]	[0.225]	[0.215]	[0.311]
Ln (FDI)	0.0231	0.0223	0.00172	0.00126	-0.0194***	-0.0247***
	[0.017]	[0.017]	[0.005]	[0.005]	[0.004]	[0.005]

续表

模型	(1)	(2)	(3)	(4)	(5)	(6)
因变量	$Ln(SO_2$ per capita$)$	$Ln(SO_2$ intensity$)$	$Ln(NO_x$ per capita$)$	$Ln(NO_x$ intensity$)$	$Ln(VOC$ per capita$)$	$Ln(VOC$ intensity$)$
energy	−0.318***	−0.322***	−0.0985***	−0.100***	−0.0835***	−0.101***
	[0.024]	[0.024]	[0.009]	[0.009]	[0.017]	[0.024]
fossil	0.0250***	0.0240***	0.0174***	0.0166***	0.00245	0.00653*
	[0.006]	[0.006]	[0.002]	[0.002]	[0.003]	[0.004]
国家固定效应	yes	yes	yes	yes	yes	yes
年份固定效应	yes	yes	yes	yes	yes	yes
R^2	0.7088	0.7947	0.7134	0.8685	0.7869	0.8584
观测值	708	707	698	698	617	617
国家个数	40	40	40	40	35	35

注：括号中为稳健标准差；***、**、*分别表示在1%、5%、10%水平下显著。

表 4.10 国际贸易对环境污染的影响（二）

模型 因变量	(7) $Ln\ (PM_{2.5}\ per\ capita)$	(8) $Ln\ (PM_{2.5}\ intensity)$	(9) $Ln\ (PM_{10}\ per\ capita)$	(10) $Ln\ (PM_{10}\ intensity)$
$Ln\ (tradeopenness)$	−0.429** [0.162]	−0.450** [0.170]	−0.616*** [0.133]	−0.611*** [0.131]
$Ln\ (y)$	3.633*** [1.107]	2.672** [1.226]	1.956 [1.447]	1.129 [1.454]
$Ln\ (y)\ ^\wedge 2$	−0.154** [0.057]	−0.155** [0.065]	−0.0485 [0.077]	−0.0592 [0.077]
$Ln\ (indus)$	0.502*** [0.132]	0.514*** [0.139]	0.349*** [0.107]	0.354*** [0.106]
$Ln\ (pop)$	−0.869* [0.455]	−0.865* [0.455]	0.440** [0.208]	0.498** [0.217]

续表

模型	(7)	(8)	(9)	(10)
因变量	$Ln(PM_{2.5}\ per\ capita)$	$Ln(PM_{2.5}\ intensity)$	$Ln(PM_{10}\ per\ capita)$	$Ln(PM_{10}\ intensity)$
$Ln(FDI)$	0.00269	0.00169	-0.00924	-0.00990
	[0.009]	[0.009]	[0.007]	[0.007]
energy	-0.0752***	-0.0724***	-0.125***	-0.121***
	[0.016]	[0.020]	[0.013]	[0.014]
fossil	-0.00900*	-0.0114**	-0.00791	-0.00869
	[0.005]	[0.005]	[0.005]	[0.005]
国家固定效应	yes	yes	yes	yes
年份固定效应	yes	yes	yes	yes
R^2	0.5650	0.7526	0.6331	0.8097
观测值	490	490	464	464
国家个数	34	34	31	31

注：括号中为稳健标准差；***、**、*分别表示在1％、5％、10％水平下显著。

二氧化硫排放强度将下降0.716%；影响最小的则是氮氧化物排放强度，外贸依存度每上升1%，氮氧化物排放强度将上升0.0861%，影响程度仅为二氧化硫排放强度弹性的约1/10。就同一种污染物质来说，国际贸易对其人均排放量和排放强度的影响差距并不大，如绝对值最小的氮氧化物的人均排放量和排放强度对贸易的经济弹性分别为0.0873和0.0861，相差仅为0.0012；除此之外，差距最小的为PM_{10}，人均排放量和排放强度对贸易的经济弹性分别为0.616和0.611，差距仅为0.005。尽管我们很想得出结论，计量指标的选择并不会影响国际贸易对污染排放的影响结果，但其实并不尽然。在回归结果中，最有趣的现象莫过于国际贸易对VOC排放的影响。人均排放量和排放强度指标都可以作为表征环境污染的指标，但侧重点不同。表中结果显示，外贸依存度每上升1%，VOC人均排放量将上升0.118%，但VOC排放强度却将下降0.374%。因此可以得出结论，国际贸易是否有利于改善环境状况不仅取决于污染物质的选择，还取决于污染排放指标的选择。

对于方程（4.1）中的其他控制变量，人均收入水平的系数值都为正值，其平方项的估计系数则符号为负，表明EKC曲线理论是成立的，但在统计显著性上，模型（3）至（8）显著，其余4列统计不显著。尽管理论上人口规模对污染排放的影响应该为正，但回归系数值的符号并不统一。同样的现象也发生在产业结构变量上，除二氧化硫外，工业增加值占GDP比重越大，回归中其他污染物质的排放水平都将不同程度地增加，而且VOC排放强度的增加程度最大，经济弹性为0.526。FDI对污染物质的影响也随着污染物质的不同而发生变化。流入该国的FDI越多，二氧化硫、氮氧化物和$PM_{2.5}$的排放就越多，而VOC和PM_{10}的结论则相反。在10列的回归结果中，单位GDP的能耗估计值不仅回归结果全部显著，而且符号也全部一致，都为负值，取值为 -0.322～-0.0724。这说明单位GDP能耗越大，即每千克石油当量的能源消耗所产生的GDP越大，污染物质的排放水平越低。由于该变量可以间接反映一国的能源使用效率和设备技术水平,该值越大表明一国的能源使用效率越高,设备技术水平也越高,污染水平将有所降低。因此,系数值符号为负符合理论预期。方程(4.1)中还包含一国化石燃料占比这一控制变量,从结果看来,一国的化石燃料占比越高,二氧化硫、氮氧化物和 VOC 的排放将有所上升,但空气中颗粒物的污染排放将会有所下降。表 4.10 括号中展示的都为 D-K 标准误差,回归结果还展示了回归的决定系数 R^2 的值,结果都较为理想,拟合优度较高。尽管表中没有标注,但回归的 F 统计量❶都远远大于 Staiger 和 Stock(1997)所提出的门槛值 10,p 值都为 0。

4.3.2 国际比较

从上面的回归结果中可以看出,选择不同的污染排放指标或者不同的计量单位会对回归结果造成一定影响。而回归结果是否会受到国别的影响而有所区别则是本节重点关注的问题。从国际比较的角度来考察发达国家与发展中国家,以及中国与其他国家是否存在差异是本小节需要回答的问题。

国际贸易对发达国家和发展中国家的环境污染影响程度是否不同?为了回答这一问题,本书选取了 40 个包含发达国家与发展中国家的样书数据进行实证检验。表 4.11 展示了回归结果。为了区分发达国家和发展中国家,在自变量中加入了虚拟变量和外贸依存度的交互项,虚拟变量 *developing* 表征国家类别,发展中国家取值为 1,发达国家取值为 0。因此交互项 *developing* * *Ln* (*tradeopenness*) 的估计系数值表明污染排放对发展中国家贸易的经济弹性,而 *Ln*(*tradeopenness*) 的估计系数则表明发达国家贸易影响污染排放的程度。回归中的其余自变量参照方程(4.1)中的说明。表 4.11 中所选的因变量含义和排列顺利与表 4.10 完全相同,不同因变量下样本国家个数以及时间区间也参照表 4.10 的说明。回归采用 STATA 12.0 中的 xtscc 命令执行。

---

❶ F 统计量是方差分析采用的检验统计量,F 统计量服从 $(k-1, n-k)$ 个自由度的 F 分布。

表 4.11 国际贸易对发达国家和发展中国家环境污染的影响（一）

模型 因变量	(1) $Ln(SO_2\ per\ capita)$	(2) $Ln(SO_2\ intensity)$	(3) $Ln(NO_x\ per\ capita)$	(4) $Ln(NO_x\ intensity)$	(5) $Ln(VOC\ per\ capita)$	(6) $Ln(VOC\ intensity)$
developing * $Ln(tradeopenness)$	1.322*** [0.127]	1.336*** [0.130]	0.535*** [0.067]	0.550*** [0.068]	-0.155 [0.207]	-0.123 [0.211]
$Ln(tradeopenness)$	-1.210*** [0.089]	-1.227*** [0.096]	-0.128* [0.069]	-0.135* [0.068]	0.138*** [0.049]	-0.358*** [0.104]
$Ln(y)$	-2.054** [0.763]	-3.025*** [0.761]	2.042** [0.781]	1.107 [0.769]	8.462*** [1.686]	12.68*** [2.821]
$Ln(y)^2$	0.186*** [0.047]	0.185*** [0.047]	-0.0687 [0.045]	-0.0720 [0.044]	-0.381*** [0.082]	-0.660*** [0.137]
$Ln(indus)$	0.106 [0.159]	0.125 [0.158]	0.154** [0.057]	0.176*** [0.054]	0.229*** [0.047]	0.523*** [0.104]
$Ln(pop)$	1.093** [0.413]	1.110** [0.419]	0.0922 [0.160]	0.135 [0.165]	1.305*** [0.319]	0.0120 [0.358]

续表

模型	(1)	(2)	(3)	(4)	(5)	(6)
因变量	Ln(SO_2 per capita)	Ln(SO_2 intensity)	Ln(NO_x per capita)	Ln(NO_x intensity)	Ln(VOC per capita)	Ln(VOC intensity)
Ln(FDI)	0.0105	0.00947	−0.00288	−0.00347	−0.0193***	−0.0246***
	[0.015]	[0.015]	[0.005]	[0.005]	[0.004]	[0.005]
energy	−0.316***	−0.320***	−0.0973***	−0.0990***	−0.0845***	−0.102***
	[0.022]	[0.022]	[0.008]	[0.009]	[0.018]	[0.025]
fossil	0.0152**	0.0141**	0.0133***	0.0123***	0.00315	0.00709*
	[0.006]	[0.006]	[0.002]	[0.002]	[0.003]	[0.004]
国家固定效应	yes	yes	yes	yes	yes	yes
年份固定效应	yes	yes	yes	yes	yes	yes
R^2	0.7333	0.8123	0.7457	0.8841	0.7873	0.8585
观测值	708	707	698	698	617	617
国家个数	40	40	40	40	35	35

注：括号中为稳健标准差；***、**、*分别表示在1%、5%、10%水平下显著。

表 4.11 国际贸易对发达国家和发展中环境污染的影响（二）

模型	(7)	(8)	(9)	(10)
因变量	$Ln(PM_{2.5}\ per\ capita)$	$Ln(PM_{2.5}\ intensity)$	$Ln(PM_{10}\ per\ capita)$	$Ln(PM_{10}\ intensity)$
developing*	-0.0894	-0.134	0.508***	0.498***
	[0.267]	[0.280]	[0.113]	[0.101]
$Ln(tradeopenness)$	-0.425**	-0.445**	-0.733***	-0.726***
	[0.161]	[0.169]	[0.150]	[0.145]
$Ln(y)$	3.995**	3.215*	-0.793	-1.566
	[1.665]	[1.739]	[1.184]	[1.202]
$Ln(y)^2$	-0.172**	-0.183*	0.0922	0.0788
	[0.084]	[0.090]	[0.062]	[0.064]
$Ln(indus)$	0.501***	0.512***	0.366***	0.371***
	[0.131]	[0.138]	[0.112]	[0.110]
$Ln(pop)$	-0.834*	-0.812*	-0.160	-0.0897
	[0.448]	[0.441]	[0.204]	[0.188]

续表

模型	(7)	(8)	(9)	(10)
因变量	$Ln(PM_{2.5}\ per\ capita)$	$Ln(PM_{2.5}\ intensity)$	$Ln(PM_{10}\ per\ capita)$	$Ln(PM_{10}\ intensity)$
$Ln(FDI)$	0.00297	0.00211	-0.00791	-0.00859
	[0.008]	[0.009]	[0.007]	[0.007]
energy	-0.0754***	-0.0727***	-0.115***	-0.112***
	[0.016]	[0.019]	[0.014]	[0.015]
fossil	-0.00879*	-0.0111**	-0.0110*	-0.0117**
	[0.005]	[0.005]	[0.005]	[0.005]
国家固定效应	yes	yes	yes	yes
年份固定效应	yes	yes	yes	yes
R^2	0.5651	0.7528	0.6397	0.8128
观测值	490	490	464	464
国家个数	34	34	31	31

注：括号中为稳健标准差；***、**、*分别表示在1%、5%、10%水平下显著。

从回归结果来看，国际贸易对发达国家的污染排放减轻是有利的，而对发展中国家则不尽然。这点可以从发达国家外贸依存度系数符号体现出来。除模型（5）外，污染排放对发达国家贸易的经济弹性都为负值，统计显著，尽管数值大小不一，但符号基本统一。外贸依存度提高后，受影响最大的是二氧化硫排放强度指标，经济弹性为 -1.227；弹性绝对值最小的是人均氮氧化物排放量，仅为 -0.128。和表 4.10 中的结果比较后可以发现，尽管影响方向不同，但国际贸易对发达国家不同污染指标的影响程度和总样本回归时的规律相似，即外贸依存度的提高对二氧化硫排放的影响最大，受到影响最小的则是氮氧化物。从发展中国家的估计结果来看，模型（5）至（8）中外贸依存度的系数值在统计上不显著，从系数符号来看，贸易活动减少了部分污染物质的排放，如 VOC 和 $PM_{2.5}$，但却增加了其余三种污染物质的排放水平。如果排除统计不显著的回归，那么贸易对发展中国家污染排放的影响就是负面的，即国际贸易会加重发展中国家的污染程度。同样地，对发展中国家而言，国际贸易对污染的最大影响力也发挥在二氧化硫排放上，但符号却是完全相反的，经济弹性约为 1.3，而影响力最弱的是统计并不显著的 $PM_{2.5}$。尽管所选的五种污染物质并不能代表环境污染中的所有排放物，但都是具有代表性的污染物质，因此笔者倾向于认为贸易活动对发达国家环境污染的影响是积极的，而对发展中国家环境污染的影响却是消极的，即国家类型会对贸易的环境效应结果产生影响。

贸易对环境的影响会因为污染物质的选择不同而不同，这已经在上一个小节有过描述，但即便对于同一类污染物质，不同类型的国家贸易活动对该类污染的影响也可能会完全相反，这是一个很有意思的结论。发达国家和发展中国家的相似之处在于贸易活动的增加对 VOC 和 $PM_{2.5}$ 的排放强度都有减轻作用。但这并不能掩盖在贸易环境效应上发达国家与发展中国家存在的巨大差别。从上面的分析中已经可以初步看出，贸易对发达国家和发展

第4章 基于跨国数据的研究

中国家环境污染的影响结果完全相反。当然,这种差异性不仅仅表现在最后的结论方面。可以发现,除模型(6)至(8)外,其余7列回归中发达国家和发展中国家外贸依存度的系数符号都完全相反,而模型(6)至(8)恰恰是发展中国家估计系数不显著的回归。因此,如果去除所有回归不显著的模型,在剩余的二氧化硫、氮氧化物和PM_{10}三组污染物质作为因变量的回归中,发达国家和发展中国家在同一因变量下贸易的经济弹性符号都完全相反。例如,外贸依存度每提高1%,发达国家的二氧化硫人均排放量和排放强度都将下降约1.2%,而发展中国家的二氧化硫污染人均排放量和排放强度却都将上升1.3%左右,二者的背离程度最大。除符号相反之外,发达国家和发展中国家外贸依存度系数绝对值大小也各不相同,数量级差别最大的便是氮氧化物排放对贸易的弹性,相差4倍左右,可见贸易对不同类型国家环境污染的影响差距之大。

中国作为本书主要的研究对象,不仅从研究目的来讲需要笔者重点考虑,而且从中国作为世界第一贸易大国来讲,也是具有特殊性的一个国家。为了研究中国和其他国家是否存在差异,笔者使用和表4.11回归时同样的策略,将中国和样本数据中剩余的39个国家看作对立组,选取虚拟变量China,将中国赋值为1,其余国家取值为0,并将虚拟变量与外贸依存度相乘取得交互项,查看国际贸易对中国环境污染的影响是否遵循和上述发展中国家相似的规律,并为后面章节中国的省级层面和城市层面数据的计量检验提供一定的参考。

由于中国国家层面的污染数据只有二氧化硫和氮氧化物的排放,因此表4.12仅有4列回归结果。因变量分别为二氧化硫人均排放量和排放强度,氮氧化物人均排放量和排放强度。结果显示中国和其他39个样本国家所组成的综合体相比,污染排放对贸易的经济弹性符号相同,但是中国的虚拟变量与外贸依存度交互项的估计系数绝对值要大于综合样本。将表4.12和表4.11中的结果对比可以发现，在发达国家和发展中国家分组回归中，国际贸易能够减轻发达国家的污染，但是却加重了发展中国家的污染。当研究对象变为中国时，结论却发生了一些改变。在表 4.12 中，中国的贸易活动降低了二氧化硫的排放水平，却增加了氮氧化物的排放水平，对二氧化硫的影响程度要远大于对氮氧化物的影响程度。具体来说，外贸依存度每提高 1%，二氧化硫排放水平将下降约 2%，而氮氧化物排放将增加约 0.5%。从结果来看，对同一类污染物质而言，计量指标的选择并未对结果造成很大影响，即同类污染物质的人均排放量和排放强度对外贸依存度的经济弹性相似。表 4.12 说明贸易对中国环境污染的影响是模糊的、不确定的，结论并不完全符合表 4.11 中贸易会恶化发展中国家环境状况的结论。因此有必要对中国贸易的环境效应问题进行更深层次的讨论，这也是本书下面两个章节的主要内容。

表 4.12　国际贸易对中国和其他国家环境污染的影响

模型	(1)	(2)	(3)	(4)
因变量	$Ln(SO_2\ per\ capita)$	$Ln(SO_2\ intensity)$	$Ln(NO_x\ per\ capita)$	$Ln(NO_x\ intensity)$
China * $Ln(tradeopenness)$	-2.191*** [0.522]	-2.233*** [0.525]	0.520*** [0.135]	0.527*** [0.145]
$Ln(tradeopenness)$	-0.134 [0.183]	-0.144* [0.183]	0.0576* [0.051]	0.0527* [0.050]
$Ln(y)$	5.519*** [1.738]	4.684** [1.753]	5.628*** [0.487]	4.806*** [0.496]
$Ln(y)^2$	-0.218** [0.100]	-0.227** [0.101]	-0.257*** [0.027]	-0.266*** [0.028]

续表

模型	(1)	(2)	(3)	(4)
因变量	$Ln(SO_2$ per capita$)$	$Ln(SO_2$ intensity$)$	$Ln(NO_x$ per capita$)$	$Ln(NO_x$ intensity$)$
$Ln(pop)$	2.552***	2.572***	0.738***	0.790***
	[0.469]	[0.481]	[0.215]	[0.228]
$Ln(indus)$	-0.0618	-0.0396	0.136**	0.159***
	[0.154]	[0.156]	[0.056]	[0.055]
$Ln(FDI)$	-0.00349	-0.00429	-0.00478	-0.00528
	[0.015]	[0.015]	[0.005]	[0.005]
$energy$	-0.272***	-0.277***	-0.0886***	-0.0906***
	[0.027]	[0.027]	[0.006]	[0.007]
$fossil$	0.0279***	0.0270***	0.0155***	0.0147***
	[0.006]	[0.006]	[0.002]	[0.002]
国家固定效应	yes	yes	yes	yes
年份固定效应	yes	yes	yes	yes
R^2	0.7055	0.785	0.771	0.8898
观测值	669	668	658	658
国家个数	40	40	40	40

注：括号中为稳健标准差；***、**、*分别表示在1%、5%、10%水平下显著。

4.4 小结

本章选取了占到世界贸易总额50%以上的40个样本国家的23年面板数据对贸易的环境效应进行跨国数据的检验。在描述环境污染状况时，选取了传统的污染排放物如二氧化硫和氮氧化物，以及近年来颇受关注的新兴污染物质如$PM_{2.5}$、PM_{10}、VOC等共五种污染物质的人均排放量和排放强度指标表征环境污染。

通过对样本国家贸易状况和环境污染状况的描述，发现样本国家不同，二者之间的相关性也不同。为了对此进行验证，本章主要采用固定效应模型考察贸易对环境的影响。在回归时因变量为污染排放水平，方程右边采用外贸依存度指标代表国际贸易水平，并同时控制了与污染排放有关的人均收入水平、人口、工业增加值比重、FDI、单位 GDP 能耗、化石燃料占比等变量，并加入了时间固定效应和个体固定效应进行回归。通过对所有样本国家的回归发现，污染物质种类以及排放指标的选择都会影响到贸易的环境效应。而进一步将样本国家分为发达国家和发展中国家进行回归后发现，贸易有利于改善发达国家的环境污染状况，却加剧了发展中国家的污染状况，即样本的选择对结论来说很关键。为了考察中国这一特殊个体是否遵循上述结论中一般发展中国家的规律，笔者将样本国家分为两组，即第一组中只包含中国 1 个国家，第二组包含样本中其余 39 个国家。利用中国的虚拟变量和外贸依存度的交互项检验中国是否具有特殊性。回归结果显示，中国并没有遵循利用发达国家和发展中国家分类标准回归后得出的发展中国家的规律，即贸易会恶化发展中国家环境的结论。从中国的结果来看，外贸依存度的提高会使二氧化硫人均排放量和排放强度下降，但却对氮氧化物的人均排放量和排放强度得出了相反的结论。因此，中国是具有特殊性的，需要从更加广泛、深入的角度考虑贸易对中国环境污染的影响。

第 5 章　基于中国省级数据的研究

在第 4 章中通过对跨国数据的检验发现，国际贸易对环境污染的影响由于样本国家、国家类型以及污染物质选择的不同而有所不同。而将中国和其余样本国家作为对立组进行研究后发现，中国虽为发展中国家，但其国际贸易对环境污染的影响却并不符合发展中国家的规律。因此，需要更加详细地讨论中国的国际贸易与环境问题。本章将以中国省级层面数据作为实证检验的基础，利用不同的实证方法，如静态模型和动态模型方法，验证中国的国际贸易对环境污染的综合影响。同时为了回答这一影响是否受到污染物选择、地域划分以及贸易方式等的干扰，本章在实证过程中选择了表征我国环境污染状况的多种污染物质，还加入了对我国东、中、西部地区的分析。另外，考虑到我国贸易方式中加工贸易的特殊性，在分析中还试图解答加工贸易对环境污染的影响力是否更大这一问题。

5.1　中国环境污染的现状分析

5.1.1　中国整体环境污染的现状分析

随着经济的不断发展，中国也进入了环境压力的高峰期。中国对环境污染状况的统计主要集中在空气、废弃物、水、土壤、森林、能源等几个方面。从当前环境污染的特征来看，我国的污染状况涉及生产生活的各个方面，很多新兴污染物质开始渗透到人们的日常生活中，而且许多污染物质的污染周期还很长，不仅损害着当代人们的身体健康，甚至还会对下一代构成严重的威胁。在我国的环境污染现状中，大气污染、水体污染和土壤污染是近年来问题最为突出的几个方面，尤其是空气污染问题，不仅对居民的生活和健康造成了很大影响，而且也成为消费者对生态环境关注最多的一个方面。

  作为最大的发展中国家，中国在经济高速发展的同时，也付出了巨大的环境污染代价。从横向来说，根据世界银行数据库数据，2012年，中国的单位GDP能耗是世界平均值的2.5倍，美国的3.3倍，日本的7倍，同时高于巴西、墨西哥等发展中国家。中国的二氧化硫排放强度为4.6千克/千美元，而美国该强度仅为0.33千克/千美元，中国数据约是美国数据的14倍。另一种常被人们关注的空气污染物质氮氧化物在中国2012年的排放强度为5.08千克/千美元，而美国只有0.86千克/千美元，相差约6倍。从纵向来说，中国的环境污染状况也不容乐观。根据中国2013年《中国环境统计年鉴》，2000~2012年，中国的工业废气排放总量从138145亿立方米增加至635519亿立方米，增长了3.6倍，其中，人均工业二氧化硫排放量在2012年增长至592.6千克，比2000年上升了44.8%。图5.1显示了2000~2012年我国工业"三废"排放的发展趋势。工业"三废"是指工业生产所排放的废水、废气和固体废弃物，每种排放种类中都包含很多有毒物质，因此对我国的水体质量、空气质量以及土壤质量等都会造成很大危害。从图中可以看出，工业废气和工业固体废弃物的排放上升趋势明显，虽有局部下降，但不影响整体的上升趋势。工业废水的排放量在2000~2006年呈现缓慢上升趋势，而从2006年开始这一趋势发生逆转，排放量开始下降，但下降趋势非常缓慢。

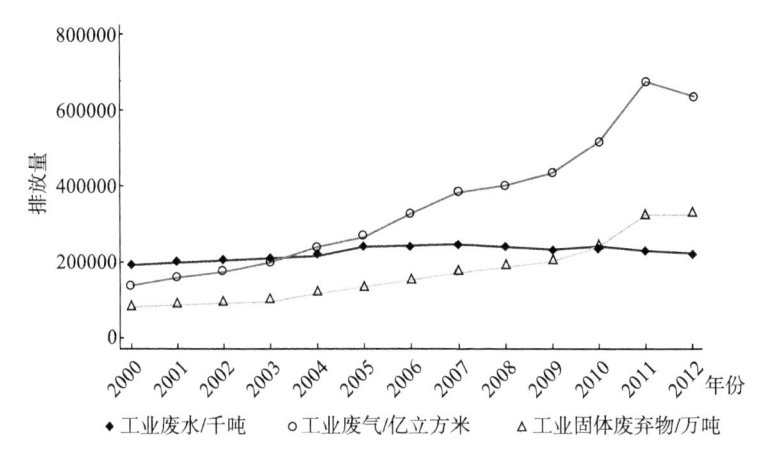

图 5.1 中国 2000～2012 年工业"三废"排放量趋势图

资料来源：2013 年《中国环境统计年鉴》。

5.1.2 中国各地区环境污染状况差异性分析

根据地理位置和经济发展状况的不同，我国被分为东部、中部和西部三个大的区域。按照《中国统计年鉴》中的划分方式，东部地区包括北京、天津、河北、辽宁、上海、江苏、浙江、福建、山东、广东和海南 11 个省（市）；中部地区有 8 个省级行政区，分别是山西、吉林、黑龙江、安徽、江西、河南、湖北、湖南；西部地区包括的省级行政区共 12 个，分别是四川、重庆、贵州、云南、西藏、陕西、甘肃、青海、宁夏、新疆、广西、内蒙古。我国幅员辽阔，人口众多，各个地区在自然条件、经济发展水平、对外开放水平、社会条件等方面都存在显著差异，区域发展不均衡现象普遍存在。尽管从 20 世纪 90 年代末开始，我国就陆续出台了西部大开发、促进中部崛起和振兴东北老工业基地等区域发展战略，但各地区之间的发展差距仍然很大。

表 5.1 描述了 2012 年我国东中西部地区典型的污染物质排放量水平。废水和化学需氧量是描述水体质量的污染指标，二氧

化硫和氮氧化物是描述空气质量的污染指标，而固体废弃物污染则涉及水体、空气以及土壤污染等多个方面。可以明显看到，在所选择的5种典型污染物质排放中，东部、中部和西部地区的差异都较为明显。总体来说，东部地区的污染状况相较中、西部地区要更加严重，除二氧化硫和固体废弃物的排放量略小于西部地区外，其他几种污染物质的排放都大于中部以及西部地区。而中部地区与西部地区相比，除废水排放量高于西部外，其余几种污染物质的排放量都小于西部地区。由于表中数据仅仅引用了2012年一年的数据，且仅仅选择了5种具有代表性的污染物质，因此并不能对东中西部地区环境污染的排名就此作出定论，事实上，各地区环境污染的状况都是呈动态变化发展的。笔者通过表5.1想说明的是，我国东中西部地区在环境污染方面是存在差异的，因此在考虑国际贸易对环境污染的影响时应该充分考虑到地区间的差异问题。

表5.1 2012年东中西部地区污染排放差异

污染物质	东部	中部	西部
废水/万吨	3378923	1587900	1360553
化学需氧量/吨	8572484	5893016	6179609
二氧化硫/吨	6458942	4932268	7808616
氮氧化物/吨	8575906	5615452	6793473
固体废弃物/万吨	97798	83165	109758

资料来源：2013年《中国环境统计年鉴》。

5.2 静态面板模型

5.2.1 模型设定和数据说明

本小节主要以ACT模型为基础进行实证研究。在以往此类实证文献中，很多没有控制贸易的内生性问题，从而使得普通最小二乘估计得出的结论存在偏性和非一致性。关于这一点，Managi et al.（2009）也指出大多数 ACT 模型的实证研究忽视了内生性问题。解决此问题的主要办法是工具变量法，即利用合理的工具变量代替内生解释变量。Frankel 和 Rose（2005）在利用 EKC 曲线理论研究贸易对环境的影响时，考虑到各国的地理特征会影响该国的贸易情况，利用 Frankel 和 Romer（1999）构造的以引力方程（Gravity Model）为基础的地理开放度作为外贸依存度的工具变量。Baghdadi et al.（2013）也构造了以 Frankel 和 Romer（1999）为基础的地理开放度作为贸易的工具变量。Managi et al.（2009）选用了不同国家的语言、地理等因素作为国际贸易的工具变量进行了估计。李楷等（2011）在研究贸易开放、经济增长与中国二氧化碳排放的关系时，考虑到海运是对外贸易运输的主要形式，运用海外市场可达性，即各省区省会城市到达海岸线距离的倒数作为贸易开放度的工具变量进行了实证。

然而，Rodriguez 和 Rodrik（2000）以及 Feyrer（2009a，2009b）认为 Frankel 和 Romer（1999）的工具变量不能稳健和有效地解决内生性问题，包括 Managi et al.（2009）和李楷等（2011）运用地理距离的情形，因为距离除了影响贸易外，还有可能影响偏好、文化特征、殖民制度和疾病环境等，而这些因素都会影响经济增长和环境，所以距离作为贸易工具变量，就不满足"排除限制"（Exclusion Restriction）的条件。虽然这些因素中如文化特征、殖民制度等属于个体的固定属性，并不随着时间演进发生变化，面板数据的固定效应可以消除随时间不变的误差，但 Frankel 和 Rose（2005）等利用横截面数据的实证技巧无法完成这一点。本小节的静态面板估计将使用我国的省级面板数据估计贸易对环境影响的因果效应，使用面板数据使得在估计时设定省份固定效应和时间固定效应来控制那些不随时间变化的省份特定因素以及世界宏观经济形势的变化。考虑到变量可能存在的内生性问题，笔者构造了省份特定的汇率冲击（Exrateshock）的外生变量，即以各省份最大的贸易伙伴国的加权汇率作为外贸依存度的工具变量进行两阶段最小二乘回归。在运用汇率冲击方面，Park et al.（2010）在研究出口对企业生产率的影响时也采用了类似的工具变量[1]。

1. 模型设定

本小节以 ACT 模型为基础，运用我国 31 个省份 2003～2011 年的面板数据进行分析。为了考察贸易对环境污染的影响，首先采用传统的 OLS 回归方程：

$$Ln(e_{it}) = c_S + \beta Ln(tradeopenness_{it}) + \lambda Z'_{it} + \gamma_t + \delta_i + \varepsilon_{it} \quad (5.1)$$

i 表示各省份，t 表示年份。因变量 $Ln(e_{it})$ 为污染物质排放的自然对数，本小节主要采用的污染物质包括工业二氧化硫排放强度、工业废气排放强度、工业废水排放强度以及工业固体废弃物排放强度，排放强度表示单位 GDP 的污染物质排放量（1993 年不变价），以千克/千美元为单位。$Ln(tradeopenness_{it})$ 是主要关注的解释变量，实证中用传统的对外贸易依存度及其修正测量方法表征一国的贸易情况。Z'_{it} 为其他控制变量，如收入水平（人均 GDP）及其平方项、人口规模变量等。控制收入水平的理论依据是环境与经济增长的 EKC 曲线。c_S 为常数，δ_i 控制了那些不随时间变化的省份固定效应，反映了中国各省份之间可能持续存在的差异，如因为资源禀赋差异导致的排放模式、偏好差异等，γ_t 控制了世界宏观经济形势随着时间的变化，如环境规制、能源价格等。这里需要说明的是，环境规制作为影响污染排放的原因之一，虽然通过个体固定效应控制了一部分，即个体固定效应控制了各省份之间环境规制的差异部分，但由于环境政策随着时间的推移还会发生变化，对这部分变化并未能进行控制。原因在于

---

[1] 但 Albert Park et al.（2010）的实证也是建立在横截面数据基础上的。

第5章 基于中国省级数据的研究

环境规制问题很难找到准确的工具对其进行量化，即便使用等级评分标准等指标可以反映各地区环境规制的差异部分，但很难在面板数据中体现随时间推移而发生的连续变化，而地区间的差异部分通过个体固定效应已经加以控制。ε_{it}为集聚在省份层面上（Clustered at the Province Level）的随机扰动项。对外贸易如何影响污染物质的排放强度，可以从参数β中反映出来。但是如果用最小二乘法（Ordinary Least Squares，OLS）进行估计，不能得到可信的β，因为对外贸易变量是内生的。

在方程（5.1）中的因变量选择上，笔者采用了工业二氧化硫排放强度、工业废气排放强度、工业废水排放强度以及工业固体废弃物排放强度指标表征环境污染水平。但事实上，环境污染的范畴不仅涉及上述几个指标，还涉及土壤污染、噪声污染等多方面的指标。而且由于不同污染物质的排放趋势存在差异，因此使用单一的排放指标说明环境污染状况是存在缺陷的。为了更加综合地描述我国的环境污染状况，笔者试图构造一个综合性的指标对环境状况进行描述，用以反映环境污染水平的整体特征。在环境污染综合指标体系的构造上，有些文献采用污染排放的无量纲方法，有些文献采用加权平均方法，还有些文献利用经济损失等对污染物质的排放进行加权计算，各种方法都存在一定程度的缺陷，目前并未形成统一的意见。笔者同时采用了按照中国征收排污费用标准对污染物质的排放进行加权以及简单算术平均的办法计算环境污染的综合指数。

为了减轻我国的环境污染程度，中国政府在2003年2月颁布了《排污费征收标准管理办法》（以下简称《办法》），从2003年7月1日起开始执行。在这一《办法》中，分别对废水、废气、固体废弃物以及噪声污染中超标部分的征收排污费制定了相应的标准。对某种污染物质征收的排污费用越高，说明该类污染对环境造成的损害越大。因此采用排污费作为环境污染综合指数的权重是具有一定合理性的。表5.2展示了该标准中规定的排污费计算方法及收费标准。由于本章实证中仅选择了四种污染物质，因此表 5.2 中仅列出相关污染物质的排污费计算标准。在《办法》中规定，各类污染物质的排污费征收需要按照污染物当量数计算，而当量数 = 污染物质排放量/污染当量值。由于《办法》中给定的是对各类型污染下某种具体污染物质的污染当量值，例如二氧化硫的污染当量值为 0.95，但并没有给出总体的如废水污染的整体污染当量值，因此笔者将《办法》中涉及的各类污染项下所有污染物质的污染当量值进行平均作为各大类污染物质的污染当量值。如废水的污染当量值 0.18 就是 61 种水污染物质污染当量值的平均值。废气的污染当量值则是 44 种空气污染物质污染当量值的平均值。而《办法》中对固体废弃物的排污费征收采用 6 种污染物质按吨征收的方法计算，没有计算污染当量值，因此表 5.2 将固体废弃物的污染当量值记为 1，而其收费标准则为规定的 6 种污染物质的收费标准平均值。

表 5.2　污染物质排污费征收标准

污染物质	收费标准/元	污染当量值/千克
二氧化硫	0.6	0.95
废气	0.6	2.28
废水	0.7	0.18
固体废弃物	0.02	1

资料来源：《排污费征收标准管理办法》．生态环境部网站：http://www.mee.gov.cn/。

因此采用排污费加权后的环境污染综合指数为：

$$pollution1_{it} = 0.6 \times \frac{SO_{2it}}{0.95} + 0.6 \times \frac{gas_{it}}{2.28} +$$

$$0.7 \times \frac{water_{it}}{0.18} + 0.02 \times \frac{solid_{it}}{1} \quad (5.2)$$

$pollution1_{it}$ 即为根据排污费加权后的环境污染综合指数。需要说明的是,《办法》中的收费标准是对整体废水、废气、固体废弃物排放实施的标准,但在计算时,笔者使用的是工业二氧化硫、工业废水、工业废气和工业固体废弃物排放量。尽管污染物质的排放原因有很多种,但最终来源则是人类的生产和生活活动,其中工业生产导致的污染排放占绝大部分。例如根据 2012 年《环境统计年报》的数据,1997~2010 年,我国工业二氧化硫排放占二氧化硫排放总量的比重均高于 80%,个别年份如 2001 年甚至高达 92%。因此计算中使用工业排放数据并不会影响最终的变化趋势。

除此之外,笔者还采用了简单算术平均方法计算污染的综合指数。在计算平均值之前,首先对污染指标进行无量纲化处理,处理方法参照李茜 等(2013)中采用的阈值法对数据作归一化处理,然后再计算其平均值。由于工业二氧化硫排放量、工业废气排放量、工业废水排放量以及工业固体废弃物排放量都属于负向指标,即该指标越小,对环境状况的改善越有利,因此采用方程(5.3)的方法对原有指标进行处理。

$$q_{it}^n = \frac{e_t^{\max} - e_{it}}{e_t^{\max} - e_t^{\min}} \quad n = \{1,2,3,4\} \qquad (5.3)$$

e_{it} 是 i 省在第 t 年的污染排放量,n 表示使用的污染指标数量,共 4 种,分别为工业二氧化硫排放量、工业废气排放量、工业废水排放量以及工业固体废弃物排放量,$e_t^{\max} = \max\{e_{it}, i = 1, 2, \cdots, 31\}$ 表示第 t 年 31 个省份中某个污染物质排放量的最大值,$e_t^{\min}$ 则表示当年的最小值,q_{it} 是无量纲化处理后的指标值。然后再计算其算术平均值 $pollution2_{it}$ 作为环境污染的综合指数。

$$pollution2_{it} = \frac{\sum_{n=1}^{4} q_{it}^n}{4} \qquad (5.4)$$

关于对贸易开放程度测度指标的比较在第 1.3.1 节中已经有过初步的说明。尽管有许多指标都可以用来衡量贸易开放的程度，但是国内外对此并没有形成统一、公认的标准，各类代理指标都有各自的优缺点。由于本书主要采用的是省级层面和城市层面的数据，因此无法使用以产业分析为基础的实际关税率、非关税壁垒、进口渗透率等指标。因此笔者选择了在研究贸易与环境问题中使用最多的外贸依存度指标。考虑到国内学者对我国外贸依存度水平的高低存在较大争论，指出传统外贸依存度定义中的分子分母数值含义不同，许多学者对传统的外贸依存度指标进行了修正，如许统生（2003）、沈利生（2005）、裴长洪等（2006）、付强（2007）等。笔者采用沈利生（2005a）的方法对传统的外贸依存度进行修正。传统的外贸依存度采用该国进出口总额除以 GDP 的方法进行计算。而沈利生（2005a）则通过定义经济活动总量概念，将传统的外贸依存度计算公式修改为该国进出口总额与经济活动总量的比值。修正的原因是认为 GDP 中仅仅包含净出口总额，并未包含外贸总额。因此将经济活动总量定义为总产出与进口额之和，总产出用 GDP 除以一国的增加值率的方法计算。增加值率的取值采用刘瑞翔（2011）2007 年 0.323 的数据进行计算。

在计量分析中，OLS 能够成立的条件之一就是解释变量与扰动项不相关。否则，无论样本容量有多大，OLS 的估计结果也将是不一致的。这就是所说的内生性问题。导致这一问题的原因有很多，最常见的包括遗漏变量以及自变量和因变量之间存在反向因果的关系。尽管笔者控制了省份固定效应和时间变化趋势固定效应，可能还有一些影响污染排放的、随着时间变化的省份特定变量没有包括进来加以控制。而且在大部分的宏观经济研究中，内生性问题总是难以避免，因为经济活动之间很难独立存在，一般都是相互影响的。在贸易与环境问题研究上也是一致的。一国的对外贸易可以通过规模效应、结构效应和技术效应的作用影响污染物质的排放，改善或恶化环境状况；同时，环境政策的制定也极有可能在很大程度上改变一国的贸易规模和贸易结构。另

第 5 章 基于中国省级数据的研究

外,发展中国家的数据质量问题也有可能使得估计失去一致性,因为对于发展中国家来说,宏观经济上的测量误差是一个众所周知的问题(Deaton,2005)。在存在经典测量误差的情况下进行 OLS 回归,将产生向下的偏差,削弱贸易对环境效应的估计结果。解决内生性问题的主要方法是工具变量法。笔者在此提出了一个较为合理的工具变量汇率冲击(Exrateshock)作为外贸依存度的工具变量。

$$Exrateshock_{it} = share_{i1} \times Exrate_{it,1} + share_{i2} \times Exrate_{it,2} + \\ share_{i3} \times Exrate_{it,3} + share_{i4} \times Exrate_{it,4} + \\ share_{i5} \times Exrate_{it,5} \tag{5.5}$$

方程(5.5)中的因变量即为笔者构造的汇率冲击工具变量,单位为外币/人民币元。$share$ 表示各省份 5 个最大的贸易伙伴国(以进出口贸易总额来衡量)的贸易额占该省份进出口总额的比重。在该比重中并没有加入年份的变化,即同一省份在各年份的 $share$ 是相同的,这里的份额按照 2003 年的数据计算。例如安徽在 2003 年最大的贸易伙伴国分别为日本、美国、德国、韩国、澳大利亚,分别占当年安徽进出口总额的 15.14%、11.72%、8.08%、6.48%、3.63%。在计算 2004~2011 年的工具变量时,仍采用和 2003 年相同的份额来计算。之所以没有采用各年度的份额而使用 2003 年的份额进行计算,一是为了进一步控制贸易本身可能存在的内生性问题(虽然同一年份的贸易份额与贸易活动可以相互影响,但 2003 年的贸易份额对于 2003 年之后的贸易活动可以看作外生的);二是因为各省份在 2003~2011 年的主要贸易伙伴国变化不大,各伙伴国贸易额占该省进出口贸易总额的比重也基本保持稳定。$Exrate$ 则表示该贸易伙伴国的名义汇率,单位采用外币/人民币元,这里使用的是年度平均汇率值。好工具变量的条件之一便是外生性。随着利率作为宏观调节工具的作用在当代经济中被不断弱化,以及全球化背景下外部需求对本国经济发展的巨大影响力,汇率已经成为政府当局宏观调控的替代工具。因此在经济研究中，汇率一般被看作外生变量，尤其是1997年亚洲金融危机爆发后，各国政府纷纷加强了对该国汇率的宏观调控，通过汇率调控进而对经济运行施加影响，这使得汇率作为外生变量的设置更加合理。设置工具变量的优点之一还在于汇率本身作为国家层面的经济变量，单个省份对某国的贸易量还不足以影响两国之间的汇率，即对于各省份的贸易企业来说，汇率变化并非可以预见的，同时在控制省级固定效应的情况下还可以避免由于未被观测到的遗漏变量而产生的偏误。而且笔者还对汇率进行了加权以增加其合理性。在工具变量的构造中，如果工具变量可以通过多种渠道影响因变量，则可能会产生估计偏差。汇率作为影响进出口需求的重要因素，调整会引起进出口商品相对价格的变动，进而对贸易产生影响。一般来说，本币升值会导致本国出口减少，进口增加。因此方程（5.1）中的对外贸易作为内生解释变量，与汇率冲击直接相关。而由于汇率本身并不能直接影响一国的环境污染水平，仅仅能通过贸易来影响环境，因此这一工具变量的构造相对合理。要达到这一点，就要求汇率冲击变量必须同内生解释变量外贸依存度之间存在较强的因果关系，否则将会产生弱工具变量的问题，后果是估计参数在小样本下性质很差，在大样本下也有可能失效。为了验证汇率冲击对贸易的影响，笔者构造了第一阶段回归方程（5.6）。

$$Ln(tradeopenness_{it}) = c_T + \alpha Exrateshock_{it} + \eta Z'_{it} + \gamma_t + \delta_i + \varepsilon_{it}$$

(5.6)

其中的系数 α 表示工具变量 $Exrateshock$ 对贸易的影响。因为贸易的对外贸易依存度变量是以进出口总额占 GDP 的比重来衡量的，因此无法精确判断 α 的符号。$Exrateshock$ 的增加表示人民币升值，会导致中国的进口增加，出口减少。如果出口减少的影响大于进口增加的影响，则 α 为负值，相反则为正值。考虑到贸易对环境影响实证研究中存在的内生性问题，笔者将利用构造的工具变量 $Exrateshock$ 代替原有方程（5.1）中的外贸依存度变量进行两阶段最小二乘法（Two Stage Least Square，2SLS）回归，回归结果由 Stata 12.0 软件给出。

2. 数据说明

笔者采用中国 31 个省份 2003~2011 年的面板数据作为实证研究基础，数据主要来源于历年的《中国统计年鉴》《中国环境统计年鉴》和联合国 UNCTAD 官方网站。各省加工贸易数据来源于各省份的统计年鉴，如《北京统计年鉴》，还有部分数据如年末就业人数则来源于各省每年的国民经济和社会发展统计公报。如在计算实际 GDP 时，采用名义 GDP 除以 CPI 指数的方法来计算，CPI 指数以 1993 年为基础年。人均 GDP 的计算也采用同样的方法。在计算外贸依存度时，采用实际进出口贸易额除以实际 GDP 的方法计算，都以美元为单位。而且在计算实际进出口贸易额时，考虑到原始数据就是以美元为单位，因此采用名义进出口总额除以美国 CPI 指数的方法来计算。同样地，美国 CPI 指数也以 1993 年为基础年。利用沈利生（2005）的方法计算修正后的外贸依存度，同样使用不变价美元表示 GDP 和进出口额。

根据方程（5.5），笔者构造了工具变量 *Exrateshock*。由于数据搜集的困难性，甘肃、广西、宁夏、青海、云南、四川和西藏这 7 个省份在 2003 年的贸易伙伴国并没有达到 5 个，但是除甘肃外，所选取的伙伴国贸易额占该省份当年贸易总额的比重都在 1/3 以上。甘肃所选取的日本、美国和德国三国的贸易额占甘肃 2003 年贸易总额的 25.55%。除此之外，其他省份所选贸易伙伴国的份额都超过了 1/3，例如广西前三大贸易伙伴国分别为越南、美国和日本，这三国与广西的贸易额占到该省当年贸易总额的 41.43%。而西藏虽然只选择了尼泊尔一个贸易伙伴国，但该国的份额达到 63.01%，已经非常具有代表性，因此不会对计量结果造成很大影响。

还需要说明的是，在进行实证时，笔者主要以工业二氧化硫排放强度、工业废水排放强度、工业废气排放强度和工业固体废弃物排放强度作为因变量。这里之所以选择这几个指标，一是因为数据收集的可获得性。中国各省份工业二氧化硫以及工业废水、工业废气和工业固体废弃物的排放量在历年统计年鉴中是连续和一致的，而有些污染物质只出现在部分年份的统计中，还有些污染物质的统计仅局限于全国层面，并没有分省份数据。二是笔者所选的虽然只有四个污染指标，但其中涵盖了对空气污染、水体污染和废弃物污染这三大污染类别，涉及范围较广。而且工业二氧化硫和工业"三废"指标作为大部分生产活动中最为常见的企业非期望产出，是企业生产的污染副产品中最具代表性的，而且对人类社会的危害巨大。而贸易影响环境污染的各种渠道都脱离不了企业生产这一环节。因此这四个污染指标是非常具有代表性的。表5.3是对本章中主要变量进行描述性统计的结果。从表中可以看出，修正后的外贸依存度值要小于传统的外贸依存度值。

表5.3 主要变量的描述性统计

变量	变量含义	均值	标准差	最小值	最大值
$SO_2\ intensity$	工业二氧化硫排放强度	0.0146	0.0137	0.000284	0.0775
$water\ intensity$	工业废水排放强度	12.76	9.314	0.758	53.38
$gas\ intensity$	工业废气排放强度	22.49	21.64	0.258	283.1
$solid\ intensity$	工业固体废弃物排放强度	0.155	0.390	$7.17e^{-08}$	3.132
$pollution1$	排污费加权的污染指数	3.303	2.917	0.00375	20.36
$pollution2$	算术平均的污染指数	0.874	0.133	0.396	1.235
$tradeopenness$	外贸依存度	0.436	0.556	0.0282	2.363
$amended\ tradeopenness$	修正外贸依存度	0.120	0.133	0.00908	0.533
y	人均GDP	1755	1248	263.8	6612
$Exrateshock$	汇率冲击	0.622	0.520	-0.168	1.852

5.2.2 基准回归结果

为了和 2SLS 的结果进行比较，笔者首先运用 OLS 方法对方程（5.1）进行回归，结果如表 5.4 所示。表中分别使用了工业二氧化硫排放强度、工业废气排放强度、工业废水排放强度、工业固体废弃物排放强度以及按照两种方法计算的污染综合指数作为因变量，对每种因变量的回归中都分别使用了传统外贸依存度 $Ln\ (tradeopenness)$ 和修正后的外贸依存度 $Ln\ (amended\ tradeopenness)$ 变量，因此表 5.4 共列出了 12 列回归结果。回归时同时控制了省份固定效应和年份固定效应。方程（5.1）中的其他控制变量 Z'_{it} 包含了人均收入水平 $Ln\ (y)$ 及其平方项，用实际人均 GDP 指标来衡量；人口规模变量 $Ln\ (pop)$，用各省份年底人口数来表示；工业增加值占 GDP 的比重变量 $Ln\ (indus)$，用以表征该省的产业结构水平；外商直接投资额 $Ln\ (FDI)$，用以控制 FDI 对污染排放的影响；各省的资本劳动比 $Ln(K/L)$，是各省的固定资本投入与就业人数之比，用以表征各省产品结构的差异。

从回归结果来看，贸易对工业二氧化硫和工业"三废"排放强度的影响都是积极的，即外贸依存度的增加减少了这四种污染物质的排放强度，而且不因外贸依存度计算方法的不同而产生差别。但从显著性来看，结果并不十分令人满意，在 6 个因变量项下，有 3 个因变量对应的 6 列回归中，传统外贸依存度和修正外贸依存度的系数都不显著，这极有可能是由内生性导致的。而贸易对两种综合污染指数的影响却恰好相反。外贸依存度的增加导致使用排污费加权计算的综合指数下降，却使得算术平均计算的综合指数上升，结果并不稳定。从其他控制变量来看，在不同的回归模型中，其他控制变量的符号并不稳定，同时显著性较差，结果并不理想。

表 5.4　OLS 回归结果（一）

模型	(1)	(2)	(3)	(4)	(5)	(6)
因变量	$Ln(SO_2\ intensity)$		$Ln(gas\ intensity)$		$Ln(water\ intensity)$	
$Ln(tradeopenness)$	-0.290** [0.147]		-0.260*** [0.094]		-0.177 [0.165]	
$Ln(amended\ tradeopenness)$		-0.289* [0.151]		-0.270*** [0.096]		-0.186 [0.168]
$Ln(y)$	-0.430 [0.987]	-0.488 [0.981]	1.051 [1.251]	1.003 [1.238]	0.186 [1.238]	0.154 [1.228]
$Ln(y)^2$	-0.0679 [0.057]	-0.0639 [0.057]	-0.105 [0.077]	-0.103 [0.076]	-0.0394 [0.080]	-0.0380 [0.079]
$Ln(pop)$	-0.890 [0.803]	-0.883 [0.803]	-0.236 [1.015]	-0.233 [1.007]	-0.352 [1.090]	-0.351 [1.086]
$Ln(indus)$	0.933** [0.420]	0.942** [0.429]	-0.177 [0.437]	-0.168 [0.434]	0.551 [0.481]	0.558 [0.483]

续表

模型	(1)	(2)	(3)	(4)	(5)	(6)
因变量	$Ln(SO_2\,intensity)$	$Ln(SO_2\,intensity)$	$Ln(gas\,intensity)$	$Ln(gas\,intensity)$	$Ln(water\,intensity)$	$Ln(water\,intensity)$
$Ln(FDI)$	-0.0803	-0.0807	0.101	0.100	-0.136**	-0.137**
	[0.057]	[0.056]	[0.067]	[0.067]	[0.059]	[0.058]
$Ln(K/L)$	0.0809	0.0808	0.193	0.194	-0.102	-0.101
	[0.143]	[0.142]	[0.167]	[0.166]	[0.176]	[0.174]
省份固定效应	yes	yes	yes	yes	yes	yes
年份固定效应	yes	yes	yes	yes	yes	yes
R^2	0.9871	0.987	0.9626	0.9626	0.9672	0.9672
省份数	31	31	31	31	31	31
观测值	217	217	217	217	217	217

注：括号中为聚集在省份层面的标准差；***、**、*分别表示在1%、5%、10%水平下显著。

表 5.4 OLS 回归结果（二）

模型	(7)	(8)	(9)	(10)	(11)	(12)
因变量	Ln (solidintensity)		Ln (pollution1)		Ln (pollution2)	
Ln (tradeopenness)	−0.473 [1.009]		−0.280*** [0.095]		0.0522 [0.060]	
Ln (amended tradeopenness)		−0.409 [1.020]		−0.292*** [0.098]		0.0589 [0.061]
Ln (y)	−4.474 [8.695]	−4.582 [8.686]	1.996 [1.255]	1.944 [1.242]	−0.473 [0.728]	−0.465 [0.727]
Ln (y)^2	0.0154 [0.460]	0.0284 [0.457]	−0.107 [0.077]	−0.105 [0.077]	0.0257 [0.045]	0.0258 [0.044]
Ln (pop)	−5.784 [7.570]	−5.843 [7.572]	0.452 [0.985]	0.454 [0.978]	−0.926* [0.485]	−0.925* [0.486]

续表

模型	(7)	(8)	(9)	(10)	(11)	(12)
因变量	$Ln(solidintensity)$		$Ln(pollution1)$		$Ln(pollution2)$	
$Ln(indus)$	2.392	2.405	-0.170	-0.160	0.0956	0.0925
	[3.387]	[3.428]	[0.446]	[0.443]	[0.215]	[0.215]
$Ln(FDI)$	0.0195	0.0203	0.0980	0.0974	-0.0126	-0.0123
	[0.424]	[0.430]	[0.068]	[0.067]	[0.030]	[0.030]
$Ln(K/L)$	0.298	0.277	0.188	0.189	-0.177*	-0.178*
	[1.269]	[1.272]	[0.165]	[0.164]	[0.098]	[0.098]
省份固定效应	yes	yes	yes	yes	yes	yes
年份固定效应	yes	yes	yes	yes	yes	yes
R^2	0.9211	0.921	0.9893	0.9893	0.7561	0.7566
省份数	31	31	31	31	31	31
观测值	206	206	217	217	206	206

注：括号中为聚集在省份层面的标准差；***、**、*分别表示在1%、5%、10%水平下显著。

表 5.5 是利用工具变量法进行 2SLS 回归后的结果。表中同时列出了 2SLS 回归中第一阶段和第二阶段的回归结果。模型（1）至（12）中第二阶段的因变量和表 5.4 中的完全相同，而第一阶段的因变量，奇数列使用的是传统外贸依存度，而偶数列使用的是修正后的外贸依存度。和 OLS 的结果相比，首先在显著性上，利用工具变量回归后有明显的改善。模型（1）至（12）中，外贸依存度的系数都统计显著。从系数符号来看，2SLS 的结果和 OLS 相同，即外贸依存度的提高会导致工业二氧化硫、工业"三废"以及综合指数 1 的下降，但对综合指数 2 的作用却相反。在表 5.5 中，贸易对污染排放影响最大的是工业固体废弃物的排放。外贸依存度（修正值）每提高 1%，工业固体废弃物的排放强度将下降 6.764%（6.977%），和影响最小的工业废水排放强度相比，相差约 11 倍，说明污染物质的选择对回归结果的影响很大。但使用修正方法的外贸依存度和传统的外贸依存度相比，对回归结果的影响并不大。而综合指数实证结果的符号相反也表明环境污染指数构建方法的不同对结论也会产生不同的影响。和表 5.4 中的结果相比，每列回归中污染物质对贸易的弹性绝对值都远远大于 OLS 回归的结果，即由于存在内生性问题，OLS 回归产生了向下的偏误，低估了贸易对环境的影响。

从第 3 章的分析中可以知晓，贸易可能通过多种渠道影响一国的环境污染状况。不同的渠道传导下的结论也各不相同。从影响方向来看，贸易通过规模效应发挥作用时会导致污染排放增加，而技术效应、收入效应、市场竞争效应和资源配置效应则往往能发挥积极的影响，结构效应的影响方向则并不明确。贸易对环境污染的最终影响取决于各种不同传导机制之间共同作用的结果。从表 5.5 的结论看来，贸易对我国工业二氧化硫和工业"三废"的排放产生了积极影响，即技术效应等正向效应在这一影响过程中发挥了主导性作用。

表 5.5 2SLS 回归结果（一）

模型	(1)	(2)	(3)	(4)	(5)	(6)
第二阶段因变量	$Ln(SO_2\,intensity)$		$Ln(gas\,intensity)$		$Ln(water\,intensity)$	
$Ln(tradeopenness)$	-1.207***		-1.559***		-0.579**	
	[0.351]		[0.515]		[0.284]	
$Ln(amended\,tradeopenness)$		-1.232***		-1.591***		-0.585**
		[0.364]		[0.519]		[0.284]
$Ln(y)$	-0.0139	-0.245	1.641*	1.342*	0.369	0.256
	[1.423]	[1.399]	[1.757]	[1.694]	[1.375]	[1.337]
$Ln(y)^2$	-0.181*	-0.168*	-0.266**	-0.248**	-0.0890	-0.0820
	[0.101]	[0.099]	[0.127]	[0.122]	[0.097]	[0.094]
$Ln(pop)$	-1.275	-1.256	-0.781	-0.756	-0.520	-0.508
	[1.278]	[1.253]	[1.524]	[1.442]	[1.202]	[1.172]
$Ln(indus)$	1.012**	1.052**	-0.0652	-0.0126	0.586*	0.605*
	[0.454]	[0.466]	[0.587]	[0.562]	[0.457]	[0.459]
$Ln(FDI)$	-0.0931	-0.0954	0.0826	0.0796	-0.142***	-0.143***
	[0.122]	[0.122]	[0.135]	[0.134]	[0.051]	[0.050]

续表

模型	(1)	(2)	(3)	(4)	(5)	(6)
第二阶段因变量	$Ln\ (SO_2\ intensity)$	$Ln\ (SO_2\ intensity)$	$Ln\ (gas\ intensity)$	$Ln\ (gas\ intensity)$	$Ln\ (water\ intensity)$	$Ln\ (water\ intensity)$
$Ln\ (K/L)$	0.168 [0.181]	0.170 [0.174]	0.316 [0.303]	0.319 [0.294]	0.0643 [0.177]	0.0635 [0.172]
第一阶段						
$Exrateshock$	0.0017*** [0.0005]	0.0016*** [0.0005]	0.0017*** [0.0005]	0.0016*** [0.0005]	0.2992*** [0.1347]	0.2961*** [0.1339]
省份固定效应	yes	yes	yes	yes	yes	yes
年份固定效应	yes	yes	yes	yes	yes	yes
第一阶段 F 值	614.57	559.46	614.57	559.46	159.4	130.44
第一阶段 R^2	0.9798	0.9778	0.9838	0.9822	0.984	0.9824
第二阶段 R^2	0.974	0.974	0.923	0.924	0.957	0.958
省份数	31	31	31	31	31	31
观测值	217	217	217	217	217	217

注：括号中为聚集在省份层面的标准差；***、**、* 分别表示在 1%、5%、10% 水平下显著。

表 5.5 2SLS 回归结果（二）[1]

模型	(7)	(8)	(9)	(10)	(11)	(12)
第二阶段因变量	$Ln\,(solid\,intensity)$		$Ln\,(pollution1)$		$Ln\,(pollution2)$	
$Ln\,(tradeopenness)$	-6.764** [2.911]		-0.825* [0.706]		0.869*** [0.255]	
$Ln\,(amended\ tradeopenness)$		-6.977** [3.059]		-0.833* [0.697]		0.896*** [0.259]
$Ln\,(y)$	-1.405* [10.848]	-2.608* [10.990]	2.244* [1.262]	2.083* [1.201]	-0.871 [1.018]	-0.717 [1.009]
$Ln\,(y)\,\widehat{}\,2$	-0.766 [0.678]	-0.709 [0.677]	-0.174 [0.119]	-0.164 [0.111]	0.127* [0.066]	0.120* [0.065]
$Ln\,(pop)$	-2.941* [9.865]	-3.356* [9.978]	0.223 [1.040]	0.240 [0.996]	-1.295* [0.861]	-1.242* [0.866]
$Ln\,(indus)$	2.854* [2.716]	3.175* [2.794]	-0.123 [0.436]	-0.0961 [0.423]	0.0357 [0.265]	-0.00558 [0.258]

[1] 表中污染综合指数 1 和指数 2 的回归结果中外贸依存度的弹性符号刚好相反，主要原因是 2 个指数的构建方法有所不同，采用何种方法更加科学目前并未有统一的结论，如何更加科学地构建环境污染的综合指数也是未来需要进一步研究的问题。

续表

模型	(7)	(8)	(9)	(10)	(11)	(12)
第二阶段因变量	$Ln(solid\ intensity)$		$Ln(pollution1)$		$Ln(pollution2)$	
$Ln(FDI)$	-0.167	-0.191	0.0904	0.0890	0.0115	0.0147
	[0.384]	[0.398]	[0.079]	[0.078]	[0.091]	[0.092]
$Ln(K/L)$	1.769*	1.720*	0.239*	0.240*	-0.368**	-0.362**
	[2.157]	[2.150]	[0.213]	[0.207]	[0.175]	[0.172]
第一阶段						
$Exrateshock$	0.0017***	0.0016***	0.2992***	0.2961***	0.0017***	0.0016***
	[0.0005]	[0.0005]	[0.1347]	[0.1339]	[0.0005]	[0.0004]
省份固定效应	yes	yes	yes	yes	yes	yes
年份固定效应	yes	yes	yes	yes	yes	yes
第一阶段 F 值	656.44	569.44	159.4	130.44	656.44	569.44
第一阶段 R^2	0.9836	0.9818	0.984	0.9824	0.9836	0.9819
第二阶段 R^2	0.869	0.867	0.987	0.987	0.192	0.193
省份数	31	31	31	31	31	31
观测值	206	206	217	217	206	206

注：括号中为聚集在省份层面的标准差；***、**、*分别表示在1%、5%、10%水平下显著。

选择工具变量的首要条件便是与内生解释变量高度相关。汇率作为影响一国国际贸易的重要因素,必然与外贸依存度存在较强的关联度。从表 5.5 的结果中也可以看出,第一阶段的 R^2 都在 0.9 以上,而且第一阶段的工具变量回归结果的 F 统计量都大大高于 Staiger 和 Stock (1997) 所提出的门槛值 10,因此有理由相信不存在弱工具变量问题。从第一阶段的回归结果来看,汇率冲击对贸易的影响为 0.001~0.3,统计显著,符号都为正,即方程 (5.6) 中系数 α 的符号为正。这意味着汇率冲击指标的上升会导致外贸依存度的提高。上面的描述中提到,外贸依存度的计算中分子部分为进出口总额,因此理论上无法判断系数 α 的符号。回归结果说明,在工具变量汇率冲击影响贸易的过程中,*Exrateshock* 增加代表的人民币升值对进口增加的影响大于出口减少的影响,因此第一阶段回归中工具变量符号为正。

表 5.5 中其他控制变量的回归结果在不同的模型下表现不同。人均收入水平的上升提高了工业废气、工业废水和综合指数 1 的排放水平,同时这六列中人均收入水平的二次项系数均为负值,表明收入和污染排放之间存在倒 U 形的非线性关系,即 EKC 曲线是成立的,但对其余三种因变量却没有发现这一规律。从人口规模污染的影响来看,除 (9) 至 (10) 列外,其余列中人口的估计系数都为负值。虽然人口数量越多,理论上通过规模效应的影响污染排放量可能越大,但由于不同人群对生态环境的需求偏好不同,因此不能一概而论。同时,回归中的因变量采用了排放强度指标,而强度指标是排放量与 GDP 的比值,人口规模不仅会影响污染排放水平,同时也会影响 GDP 的增长。如果人口对 GDP 增长率的影响大于对污染排放量增长率的影响,则排放强度对人口规模变量就可能产生负的经济弹性。表征产业结构的工业增加值占 GDP 比重的符号也并不统一,该比重增加会导致工业二氧化硫、工业废水以及工业固体废弃物的排放强度增加。该变量对污染的影响和 FDI 影响因变量的方向正好完全相反。在控制变量中,笔者还加入了各省份的资本劳动比值。一般来说,资本劳动比越高,该省生产的产品中污染品比重越高,因

为资本密集型产品一般也被认为是污染密集型产品。从结果来看，除最后两列外，其余回归结果是符合理性预期的。

2SLS 回归结果与 OLS 回归结果相比存在较大差异，其影响程度大大高于 OLS 回归结果，这也进一步说明了不考虑内生性问题带来的严重偏误。事实上，如果方程中的所有解释变量都是外生的，则 OLS 回归是最有效的。但如果存在内生解释变量，则 OLS 结果不一致。尽管从 OLS 结果和 2SLS 结果的差异性可以初步判断内生解释变量的存在，但为了更加精准地判断，笔者也利用 STATA 软件中的 estat endogenous 命令进行了统计上的检验，结果显示 p 值都小于 0.01，表明拒绝变量外生的原假设，存在内生性问题。因此使用 2SLS 回归的工具变量法研究贸易对环境污染的影响还是非常有必要的。

5.2.3 分地区回归结果

为了比较我国不同地区贸易对环境的影响，本小节将按照我国东中西部地区的划分进一步检验对外贸易的环境效应。区域差异较大的问题由来已久，而现阶段我国地区间发展不平衡的特征仍然十分突出。总的来说，东部是我国最发达的地区，东部地区的经济发展水平、对外开放程度、人口密集程度等都较中西部地区发达。随着政府对中西部地区发展的大力扶持，地区间的差异正在呈逐步缩小的态势发展，但差距仍不可忽视。

为了检验贸易对污染排放的影响是否因所处地区不同而存在差异，笔者设置了地区虚拟变量。由于一共分为 3 个地区，因此设置了东部（*East*）和中部（*Middle*）地区 2 个虚拟变量。*East* 取值为 1 的省份表明该省份隶属于东部地区，取值为 0 表明该省份不属于东部地区。*Middle* 取值为 1 的省份表明该省份隶属于中部地区，取值为 0 表明该省份不属于中部地区。*East* 和 *Middle* 同时取 0 的省份属于西部地区。在分地区回归中，加入地区虚拟变量与外贸依存度的交互项作为内生解释变量进行了 2SLS 回归，进而比较环境污染对不同区域贸易的经济弹性，结果如表 5.6 所示。由于篇幅关系，表中并未列出第一阶段的回归结果，但是第一阶段回归中工具变量的估计系数统计都显著，F 值也都大大高于 Staiger 和 Stock（1997）所提出的门槛值 10。

为了便于比较，表 5.6 中的（1）至（6）列使用了传统的外贸依存度计算方法，而（7）至（12）列则使用了修正的外贸依存度计算方法。表中的 *East* 代表东部地区虚拟变量和外贸依存度的交互项，*Middle* 代表中部地区虚拟变量和外贸依存度的交互项，而 *West* 则是原有方程中的外贸依存度，其系数值代表西部地区贸易对环境污染的影响。从结果来看，不同地区的贸易对同一种污染物质的影响并不相同，这种不同不仅体现为影响的方向可能相反，而且体现为影响的程度也有很大区别。例如，在模型（1）中，东部地区的弹性为 0.481，中部地区为 0.371（但统计上并不显著），而西部地区则和东中部地区的符号相反，经济弹性的绝对值即影响程度也更大，弹性为 -1.178。即对外贸易虽然会造成我国东部地区和中部地区二氧化硫排放强度的增加，却在更大程度上减少了西部地区的排放强度。和表 5.5 中第（1）列的结果 -1.207 相比，贸易在整体上有利于减少二氧化硫的排放，而这一结果主要来源于贸易对西部地区的污染净化作用。同样的规律也适用于贸易对工业废气、工业废水以及综合指数 1 的影响。从结果看来，贸易对东部和中部地区的环境都是不利的，而对西部地区的环境状况则是有利的。由于表 5.5 中工业废气、工业废水以及综合指数 1 对贸易的经济弹性都为负值，因此可以认为贸易对西部地区环境发挥的作用相对东中部地区更大。当然，当因变量转换为其他污染指标时，结论也可能随之改变。例如，当因变量为工业固体废弃物排放强度时，尽管系数都不显著，但东中西部的弹性值都为负值，即贸易对各地区的工业固体废弃物排放减少都能起到一定的促进作用，其中对中部地区的作用更大。而从综合指数 2 的回归结果来看，东中西部地区的系数值都为正值，数值差异较小，即贸易对环境的不利影响在三个地区较为平均。

表 5.6 分地区 2SLS 回归结果（一）

模型	(1) $Ln(SO_2\ intensity)$	(2) $Ln(gas\ intensity)$	(3) $Ln(water\ intensity)$	(4) $Ln(solid\ intensity)$	(5) $Ln(pollution\ 1)$	(6) $Ln(pollution\ 2)$
第二阶段因变量						
East	0.481*	0.456**	0.298	-0.978	0.389*	0.974*
	[0.489]	[0.676]	[0.628]	[3.399]	[0.599]	[1.491]
Middle	0.371	0.194*	0.535*	-24.62	0.169	0.882**
	[0.654]	[0.769]	[0.850]	[2.245]	[0.689]*	[4.179]
West	-1.178***	-1.544***	-0.563	-10.24	-1.365***	0.917
	[0.299]	[0.453]	[0.401]	[5.268]	[0.416]	[0.685]
$Ln(y)$	-0.583	1.186	-0.647	8.628	2.106	-1.931
	[1.173]	[1.839]	[1.501]	[7.398]	[1.686]	[3.753]
$Ln(y)^2$	-0.140*	-0.234*	0.0862	-1.854	-0.216*	0.200
	[0.083]	[0.129]	[0.097]	[5.643]	[0.119]	[0.294]
$Ln(pop)$	-1.115	-0.610	0.00428	2.676	0.136	-1.918
	[0.979]	[1.186]	[1.054]	[5.945]	[1.062]	[2.332]

续表

模型	(1) Ln (SO_2 intensity)	(2) Ln (gas intensity)	(3) Ln (water intensity)	(4) Ln (solid intensity)	(5) Ln (pollution 1)	(6) Ln (pollution 2)
第二阶段因变量						
Ln (indus)	1.099**	-0.00832	0.595	0.825	-0.0262	0.272
	[0.471]	[0.538]	[0.563]	[1.060]	[0.511]	[0.709]
Ln (FDI)	-0.0842	0.0959	-0.130	-0.259	0.0939	0.0430
	[0.104]	[0.119]	[0.118]	[1.161]	[0.105]	[0.145]
Ln (K/L)	0.193	0.343	-0.158	3.646	0.314	-0.477
	[0.141]	[0.270]	[0.202]	[9.879]	[0.246]	[0.454]
省份固定效应	yes	yes	yes	yes	yes	yes
年份固定效应	yes	yes	yes	yes	yes	yes
第二阶段 R^2	0.980	0.933	0.934	0.841	0.981	0.973
省份数	31	31	31	31	31	31
观测值	217	217	217	206	217	206

注：括号中为聚集在省份层面的标准差；***、**、*分别表示在1%、5%、10%水平下显著。

表 5.6 分地区 2SLS 回归结果（二）

模型	(7) $Ln\,(SO_2\text{ intensity})$	(8) $Ln\,(gas\text{ intensity})$	(9) $Ln\,(water\text{ intensity})$	(10) $Ln\,(solid\text{ intensity})$	(11) $Ln\,(pollution\,1)$	(12) $Ln\,(pollution\,2)$
第二阶段因变量						
East	0.437* [0.511]	0.383 [0.694]	0.366* [0.689]	-0.793 [1.620]	0.323* [0.614]	1.002* [1.341]
Middle	0.392 [0.649]	0.224* [0.754]	0.515 [0.845]	-22.62 [1.364]	0.196 [0.675]	0.693 [3.466]
West	-1.202*** [0.310]	-1.574*** [0.460]	-0.572* [0.402]	-10.24 [4.191]	-1.392*** [0.422]	0.926* [0.601]
$Ln\,(y)$	-0.704 [1.140]	0.999 [1.735]	-0.508 [1.444]	5.365 [4.887]	1.938 [1.593]	-1.557 [2.983]
$Ln\,(y)\,\hat{}\,2$	-0.134 [0.081]	-0.224* [0.122]	0.0777 [0.092]	-1.635 [4.672]	-0.206* [0.113]	0.177 [0.234]
$Ln\,(pop)$	-1.123 [0.994]	-0.627 [1.163]	0.0229 [1.044]	1.173 [9.546]	0.121 [1.041]	-1.756 [1.930]

续表

模型	(7) Ln (SO_2 intensity)	(8) Ln (gas intensity)	(9) Ln (water intensity)	(10) Ln (solid intensity)	(11) Ln (pollution 1)	(12) Ln (pollution 2)
第二阶段因变量	1.130**	0.0369	0.567	1.609	0.0140	0.185
	[0.485]	[0.523]	[0.556]	[8.480]	[0.499]	[0.562]
Ln (indus)	−0.0879	0.0896	−0.125	−0.307	0.0883	0.0504
	[0.105]	[0.120]	[0.119]	[1.206]	[0.106]	[0.140]
Ln (FDI)	0.191	0.340	−0.156	3.377	0.311	−0.448
	[0.140]	[0.266]	[0.201]	[8.629]	[0.243]	[0.373]
Ln (K/L)	yes	yes	yes	yes	yes	yes
省份固定效应	yes	yes	yes	yes	yes	yes
年份固定效应	0.979	0.933	0.935	0.324	0.981	0.968
第二阶段 R^2	31	31	31	31	31	31
省份数	217	217	217	206	217	206
观测值						

注：括号中为聚集在省份层面的标准差；***、**、*分别表示在1%、5%、10%水平下显著。

贸易对我国不同地区的环境污染状况产生了不同的影响，究其原因，贸易影响环境污染的主要渠道在各地区是不同的。例如，就结构效应来说，我国的东中西部地区在产业布局上存在很大差异，污染密集型产业，尤其是水污染和大气污染密集型产业主要集中于东部沿海地区，因此东部地区结构效应的影响可能是负面的。而从经济和贸易规模来看，东中部地区人口众多，产能丰富，贸易开放程度较深，因此东中部地区的经济活动规模庞大，远非西部地区可以比拟。综上所述，贸易通过规模效应对环境污染的消极影响在东中部地区表现得应该更加明显。

5.2.4 分贸易方式回归结果

贸易方式是指国际贸易中买卖双方所采用的各种交易的具体做法，如一般贸易、补偿贸易、加工贸易、易货贸易等。除一般贸易外，加工贸易是其中非常重要的一类。《海关对加工贸易货物监管办法》规定，加工贸易是指经营企业进口全部或者部分原辅材料、零部件、元器件、包装物料，经加工或装配后，将制成品复出口的经营活动，包括来料加工和进料加工。1978年7月国务院发布《开展对外加工装配业务试行办法》，先在广东、福建、上海等地试行加工贸易特殊政策，即允许加工装配所需原材料、零部件、设备的进口，一律免征关税、工商税。改革开放40多年来，我国加工贸易从无到有、从小到大，已成为对外贸易的主要方式和开放型经济的重要组成部分。加工贸易方式既可以弥补我国缺少资金和原材料，以及设计、加工工艺和技术设备的不足，同时又能利用我国劳动力成本较低和有一定工业基础的优势，因此加工贸易在我国的对外贸易中占据了非常重要的位置。根据2013年《中国贸易外经统计年鉴》，我国加工贸易出口总额占对外贸易出口总额的比重从1981年的5.1%一路上升到2012年的42.1%，并且加工贸易进口总额占我国进口总额的比重也从1981年的6.7%上升至2012年的26.5%。从增长速度来看,加工贸易的出口增速在1982~2012年的31年中,仅有2009年的出口增速受到国外市场需求疲软的影响,为-13.1%,其余年份的加工贸易出口增长速度均为正值,最快增速出现在1987年,达到58.3%。从进口的增长速度来看,加工贸易的进口增长率也基本没有出现负增长,只有在1997年亚洲金融危机和2008年次贷危机后的第二年,即1998年和2009年,出现了负增长,其余年份的进口增长率都为正值。图5.2和图5.3展示了我国1981~2012年一般贸易和加工贸易的出口和进口变化趋势。从图中可以看出,无论是一般贸易还是加工贸易,出口和进口额都发展迅猛,一般贸易的出口和进口增长基本保持一致趋势,而加工贸易的出口增速从20世纪90年代中期开始超过进口的增长速度,加工贸易的顺差额也呈逐步增加的态势。

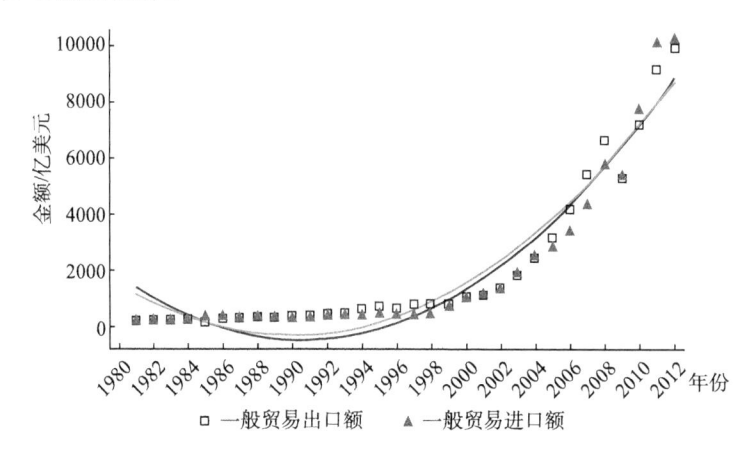

图5.2 1981~2012年中国一般贸易进出口变化趋势

资料来源:2013年《中国贸易外经统计年鉴》。

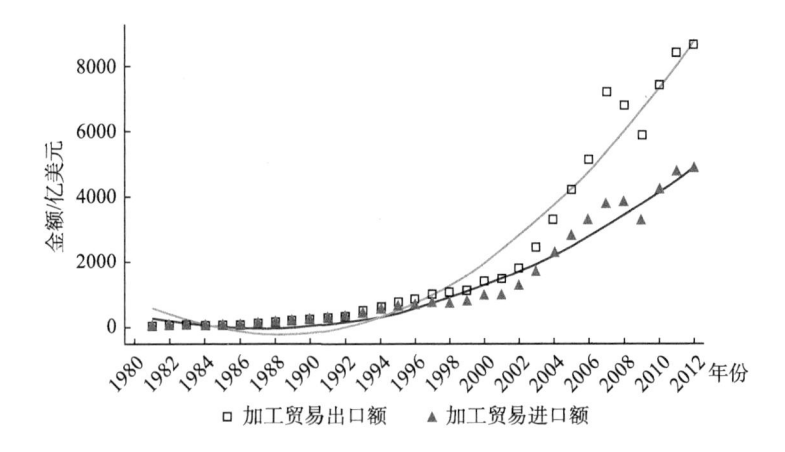

图 5.3　1981～2012 年中国加工贸易进出口变化趋势

资料来源：2013 年《中国贸易外经统计年鉴》。

为了探讨不同贸易方式对污染排放的影响程度，笔者采用各省份每年加工贸易的出口总额与实际 GDP 的比重代表加工贸易的开放程度，同时采用一般贸易的出口额与实际 GDP 的比重代表一般贸易的开放程度，验证加工贸易和一般贸易对环境污染的影响是否存在差别。一般贸易和加工贸易出口的数据来源于各省统计年鉴，其中加工贸易出口额是来料加工装配贸易和进料加工贸易出口额之和。而且由于海南和西藏的加工贸易出口额缺失，因此对加工贸易的分析中仅包含 29 个省份。由于实际 GDP 采用不变价美元计算，因此将一般贸易和加工贸易出口额转换成不变价美元后再计算其依存度。由于内生性问题的存在，因此仍然使用汇率冲击的工具变量作为一般贸易和加工贸易依存度的代理变量。表 5.7 显示了 2SLS 的回归结果。第一阶段的结果并未在表中列出，但是工具变量仍然选用各省最大贸易伙伴国加权的汇率冲击变量，汇率冲击对一般贸易和加工贸易出口依存度的影响都显著为负。

表 5.7 分贸易方式 2SLS 回归结果（一）

模型	(1)	(2)	(3)	(4)	(5)	(6)
第二阶段因变量	$Ln\,(SO_2\,intensity)$		$Ln\,(gas\,intensity)$		$Ln\,(water\,intensity)$	
$Ln\,(conexp\,openness)$	-0.546**		-0.801***		-3.445*	
	[0.226]		[0.240]		[1.087]	
$Ln\,(proexp\,openness)$		0.738*		1.122**		-0.688*
		[0.667]		[0.831]		[1.053]
$Ln\,(y)$	-2.443	4.128	-0.666	9.273	-9.774	-4.630
	[1.709]	[5.986]	[1.788]	[7.918]	[38.356]	[7.294]
$Ln\,(y)\,{}^\wedge 2$	0.0172	-0.177	-0.0771	-0.382	0.190	0.137
	[0.090]	[0.244]	[0.107]	[0.325]	[0.921]	[0.311]
$Ln\,(pop)$	-2.388	1.101	-1.549	3.604	-9.037	-2.233
	[1.552]	[2.842]	[1.829]	[3.818]	[35.306]	[4.100]
$Ln\,(indus)$	1.762*	1.353	1.545**	1.040	6.653	0.252
	[1.020]	[1.518]	[0.750]	[1.507]	[22.077]	[0.861]

续表

模型	(1)	(2)	(3)	(4)	(5)	(6)
第二阶段因变量	$Ln(SO_2\ intensity)$	$Ln(SO_2\ intensity)$	$Ln(gas\ intensity)$	$Ln(gas\ intensity)$	$Ln(water\ intensity)$	$Ln(water\ intensity)$
$Ln(FDI)$	-0.0338	-0.129	0.0690	-0.0764	-0.113	-0.0859
	[0.111]	[0.315]	[0.140]	[0.445]	[0.641]	[0.365]
$Ln(K/L)$	-0.342	-1.003	-0.568*	-1.616	-2.799	0.855
	[0.318]	[1.292]	[0.342]	[1.583]	[9.858]	[1.360]
省份固定效应	yes	yes	yes	yes	yes	yes
年份固定效应	yes	yes	yes	yes	yes	yes
第一阶段 R^2	0.952	0.744	0.787	0.786	0.873	0.743
省份数	31	29	31	29	31	29
观测值	196	203	196	203	196	203

注：括号中为聚集在省份层面的标准差；***、**、*分别表示在1%、5%、10%水平下显著。

表5.7 分贸易方式2SLS回归结果（二）

模型	(7)	(8)	(9)	(10)	(11)	(12)
第二阶段因变量	$Ln(solid\ intensity)$		$Ln(pollution1)$		$Ln(pollution2)$	
$Ln(conexp\ openness)$	-3.202* [1.635]		-3.726 [1.650]		-0.424*** [0.103]	
$Ln(proexp\ openness)$		4.450 [1.791]		-0.758 [1.185]		0.618* [0.490]
$Ln(y)$	-13.18 [14.245]	27.98 [32.777]	-8.047 [39.711]	-2.606 [7.533]	0.846 [1.101]	-4.844 [4.700]
$Ln(y)^2$	0.228 [0.703]	-1.061 [1.439]	0.103 [0.940]	0.0453 [0.301]	-0.0138 [0.064]	0.179 [0.215]
$Ln(pop)$	-8.961 [12.745]	-2.199 [11.892]	-8.506 [36.617]	-1.072 [3.941]	-0.201 [0.946]	-1.137 [1.748]
$Ln(indus)$	5.524 [6.108]	4.356 [8.249]	6.558 [22.712]	-0.336 [1.057]	-0.569 [0.390]	-0.495 [0.918]

续表

模型	(7)	(8)	(9)	(10)	(11)	(12)
第二阶段因变量	$Ln(solid\ intensity)$		$Ln(pollution1)$		$Ln(pollution2)$	
$Ln(FDI)$	-0.473 [0.757]	-0.619 [2.077]	0.111 [0.735]	0.141 [0.374]	-0.0235 [0.070]	-0.00384 [0.265]
$Ln(K/L)$	-0.972 [1.592]	-7.626 [8.423]	-2.798 [10.144]	1.156 [1.504]	0.0790 [0.167]	1.056 [1.119]
省份固定效应	yes	yes	yes	yes	yes	yes
年份固定效应	yes	yes	yes	yes	yes	yes
第一阶段 R^2	0.839	0.510	0.746	0.725	0.85	0.867
省份数	31	29	31	29	31	29
观测值	186	193	196	203	186	193

注：括号中为聚集在省份层面的标准差；***、**、*分别表示在1%、5%、10%水平下显著。

表 5.7 中 *Ln*（*conexp openness*）代表一般贸易（Conventional Trade）出口依存度的自然对数，而 *Ln*（*proexp openness*）则代表加工贸易（Processing Trade）出口依存度的自然对数。回归结果显示一般贸易对污染排放的影响普遍显著［除第（9）列外］，而加工贸易方式下，出口依存度对工业固体废弃物排放强度和综合指数 1 的影响都不显著。从结论来看，不同贸易方式下的环境效应结论差别很大。首先从影响方向来说，除了当因变量为工业废水排放强度和综合指数 1 时，一般贸易和加工贸易出口对环境污染的影响保持积极正向的一致性外，其余四种污染指标下，一般贸易和加工贸易出口依存度的经济弹性估计值符号都恰好相反。更加有趣的是，在这方向相反的 8 列回归中，一般贸易的经济弹性符号都为负值，而加工贸易都为正值，表明一般贸易方式下出口依存度的提高对工业二氧化硫、工业废气、工业固体废弃物排放强度以及综合指数 2 的下降都将起到促进作用，而加工贸易出口依存度的提升则会导致这几类指标表征的污染状况更加严重。产生这一结论的主要原因可能在于我国一般贸易和加工贸易在出口商品结构上存在的差异。我国的加工贸易中高附加值、高技术含量产品较少，更有一部分加工贸易产品为高能耗、高污染产品，这与我国加工贸易的企业主体多为外商投资企业有关。发达国家的企业为了逃避本国政府对企业制定的较为严苛的排污标准，开始将污染密集型产品的生产或产业链中污染最严重的生产部分转移至发展中国家，即所谓的"污染避难所"。我国加工贸易中的很大一部分便是来源于此，也因此对我国的环境污染状况产生不利影响。

5.3 动态面板模型

面板数据的优点之一是可以对个体的动态行为进行建模。正如杜利民（2010）指出，任何经济因素变化本身均具有一定的惯性，个体的当前行为往往取决于其过去的行为模式。从理论上来讲，污染物质的产生来源于人类的生活以及生产活动。在生产活动中，企业作为排放污染物质的主体，受到成本控制的限制，污染排放往往存在惯性，前期排放基础对后期的影响会很大。而在人类的生活活动中，由于消费习惯已经养成，由此而造成的污染物质排放也是一个连续动态的过程。因此，在回归分析中，把污染物质排放的滞后期变量加入解释变量中是合理的，因此本节将选用动态面板模型进行检验，试图得到更加有效的估计结果。

5.3.1 模型设定和数据说明

1. 模型设定

动态面板数据由于采用了因变量的滞后项作为解释变量，因此解释变量与随机扰动项相关，以至传统的 OLS 参数估计方法在估计时将存在有偏性和非一致性，需要采用广义矩估计（GMM）估计方法。笔者参考 Antweiler et al.（2001）的研究思路，构建出以下经济计量模型来实证检验我国的贸易与环境污染之间的关系。

$$Ln(E_{it}) = C_N + \varphi Ln(E_{i,t-1}) + \theta Ln(tradeopenness_{it}) +$$
$$Z'_{it}\pi + \gamma_t + \delta_i + \varepsilon_{it} \tag{5.7}$$

方程（5.7）为动态面板的基本回归方程，取线性对数函数形式，变量系数表征因变量对解释变量的弹性含义。式中，C_N 是常数项；i 代表省份截面单位；t 代表年份，由于动态面板模型需要较长的时间区间以观察其动态特征，因此在动态面板模型中的时间区间为 1993~2012 年；E_{it} 代表污染物质的排放水平，由于年份区间较长，而早期各省份工业"三废"排放的数据缺失很多，因此本小节仅使用工业二氧化硫排放指标；$E_{i,t-1}$ 为因变量的滞后一期值（First Lag），反映污染排放的动态变化过程；

$Ln(tradeopenness_{it})$ 代表外贸依存度指标,是本章的主要解释变量;Z'_{it} 为其他控制变量,包括人均收入水平、人口规模等与二氧化硫排放密切相关的变量;γ_t 和 δ_i 分别代表年份固定效应和省份固定效应。ε_{it} 为集聚在省份层面上(Clustered at the Province Level)的随机扰动项。对外贸易对环境污染的影响将反映在参数 θ 中,代表污染排放量对贸易的经济弹性。

GMM 估计包括水平 GMM、差分 GMM 和系统 GMM 三种方法。方程(5.7)为水平 GMM 估计,在此基础上进行差分运算得到差分 GMM 方程,如方程(5.8)所示。

$$\Delta Ln(E_{it}) = \varphi \Delta Ln(E_{i,t-1}) + \theta \Delta Ln(Tradeopenness_{it}) + \Delta Z'_{it}\pi + \Delta \gamma_t + \Delta \varepsilon_{it} \quad (5.8)$$

上式中,Δ 表示一阶差分运算符,即 $\Delta Ln(E_{it}) = Ln(E_{it}) - Ln(E_{i,t-1})$,其他变量含义与方程(5.7)相同。随机扰动项 $\Delta \varepsilon_{it} = \varepsilon_{it} - \varepsilon_{i,t-1}$。相比方程(5.7),差分 GMM 方程中去除了常数项 C_N 以及个体固定效应 δ_i。根据方程(5.7),$Ln(E_{i,t-1})$ 与 $\varepsilon_{i,t-1}$ 相关,因此 $Cov[\Delta Ln(E_{i,t-1}), \Delta \varepsilon_{it}] \neq 0$,所以如果使用 OLS 方法回归方程(5.8),则所估计的参数将是有偏的。为了能得到方程的一致估计量,Arellano 和 Bond(1991)在 AH 工具变量法的基础上,提出使用所有可能的滞后变量作为因变量一阶差分滞后项的工具变量进行 GMM 估计,从而得到一致估计量,即所谓的差分 GMM。该估计的好处在于差分方程消除了那些不随时间变化的个体效应,如各省区的偏好差异等,而这部分因素往往和污染排放有关,因此差分方程解决了一部分遗漏变量的问题。但差分 GMM 同时也存在弱工具变量问题,因为 $Ln(E_{i,t-1})$ 和 $\Delta Ln(E_{i,t-1})$ 之间的相关性可能很弱,或者因变量的滞后项只能解释一阶差分滞后项的一小部分(Staiger 和 Stock,1997;Stock 和 Wright,2000)。Arellano 和 Bover(1995)以及 Blundell 和 Bond(1998)提出,用因变量滞后期的差分项解释滞后的因变量更有说服力,特别是当因变量是时间上连续变化的变量时。因此

Blundell 和 Bond（1998）将差分 GMM 和水平 GMM 结合在一起，将差分方程和水平方程作为一个方程系统进行 GMM 估计，称为系统 GMM。其优点是在提高估计效率时，即使模型解释变量中存在内生变量，工具变量的使用也会使得系数的估计是一致的。而正如在第 5.2.1 节中提到的，在研究国际贸易与环境污染的关系问题上，存在明显的反向因果关系，即贸易会通过规模效应、结构效应以及技术效应等影响污染排放水平。但同时一国的环境规制政策也会影响到该国的贸易总量以及结构。因此回归分析中的外贸依存度这一解释变量可以看作内生的。系统 GMM 估计的优点使得在内生变量存在的情况下也可以得到一致估计量。在 Bond（2002）的模拟研究中，系统 GMM 的表现总是好过差分 GMM。当系数真实值为 0.8 时，差分 GMM 的估计值为 0.484，而系统 GMM 的估计值为 0.810；当系数真实值为 0.9 时，差分 GMM 的估计值为 0.226，而系统 GMM 的估计值为 0.941。除此之外，还有很多实证文章也表明了同样的观点，如 Blundell 和 Bond（2000）、Bobba 和 Clviello（2007）、Castello - Climent（2008）、Aslaksen（2010）等，因此笔者将使用系统 GMM 方法进行估计。笔者采用 Stata 12.0 软件中的 xtabond2 命令实现系统 GMM 回归。

2. 数据说明

笔者在实证分析中同时采用截面数据和面板数据，因为就样本数据量而言，面板数据包含较多数据点，因而带来较大的自由度，而且截面变量和时间序列变量的结合能够显著地减少缺省变量带来的问题。在研究贸易与环境污染关系的实证文献中，较多地采用以下三类变量，即污染排放强度、污染物排放总量以及人均污染排放量来度量环境污染水平。对计量指标的适用性在国际上并没有统一的说法，这三个指标之间相互联系，互相影响，对环境污染描述的侧重点各有不同。本小节将同时使用工业二氧化硫排放的三个指标表征环境污染。二氧化硫是主要的大气污染物之一，为大气环境污染例行检测项目。它主要来源于煤和石油等燃料的燃烧，因此与经济发展关系密切，同时会对环境和人类健康带来极大的危害。学术界关于贸易与环境关系的研究大量采用二氧化硫数据作为环境污染指标，如 Antweiler et al.（2001）、Levinson（2009）、何洁（2010）等。

对外贸依存度的计算仍然按照第 5.2.1 节中提到的传统方法和修正方法同时计算。在计算修正的外贸依存度时，根据沈利生（2005a）的文章，需要先求出经济活动总量，即总产出和进口总额之和。总产出为 GDP 除以增加值率的值。在第 5.2.1 节中，由于包含的面板数据年份区间为 2003~2011 年，而且增加值率的变化不大，故使用了 2007 年增加值率的数据。而在本节的动态面板模型中包含的时间区间更长（1993~2012 年），因此如果仅仅使用一年的增加值率计算可信度不高。根据沈利生（2005b）中国历年增加值率的数据，取 1995 年、2000 年和刘瑞翔（2011）中 2007 年增加值率的平均数 0.352 作为动态面板数据中的平均增加值率，然后计算经济活动总量和修正外贸依存度。其中的 GDP、进口额以及进出口总额数据都为不变价美元数据。

另外，由于历史问题及统计口径上的原因，在全国的省际面板数据中，不包括香港特别行政区、澳门特别行政区和台湾省。同时，由于在中华人民共和国第八届全国人民代表大会上审议通过了设立重庆为中央直辖市的议案，重庆在 1997 年 3 月 14 日从四川分离出来，所以在数据处理上 1997 年以前四川的数据中包括了重庆的数据，重庆的数据是从 1997 年以后开始的。表 5.8 是对文中主要变量的描述性统计。

表5.8　主要变量的描述性统计

变量	变量含义	均值	标准差	最小值	最大值
SO_2	工业二氧化硫排放量	56.33	39.52	0.0734	182.7
SO_2 per capita	工业二氧化硫人均排放量	0.0148	0.0101	0.000275	0.0642
SO_2 intensity	工业二氧化硫排放强度	0.0276	0.0271	0.000420	0.167
tradeopenness	外贸依存度	0.395	0.517	0.0282	2.850
amended tradeopenness	修正外贸依存度	0.118	0.132	0.00989	0.581
y	人均GDP	8965	7987	1225	45455

5.3.2 基准回归结果

为了考察使用系统GMM方法回归动态面板模型与OLS回归的区别,笔者首先采用OLS回归方法对方程(5.7)进行回归,结果如表5.9所示。表中前两列的因变量为工业二氧化硫排放总量,单位为万吨;中间两列的因变量为工业二氧化硫人均排放量,单位为吨/人;最后两列为贸易对工业二氧化硫排放强度的影响,二氧化硫排放强度的单位为千克/美元。同一种污染指标项下都分别使用传统的外贸依存度和修正的外贸依存度指标进行回归。$L.Ln(SO_2)$、$L.Ln(SO_2\ per\ capita)$ 和 $L.Ln(SO_2\ intensity)$ 分别代表各列因变量的滞后一期值。从回归结果来看,滞后期因变量的回归系数都明显为正,表明前期排放基础对后期排放是存在正向影响的,前期排放水平越高,这一状况在后期可能会延续。而从外贸依存度指标来看,所有的系数都不显著,这有可能是因为动态方程右边包含了滞后期因变量,解释变量中的因变量滞后期与随机扰动项相关的问题使得OLS不能完全满足高斯-马尔科夫假定,因此回归结果应该是有偏的。

表 5.9 OLS 回归结果

模型	(1)	(2)	(3)	(4)	(5)	(6)
因变量	$Ln(SO_2)$	$Ln(SO_2)$	$Ln(SO_2\ per\ capita)$	$Ln(SO_2\ per\ capita)$	$Ln(SO_2\ intensity)$	$Ln(SO_2\ intensity)$
$L.Ln(SO_2)$	0.796*** [0.0306]	0.796*** [0.0306]				
$L.Ln(SO_2\ per\ capita)$			0.805*** [0.0309]	0.805*** [0.0309]		
$L.Ln(SO_2\ intensity)$					0.787*** [0.0313]	0.787*** [0.0313]
$Ln(tradeopenness)$	−0.0120 [0.0265]	−0.0124 [0.0283]	−0.0172 [0.0264]	−0.0178 [0.0283]	0.00506 [0.0274]	0.00514 [0.0294]
$Ln(amended\ tradeopenness)$						
$Ln(y)$	0.220 [0.345]	0.223 [0.345]	0.248 [0.345]	0.252 [0.344]	−0.0482 [0.357]	−0.0496 [0.356]
$Ln(y)\wedge 2$	−0.0216 [0.0166]	−0.0217 [0.0165]	−0.0227 [0.0165]	−0.0229 [0.0165]	−0.0202 [0.0172]	−0.0201 [0.0171]

续表

模型	(1)	(2)	(3)	(4)	(5)	(6)
因变量	$Ln(SO_2)$	$Ln(SO_2)$	$Ln(SO_2\ per\ capita)$	$Ln(SO_2\ per\ capita)$	$Ln(SO_2\ intensity)$	$Ln(SO_2\ intensity)$
$Ln(pop)$	0.131	0.132	-0.131	-0.130	0.0139	0.0135
	[0.156]	[0.156]	[0.157]	[0.157]	[0.162]	[0.161]
$Ln(indus)$	0.190**	0.191**	0.183**	0.184**	0.170*	0.170*
	[0.0865]	[0.0865]	[0.0865]	[0.0865]	[0.0906]	[0.0906]
$Ln(FDI)$	0.0495***	0.0494***	0.0433**	0.0431**	0.0473**	0.0473**
	[0.0179]	[0.0179]	[0.0179]	[0.0179]	[0.0186]	[0.0185]
$Ln(K/L)$	0.0368	0.0368	0.0307	0.0307	0.0259	0.0259
	[0.0432]	[0.0433]	[0.0432]	[0.0432]	[0.0448]	[0.0448]
省份固定效应	yes	yes	yes	yes	yes	yes
年份固定效应	yes	yes	yes	yes	yes	yes
R^2	0.797	0.797	0.790	0.790	0.927	0.927
省份数	31	31	31	31	31	31
观测值	492	492	492	492	492	492

注：括号中为聚集在省份层面上的标准差；***、**、*分别表示在1%、5%、10%水平下显著。

为了解决 OLS 回归有偏的问题，笔者使用系统 GMM 方法对动态面板模型进行回归，结果参照表 5.10，其因变量顺序和表 5.9 中相同。和 OLS 回归结果相比，尽管都是在 10% 水平下显著，但外贸依存度的系数显著性得到了明显改善。从符号来看，贸易对工业二氧化硫排放的影响并未因为计量单位的不同而产生差别，即外贸依存度的提高会导致工业二氧化硫排放总量、人均排放量和排放强度的下降，仍然支持贸易对环境污染减排有利的结论。但这和 OLS 结果中（5）至（6）列外贸依存度系数为正的结果有明显差异，而且 OLS 结果中估计的弹性绝对值数量级远小于系统 GMM 的结果，可见使用 OLS 回归导致的结果偏误是不容忽视的。从数值来看，贸易对环境不同类别指标的影响程度有一定区别。如果按照传统外贸依存度的计算方法，贸易的经济弹性为 -0.184 ~ -0.163，浮动范围较小。但如果按照修正后的外贸依存度回归，则贸易对工业二氧化硫排放强度的影响最大，为 -1.405，对工业二氧化硫排放总量和人均排放量的影响分别为 -0.749 和 -0.772。和静态模型 2SLS 回归的结果（见表 5.5）相比，在动态面板模型中，用传统外贸依存度回归的经济弹性绝对值小于静态面板模型，而使用修正外贸依存度回归的结果则和静态模型较为接近。

表 5.10 中滞后期因变量的估计系数都为正值，且统计显著，表明工业二氧化硫的排放是一个连续的过程，上一年的污染排放量对下一年的排放有很大的影响，这也进一步说明了使用动态面板数据的必要性。（1）至（4）列中人均收入水平和二次项估计系数的规律反映出 EKC 曲线是成立的，尽管统计上并不显著，而最后两列并未呈现同样的规律。人口规模对排放总量的影响为正，但人口的增加未必会增加人均排放量和排放强度水平。这是因为人口数量本身和人均排放量的计算有关，而对排放强度的影响则同时反映在人口对分子和分母的影响上，所以理论上，人口对人均排放量和排放强度的影响并不能确定。其余的控制变量，

如工业增加值比重、FDI 以及资本劳动比的系数估计值都为正值，尽管部分估计系数在统计上并不显著，也满足对变量的理论预期。

正如上一小节中提到的，笔者采用 Blundell 和 Bond (1998) 的系统 GMM 方法进行估计，估计的前提是原始模型中的扰动项不存在序列相关，即扰动项的差分不存在二阶或更高阶的自相关，但允许存在一阶自相关。表 5.10 中 AR (2) 的 p 值都大于 0.2，无法拒绝"扰动项无自相关"的原假设，因此可以使用系统 GMM 方法。同时笔者还使用 Hansen 检验来检验过度识别问题。Hansen 检验的 p 值都为 1.000，因此无法拒绝"所有工具变量都有效"的原假设。

动态面板模型的估计前提是面板数据必须是平稳的，否则可能导致"伪回归"。为此需要对所估计参数的稳健性进行检验，即对面板数据的残差进行单位根检验，以诊断其是否平稳。面板单位根检验方法有很多，如 LLC 检验、IPS 检验、Hardi 检验等。笔者使用 IPS 检验，即 Pesaran 和 Shin 在 1995 年提出的 Z 统计量进行面板残差的平稳性检验。在检验结果中，IPS 检验的 p 值都为 0，即严格拒绝"存在单位根"的原假设，即残差序列平稳，因此不存在"伪回归"问题。

动态面板模型由于在解释变量中加入了滞后期的因变量，因此可以对方程中的变量求其平均值进而考虑贸易对污染排放所产生的长期影响。例如，在第 (1) 列中，外贸依存度每提高 1%，工业二氧化硫的排放总量将减少 0.163%。但如果考虑长期效应，则贸易的长期弹性就变为 -0.615 [-0.163 ÷ (1 -0.735) = -0.615]，即从长期来看，贸易对工业二氧化硫排放量的减少将起到更大的作用。表 5.11 列出了根据表 5.10 的估计结果计算的污染对贸易的短期和长期弹性值。从表中可以看出，长期弹性的绝对值都普遍大于短期弹性，即贸易对工业二氧化硫减排的效应从长期看可能会更加明显。

表 5.10 系统 GMM 回归结果

模型	(1)	(2)	(3)	(4)	(5)	(6)
因变量	$Ln(SO_2)$	$Ln(SO_2)$	$Ln(SO_2\ per\ capita)$	$Ln(SO_2\ per\ capita)$	$Ln(SO_2\ intensity)$	$Ln(SO_2\ intensity)$
$L.Ln(SO_2)$	0.735*** [0.0742]	0.731*** [0.0813]				
$L.Ln(SO_2\ per\ capita)$			0.737*** [0.0727]	0.723*** [0.0873]		
$L.Ln(SO_2\ intensity)$					0.728*** [0.0665]	0.585*** [0.121]
$Ln(tradeopenness)$	-0.163* [0.0938]		-0.172* [0.0948]		-0.184* [0.0980]	
$Ln(amended\ tradeopenness)$		-0.749* [0.384]		-0.772* [0.394]		-1.405* [0.805]
$Ln(y)$	0.763 [0.755]	0.170 [0.681]	0.823 [0.751]	0.132 [0.690]	-0.322 [0.662]	-2.299** [0.995]
$Ln(y)^2$	-0.0465 [0.0331]	-0.0181 [0.0271]	-0.0496 [0.0334]	-0.0168 [0.0278]	-0.0151 [0.0278]	0.0757 [0.0463]

续表

模型	(1)	(2)	(3)	(4)	(5)	(6)
因变量	$Ln(SO_2)$	$Ln(SO_2)$	$Ln(SO_2\ per\ capita)$	$Ln(SO_2\ per\ capita)$	$Ln(SO_2\ intensity)$	$Ln(SO_2\ intensity)$
$Ln(pop)$	0.582 [0.376]	0.370 [0.343]	0.204 [0.431]	-0.0310 [0.428]	0.214 [0.379]	-0.421 [0.422]
$Ln(indus)$	0.330** [0.153]	1.570** [0.605]	0.354** [0.164]	1.764** [0.667]	1.507** [0.675]	1.965* [0.036]
$Ln(FDI)$	0.0547 [0.0457]	0.0527 [0.0466]	0.0480 [0.0462]	0.0465 [0.0470]	0.0509 [0.0465]	0.0771 [0.0721]
$Ln(K/L)$	0.0833 [0.0880]	0.0381 [0.101]	0.0684 [0.0872]	0.0212 [0.103]	0.0311 [0.0960]	0.0525 [0.181]
AR(1)	0.019	0.015	0.019	0.015	0.013	0.008
AR(2)	0.233	0.211	0.308	0.282	0.202	0.272
Hansen 检验	1.000	1.000	1.000	1.000	1.000	1.000
省份数	31	31	31	31	31	31
观测值	430	430	430	430	430	430

注：括号中为聚集在省份层面上的标准差；***、**、*分别表示在1%、5%、10%水平下显著；AR（1）、AR（2）以及Hansen检验标示p值。

表 5.11　工业二氧化硫排放对贸易的经济弹性

模型	因变量	解释变量	短期弹性	长期弹性
(1)	工业二氧化硫排放总量	传统外贸依存度	-0.163	-0.615
(2)		修正外贸依存度	-0.749	-2.784
(3)	工业二氧化硫人均排放量	传统外贸依存度	-0.172	-0.654
(4)		修正外贸依存度	-0.772	-2.787
(5)	工业二氧化硫排放强度	传统外贸依存度	-0.184	-0.676
(6)		修正外贸依存度	-1.405	-3.386

在贸易影响环境污染的传导机制中，不同机制发挥作用的时间也存在差异。规模效应、结构效应、市场竞争效应发挥作用的周期较短，因为企业可以根据国际市场的需求状况较为及时地调整企业的生产状况。如果技术效应仅仅涉及先进设备的引进，企业也可以在较短时间内作出应对。但如果想要通过引进环保技术用以带动自主技术创新，则可能需要较长的周期。而资源配置效应的发挥也需要较长的时间，因为企业作出进入或退出市场的战略决策往往都是经过深思熟虑的。相比其他效应，收入效应发挥作用的周期可能是最长的。因为收入效应需要通过改变人们的消费偏好等进而改变对环境的需求。消费者的消费偏好可能需要相当一段时间才能慢慢发生改变。贸易对环境污染的长期影响力更大，原因可能是从长期来看，资源配置效应和收入效应慢慢开始发挥正向的积极作用，因此贸易对二氧化硫减排的长期效果更加明显。

5.3.3　分地区回归结果

在分地区回归中，笔者采用和第 5.2.3 节中同样的做法，即设置东部和中部地区虚拟变量 *East* 和 *Middle*，变量取值为 1 代表该省份隶属于东部或中部地区，*East* 和 *Middle* 同时取 0 的省份属于西部地区。为了检验东中西部地区的贸易对工业二氧化硫排放的影响，在分地区回归中，加入地区虚拟变量与外贸依存度的交互项进行系统 GMM 回归，进而比较各地区贸易的经济弹性是否有所不同，回归结果如表 5.12 所示。

表 5.12 中的因变量顺序与表 5.10 相同，$East \times Ln$ (*tradeopenness*) 的系数值代表东部地区贸易的经济弹性，$Middle \times Ln$ (*tradeopenness*) 的系数值代表中部地区贸易的经济弹性，而外贸依存度的系数值则代表西部地区的经济弹性。需要说明的是，回归时对于相同的因变量分别采用了传统和修正外贸依存度表征贸易的开放程度，而虚拟变量与外贸依存度的交互项中也分别采用了两种算法的外贸依存度，即模型（2）、（4）、（6）列中与地区虚拟变量相乘的是修正外贸依存度的自然对数值。运用动态面板模型回归的结果显示，不同地区的贸易对工业二氧化硫排放的影响并不相同。总体来说，无论选择哪种污染物质排放的计量方式，贸易有利于降低西部地区二氧化硫的排放水平，但对东部和中部地区却得出恰好相反的结论。这个结论和在静态模型分地区回归中得出的结论非常一致，这也进一步表明静态面板回归的结果是稳健的。根据上一小节系统 GMM 的回归结果，从整体来说，贸易对工业二氧化硫排放的效果是有利的，但这个结论并不适用于我国的东部和中部地区。因此，虽然对外贸易能够为我国的工业二氧化硫减排起到一定的作用，但这一有利的作用主要集中在我国西部地区。就东部和中部的经济弹性比较来看，东部地区经济弹性的绝对值都高于中部地区，即贸易对工业二氧化硫污染的消极影响在东部地区反映得更加明显。

中国的东部地区包括长江三角洲、珠江三角洲、环渤海经济圈等经济发展前沿示范区。作为中国最早实行改革开放的地区，其对外开放的程度已经很深，相对于中西部地区而言，并没有很大的上升空间。同时，中国的重工业产业多数集中在中国的东

表 5.12 分地区系统 GMM 回归结果

模型	(1)	(2)	(3)	(4)	(5)	(6)
因变量	$Ln(SO_2)$	$Ln(SO_2)$	$Ln(SO_2\ per\ capita)$	$Ln(SO_2\ per\ capita)$	$Ln(SO_2\ intensity)$	$Ln(SO_2\ intensity)$
$L.Ln(SO_2)$	0.875*** [0.0291]	0.874*** [0.0301]				
$L.Ln(SO_2\ per\ capita)$			0.884*** [0.0309]	0.877*** [0.0320]		
$L.Ln(SO_2\ intensity)$					0.861*** [0.0317]	0.854*** [0.0332]
East × $Ln(tradeopenness)$	0.0679* [0.0389]	0.0633 [0.0378]	0.0713* [0.0427]	0.0694 [0.0428]	0.0826* [0.0479]	0.0852* [0.0490]
Middle × $Ln(tradeopenness)$	0.0486* [0.0262]	0.0487* [0.0262]	0.0515** [0.0217]	0.0538** [0.0228]	0.0495** [0.0219]	0.0514** [0.0227]
$Ln(tradeopenness)$	−0.0638 [0.0386]		−0.0693* [0.0350]		−0.0496 [0.0367]	
$Ln(amended\ tradeopenness)$		−0.0623* [0.0399]		−0.0684* [0.0370]		−0.0474* [0.0393]
$Ln(y)$	−0.0631 [0.448]	−0.0248 [0.465]	0.0775 [0.334]	0.130 [0.353]	−0.132 [0.391]	−0.0372 [0.408]

163

续表

模型	(1)	(2)	(3)	(4)	(5)	(6)
因变量	$Ln(SO_2)$	$Ln(SO_2)$	$Ln(SO_2\ per\ capita)$	$Ln(SO_2\ per\ capita)$	$Ln(SO_2\ intensity)$	$Ln(SO_2\ intensity)$
$Ln(y)^2$	-0.00235	-0.00462	-0.0102	-0.0130	-0.00634	-0.0122
	[0.0222]	[0.0233]	[0.0163]	[0.0173]	[0.0186]	[0.0198]
$Ln(pop)$	0.0965**	0.0992**	-0.0327	-0.0319	-0.0343	-0.0389
	[0.0429]	[0.0435]	[0.0252]	[0.0269]	[0.0321]	[0.0333]
$Ln(indus)$	0.336***	0.344***	0.334***	0.357***	0.397***	0.429***
	[0.0685]	[0.0689]	[0.0806]	[0.0838]	[0.0833]	[0.0899]
$Ln(FDI)$	0.0257	0.0218	0.0296	0.0251	0.0244	0.0217
	[0.0257]	[0.0254]	[0.0257]	[0.0259]	[0.0273]	[0.0276]
$Ln(K/L)$	0.0806	0.0790	0.0621	0.0540	0.0422	0.0333
	[0.0483]	[0.0469]	[0.0432]	[0.0420]	[0.0490]	[0.0473]
AR (1)	0.02	0.02	0.021	0.021	0.021	0.021
AR (2)	0.177	0.173	0.185	0.18	0.137	0.135
Hansen 检验	1.000	1.000	1.000	1.000	1.000	1.000
省份数	31	31	31	31	31	31
观测值	430	430	461	461	461	461

注：括号中为聚集在省份层面上的标准差；***、**、*分别表示在1%、5%、10%水平下显著；AR（1）、AR（2）以及Hansen检验标示p值。

部沿海地区，而重工业多为污染密集型产业，例如华东地区的电厂、水泥厂等高污染企业的分布非常密集，而且很多企业存在污染超标问题。根据刘巧玲 等（2012）的文章，我国东部地区 1997～2007 年以来一直是水、大气污染密集型产业的主要分布地区，相对集中的重工业企业无疑成为贸易的负向环境效应发挥中重要的一环。相对于中部地区，东部省份的人口数量相对较大，经济规模也远远高于其他两个区域，而经济和人口规模都对污染排放产生很大的影响。而贸易对西部地区的环境具有改善作用，原因可能是随着西部地区基础设施建设的不断完善以及政府对西部地区的扶持计划，西部地区在进出口贸易以及引进外资方面有了很大程度的进步，上升空间很大，同时产业布局和人口分布也与东中部地区存在较大差异。因此，如果进一步加大西部地区对外开放的力度，不仅对该地区的经济发展有促进作用，也会在一定程度上减少环境污染。

5.4 小结

本章利用中国省级层面数据检验了贸易对污染排放的影响程度。所使用的污染排放指标包括工业二氧化硫、工业废气、工业废水以及工业固体废弃物。在这四种污染物的基础上，利用排污费加权平均和算术平均的方法构造了两个环境污染的综合指数。同时为了对传统的外贸依存度指标进行改进，笔者利用了沈利生（2005a）的方法计算了修正后的外贸依存度指标，在一定程度上完善了本章的分析。在实证分析时，分别使用静态面板数据模型和动态面板数据模型。由于贸易与环境污染之间存在反向因果关系，而且发展中国家的数据准确性也缺乏可信度，因此必须在回归时考虑内生性问题。在存在内生性的前提下使用 OLS 回归可能会产生严重的偏误。因此，在静态面板模型中，笔者利用了各省最大贸易伙伴国的加权汇率指标作为贸易的外部工具变量进行

2SLS 方法回归；而在动态面板模型中，则运用内部工具变量进行了系统 GMM 回归。2SLS 和系统 GMM 的回归结果与 OLS 回归结果之间的巨大差异也证明了解决内生性问题是非常有必要的。从回归结果来看，贸易对环境的影响是不确定的，会因污染指标的选择、地区、贸易方式以及计量方法的不同而产生差异。

具体来说，在静态面板数据的回归中，外贸依存度的提高有利于降低工业二氧化硫排放强度、工业"三废"排放强度和排污费加权计算的综合指数 1，但是提高了算术平均计算的综合指数 2。利用传统外贸依存度指标和修正外贸依存度指标回归得出的结论相差不大。在分地区回归中，我国的东中西部地区贸易的弹性符号仅在因变量为工业固体废弃物排放强度和综合指数 2 时表现一致；在其余 4 种污染指标下，贸易仅仅可以改善西部地区的环境污染状况，但对东部地区和中部地区的环境状况却会产生恶化的效果。考虑到我国加工贸易在我国对外贸易中的特殊性，在静态面板中还考察了不同贸易方式对环境污染的影响。从 2SLS 回归结果来看，一般贸易出口依存度提高后，各类污染物质的排放水平都有所下降，下降幅度最大的是综合指数 1，但加工贸易出口依存度的提高却增加了工业二氧化硫、工业废气和工业固体废弃物的排放强度以及综合指数 2，而且对工业固体废弃物的影响是最大的。因此，从现有的情况来看，一般贸易对环境状况改善是有利的，但加工贸易则有可能对环境产生不利影响。

在动态面板模型中，由于解释变量中加入了滞后期因变量，因此需要用到广义矩估计。虽然水平 GMM、差分 GMM 和系统 GMM 都可以被用来对动态面板模型进行估计，但由于许多文章都表明系统 GMM 的表现更好，因此在动态面板模型中使用了系统 GMM 估计方法。而且由于时间跨度较长，而工业二氧化硫的数据在统计口径、准确性、完整性上都更加具有优势，因此仅选择了工业二氧化硫的数据进行回归，但在回归时同时使用了排放总量、人均排放量和排放强度指标作为因变量。国际上对污染物质计量标准的选择目前还没有统一的意见。从回归结果看来，无论选择哪种计量标准，贸易都会降低工业二氧化硫的排放水平，和静态面板回归的结论一致。和静态面板回归中不同的是，使用传统外贸依存度和修正外贸依存度回归后虽然贸易弹性的符号一致，但弹性绝对值大小差距较大。利用修正后的外贸依存度回归的贸易弹性绝对值更大，也更加接近静态面板回归中的弹性值。因此，使用传统的外贸依存度计算可能会低估贸易对环境的影响。通过动态面板回归结果计算的长期弹性来看，贸易对工业二氧化硫减排的改善作用从长期效果来看可能更加明显。对动态面板模型分地区回归的结果发现，贸易仅仅能改善西部地区的环境状况，而可能会使东中部地区的环境污染进一步恶化，这与静态面板模型回归的结论也保持了一致。动态面板模型与静态面板模型回归的结论基本一致也从侧面证实静态面板模型回归的结果是稳健的，笔者所构建的汇率冲击工具变量较为合理。

第6章　基于中国城市数据的研究

　　在上一章，笔者利用中国 31 个省份的面板数据对国际贸易与环境的关系进行了实证检验，结论为国际贸易对环境污染的影响是不确定的。为了从更深层次讨论这一问题，本章将采用中国城市层面的数据对国际贸易的环境效应进行检验。尽管企业才是产生污染排放的微观主体，但由于中国企业的污染排放数据并不对外公布，因此城市层面数据已经是研究中国国际贸易与环境问题中较深层次的数据样本。本章将分别利用横截面数据模型和面板数据模型进行回归，横截面数据中涉及 2013 年中国 74 个城市的数据，而面板数据中涉及中国 2004~2010 年的 334 个城市数据。在上一章的分析中，涉及工业二氧化硫、工业"三废"以及综合环境指数等多个污染指标，而在本章的讨论中，将主要分析国际贸易对新兴污染物质 $PM_{2.5}$ 排放的影响。$PM_{2.5}$ 作为雾霾天气的主要诱因，也是造成我国城市空气污染的主要成分之一。并且由于该污染物质对人类的健康影响重大，因此引起了人们广泛的关注。在以往关于贸易与环境的实证文献中，大多使用了二氧化碳、二氧化硫等传统污染物指标。关于 $PM_{2.5}$ 的监测由于提出较晚，许多国家并未将其列入强制性限制的范围，一些国家甚至还未对其展开监测，因此受到数据获得的限制。虽然也有分析研究贸易与 $PM_{2.5}$ 排放的关系（如 Guan et al.，2014），但相关研究较少，而且也并未能从中国的城市层面数据寻求这一问题的答案，因此本章利用中国城市层面数据检验国际贸易对中国 $PM_{2.5}$ 排放的影响在一定程度上补充了现有文献的不足。

6.1　中国城市空气污染的现状分析

从 2013 年初开始，中国发生了大范围的持续雾霾天气，国内甚至国际各大新闻头条都在报道中国的雾霾天气。雾霾成为全民话题，也成为中国一些城市的标志性难题。根据《2013 中国环境状况公报》，2013 年全国平均雾霾天数为 35.9 天，比 2012 年增加 18.3 天，为 1961 年以来最多的一天。华北中南部至江南北部的大部分地区一年中雾和霾的天数达到了 50～100 天，部分城市超过了 100 天，个别城市甚至超过了 200 天，如邢台、北京等，即中国个别地区的居民们一年中有约 2/3 的时间都在忍受着雾霾天气。2014 年 2 月 22 日，东中部地区大部分省份都出现灰霾，波及面积约 143 万平方公里，约占国土面积的 15%。而由亚洲开发银行与清华大学众多专家完成的《中国环境分析报告》显示，在全球十大污染城市中，中国有 7 个城市入榜，这些都预示着中国城市的空气污染严重程度已经有目共睹。

空气污染的代价是巨大的。联合国环境规划署 2014 年的年鉴指出空气污染是环境致死的主要原因，生活在城市空气质量达不到世界卫生组织污染标准的居民患上中风、心脏病、肺癌、慢性和急性呼吸道疾病及其他疾病的风险更高。中国每年有超过 350 万人死于室外空气污染，2005～2010 年死于室外空气污染的人数上升了 5%，而且每年接近有 10 万早产儿死亡与空气污染有关。OECD 最近的一项研究还指出，2010 年仅空气污染一项就给中国造成了 1.4 万亿美元的社会代价。其中，$PM_{2.5}$ 是人们最为担心的空气污染问题之一。$PM_{2.5}$ 由于直径较小，可以渗透到人的肺部和血液中，因此不论其浓度大小都会对人的身体健康造成很大危害。早在 20 世纪 70 年代，人们就开始注意到颗粒物污染与健康问题之间的联系（Lave 和 Eugene, 1973）。在美国，每年死于颗粒物污染的人数为 22000~52000 人（2000 年数据）（Mokdad et al., 2004）。现在，许多研究已证实颗粒物会对呼吸系统和心血管系统造成伤害，导致哮喘、肺癌、心血管疾病、出生缺陷和过早死亡。Pope et al. (2002) 发现，$PM_{2.5}$ 会引起动脉斑块沉积，引发血管炎症和动脉粥样硬化，最终造成心脏病或其他心血管问题。中国原卫生部部长陈竺等发表在英国顶级期刊《柳叶刀》上的文章提出，中国每年死于空气污染的人数为35万~50万，而 $PM_{2.5}$ 已经成为中国人健康的第四大威胁。国家癌症研究机构（IARC）也在 2013 年确认颗粒物是人类致癌物。

$PM_{2.5}$ 中文名称为细颗粒物，是指大气中直径小于或等于 2.5 微米的颗粒物。$PM_{2.5}$ 是造成雾霾天气的罪魁祸首。科学家用 $PM_{2.5}$ 表示每立方米空气中这种颗粒的含量，这个值越高，就代表空气污染越严重。而 2013 年，北京等城市空气质量监测站也多次出现空气质量指数达到 500，即标准上限的情形。而北京 $PM_{2.5}$ 浓度瞬间值甚至已经超过了 1000 微克/立方米，相对于世界卫生组织规定（24 小时平均浓度限值为 25 微克/立方米），绝对是惊人的。$PM_{2.5}$ 作为雾霾天气的主要诱因，已经成为中国城市空气污染的主要成分之一。表 6.1 列出了 2004~2010 年中国 $PM_{2.5}$ 排放污染最严重的前 20 位城市，取 7 年的平均值，排放浓度，即空气中细颗粒物的含量。世界卫生组织规定，$PM_{2.5}$ 标准值应小于 10 微克/立方米（年均排放浓度），排名第一的开封市 $PM_{2.5}$ 排放浓度超过国际标准的 5 倍，而中国 334 个城市中达到世界卫生组织标准的仅有 27 个城市，即只有不到 1/10 的城市空气质量是合格的，由此可见我国城市的空气污染问题是非常严重的。

表 6.1　中国城市 PM$_{2.5}$ 排放排名

排名	城市	PM$_{2.5}$排放浓度	排名	城市	PM$_{2.5}$排放浓度
1	开封	60.80021	11	东营	56.14207
2	菏泽	59.63133	12	眉山	55.94767
3	滨州	59.59114	13	宿州	55.47503
4	自贡	59.06614	14	泰安	54.85405
5	鹤壁	58.67743	15	郑州	54.8060
6	濮阳	58.52979	16	德州	54.47421
7	济宁	58.43443	17	徐州	54.30357
8	许昌	58.04436	18	中山	53.76557
9	聊城	57.84195	19	漯河	53.50736
10	商丘	57.21071	20	扬州	53.47643

资料来源：美国 NASA 卫星数据（http://www.nasa.gov/）。

PM$_{2.5}$ 含有多种重金属以及有毒微生物，因此会对人类的健康构成重大威胁。不仅如此，PM$_{2.5}$ 还是许多空气质量问题（如酸雨、酸雾、能见度下降等）形成的原因之一。PM$_{2.5}$ 中包含有机碳、铵盐、硫酸盐等多种化学成分，因此其来源也并非单一。PM$_{2.5}$ 产生的首要来源是煤炭、柴油等的燃烧以及工业生产。除此之外，传统污染排放物如硫化物、氨气等经过一系列的光化反应和气象过程后可以转化成 PM$_{2.5}$，甚至气候条件的变化（如气温的升高）也可以通过改变化学反应的速率、气流模式等改变细颗粒物的排放浓度（Megaritis et al., 2013），这称为二次粒子污染。因此，研究 PM$_{2.5}$ 排放不仅代表了其自身的排放水平，还在一定程度上体现了其他传统污染物质的污染程度，故研究 PM$_{2.5}$ 排放是非常典型、有意义的。现有研究应用投入产出分析方法证实中国由于生产所导致的 PM$_{2.5}$ 排放占据整个排放量的 2/3（Lin et al., 2014），近来清华大学与中国清洁空气联盟联合发布的报告中也指出工业生产是我国京津冀地区 54% 的 PM$_{2.5}$ 排放来源。

而对外贸易作为中国经济发展的"三驾马车"之一,直接扩张了生产的规模。但关于贸易与 $PM_{2.5}$ 排放之间是否存在因果关系,还需要进行进一步的实证检验。

6.2 横截面数据模型

6.2.1 模型设定和数据说明

1. 模型设定

本小节将使用 74 个进行 $PM_{2.5}$ 监测的中国城市的横截面数据,基于淮河两岸供暖政策的差异研究验证贸易对环境污染的因果效应。实证方法将使用 Blanchard 和 Perotti(2002)中提出的两阶段方法进行估计。这一方法已经被广泛应用于宏观经济问题的研究中(Fatas 和 Mihov,2003;Bruckner,2011)。该方法包括:第一步,需要估计环境污染对国际贸易的影响,在估计时将使用各城市和秦岭-淮河一线的纬度差作为工具变量进行估计。第二步,在第一步的基础上,将贸易的残差值作为外贸依存度的工具变量,利用 2SLS 分析其对污染排放的影响。这一方法的好处在于贸易的残差值中排除了环境污染对贸易的影响,并且由于第一步考察了环境污染对国际贸易的影响,如果这一影响显著的话,也能进一步证明内生性问题的严重程度。

第一步首先估计环境污染对贸易的影响:

$$Ln(tradeopenness_j) = \beta_0 + \beta_1 Ln(PM_{2.5j}) + \delta X'_j + \varepsilon_j \quad (6.1)$$

j 代表各城市,因变量 $tradeopenness$ 表示各城市的外贸依存度,取自然对数形式。$PM_{2.5}$ 表示空气中细颗粒物的含量,单位为微克/立方米,称为排放浓度,该数值越大,表明空气中的颗粒物含量越高,污染越严重,同样取自然对数。X' 代表控制变量,表示影响对外贸易的其他因素,如人均收入、人口等变量。ε 为随机扰动项。在估计方程(6.1)时将使用 2SLS 进行估计,笔者将使用各城市与秦岭－淮河一线的距离作为 $PM_{2.5}$ 的工具变量进行估计。秦岭－淮河一线作为我国南方和北方的地理分界线由来已久，而政府自 20 世纪 50 年代开始以秦岭－淮河为界对北方城市实施集中供暖政策，并多以燃煤、燃油为供热原料，造成了严重的空气污染。而 $PM_{2.5}$ 的首要来源就是煤炭、柴油等的燃烧。因此集中供暖对 $PM_{2.5}$ 的排放会产生很大的影响，这也是我国的雾霾城市多集中于北方的主要原因之一。笔者所使用的 $PM_{2.5}$ 的工具变量有效性已经有过验证。在 Chen et al. （2013）的文章中，他们使用断点回归的方法表明中国北方城市的悬浮颗粒浓度较南方城市高出约 55%，即证实南方和北方城市的空气污染状况差距是很大的。本书所使用的方法是工具变量法，和 Chen et al. （2013）的文章中采用的断点回归方法并不相同。但工具变量的选择依据是我国南北方城市 $PM_{2.5}$ 颗粒浓度存在巨大差异，这一依据来自 Chen et al. （2013）的主要结论。采用 2SLS 方法时第一阶段的方程（6.2）所示：

$$Ln(PM_{2.5j}) = \partial_0 + \partial_1 distance_j + \gamma X_j' + \mu_j \quad (6.2)$$

其中，$distance$ 代表各城市与秦岭－淮河一线的距离变量，由于秦岭－淮河是一个带状区域，处于北纬 32°~34.5°，笔者使用纬度差来代表该距离，因此，位于秦岭－淮河以北的城市该距离变量的值为正值，以南的城市则为负值。纬度差不但显著影响环境，而且有可能通过其他渠道影响城市的对外贸易，因此必须加以考虑。如有文献指出，地理距离如南北的纬度分布也有可能通过影响气候、资源禀赋、疾病环境等来影响经济增长，从而影响贸易（Rodrik et al., 2004），而在分析中已经控制了各城市的经济发展水平，如人均 GDP 变量这些可能的影响因素。然而，地理距离还有可能通过影响运输成本等直接影响贸易（Eaton 和 Korum, 2002），如果不排除这一机制，纬度距离作为 $PM_{2.5}$ 的工具变量也将会使得结果有偏误。因此，在回归中通过控制各城市是否是沿海城市和这些城市到最近港口城市的距离来排除贸易成本这一关键因素，来确保纬度差只通过环境来影响贸易。

实证研究的第二步是估计贸易对环境污染的影响。如果第一步的回归中得出 $PM_{2.5}$ 的排放确实能够显著地影响贸易，即方程 (6.1) 中的 $\beta_1 \neq 0$，那么使用 OLS 来验证贸易对环境污染的影响将会得到有偏的结果，即产生所谓的联立性偏误。联立性是造成内生性问题的主要原因之一，由于一个地区的贸易可以通过规模效应、结构效应、技术效应等来影响环境污染，而该地区环境状况的优劣也会通过影响该地区的比较优势、产业竞争力等方面进而影响其对外贸易的发展，或者因为污染越严重，贸易中介公司远离污染严重的城市（Head et al., 2010；Ahn et al., 2011；Antras 和 Costinot, 2011；Lu et al., 2011；Blanchard et al., 2013；Manova 和 Yu, 2013）。因此从理论上来讲，贸易和环境污染之间存在反向因果关系，即存在联立性。在实证中，用 OLS 方法对经典线性回归模型进行回归将得到最优线性无偏估计量，但必须满足经典线性回归模型的基本假设。如果存在联立性，解释变量与随机误差项不相关这一基本假设将得不到满足，因此运用 OLS 估计所得到的参数估计值将是有偏和不一致的。方程 (6.3) 是 Blanchard 和 Perotti (2002) 提出的两阶段方法的第二步。

$$Ln(PM_{2.5j}) = \pi_0 + \pi_1 Ln(tradeopenness_j) + \lambda X'_j + \varphi_j \quad (6.3)$$

系数 π_1 代表 $PM_{2.5}$ 排放对贸易的经济弹性，若为正值，表示外贸依存度越高，$PM_{2.5}$ 的排放浓度将越高，即贸易对环境污染具有不利影响，反之则结论相反。如果方程 (6.1) 中估计的系数 $\beta_1 < 0$，则使用 OLS 对 π_1 的估计将产生向下的偏误（低估），容易得出贸易对环境有利的判断。对于方程 (6.3) 的估计，笔者仍然使用 2SLS 的方法，使用第一步估计中得出的外贸依存度残差作为贸易的工具变量进行估计。这样可以解决联立性偏误，在假设方程 (6.1) 和方程 (6.3) 误差项不

第6章 基于中国城市数据的研究

相关的情况下，得出系数 π_1 的一致估计量，解决由于联立因果的内生性问题，即使方程（6.1）和方程（6.3）中存在共同的遗漏变量，这一误差项不相关的假设将会被打破，但对于解决联立性导致的内生性问题仍然有效（Bruckner，2011）。

2. 数据说明

书中74个中国城市横截面数据进行分析。按照《环境空气质量标准》，这74个城市为2012年第一批实施该标准的城市，其中包括28个北方城市和46个南方城市，于2013年1月1日起按照该标准开展监测并实时发布 $PM_{2.5}$ 等监测数据。使用 $PM_{2.5}$ 作为表征城市空气质量的指标是具有很大优势的，因为 $PM_{2.5}$ 本身作为一种污染物质会对空气质量造成很大损害，同时 $PM_{2.5}$ 的二次来源中还包括硫化物、氨气等其他污染物质经过化学反应后的结果，即 $PM_{2.5}$ 排放浓度的增加在一定程度上也表明硫化物、氨气等污染物质排放的增加。表6.2是74个城市2013年 $PM_{2.5}$ 年均排放浓度排名表。表中虽然也列出了 $PM_{2.5}$ 排放浓度的最大日均值，但城市排名是按照年均值进行的排序。可以看出，排名第一的邢台2013年 $PM_{2.5}$ 的排放浓度为155.2微克/立方米，与排名最后的海口25.6微克/立方米相比，为后者的6倍。而依照世界卫生组织规定的 $PM_{2.5}$ 标准值应小于10微克/立方米的标准，74个城市都未能达到该标准。从最大日均值来看，最大值为河北廊坊的772微克/立方米，最小值出现在福建厦门，仅为89微克/立方米，最大值和最小值之间相差约7.7倍。世界卫生组织规定的24小时平均浓度限值标准为25微克/立方米，即便是我国执行的世界卫生组织的过渡一期目标值也应小于75微克/立方米。而从地理分布来看，河北、天津、北京都是重度空气污染的地区，尤其是河北，在排名前十位的城市中有8个城市。

表 6.2　74 个城市 2013 年 PM$_{2.5}$
年均排放浓度和最大日均值排名　　　单位：微克/立方米

排名	城市	省份	PM$_{2.5}$年均值	PM$_{2.5}$最大日均值
1	邢台	河北	155.2	688
2	石家庄	河北	148.5	676
3	保定	河北	127.9	675
4	邯郸	河北	127.8	662
5	衡水	河北	120.6	712
6	唐山	河北	114.2	497
7	济南	山东	114.0	490
8	廊坊	河北	113.8	772
9	西安	陕西	104.2	598
10	郑州	河南	102.4	422
11	天津	天津	95.6	394
12	沧州	河北	93.6	380
13	北京	北京	90.1	646
14	武汉	湖北	88.7	339
15	成都	四川	86.3	374
16	乌鲁木齐	新疆	85.2	387
17	合肥	安徽	84.9	383
18	泰州	江苏	80.9	474
19	淮安	江苏	80.8	513
20	长沙	湖南	79.1	325
21	无锡	江苏	75.8	391
22	哈尔滨	黑龙江	75.7	756
23	常州	江苏	75.6	322
24	南京	江苏	75.3	312
25	徐州	江苏	74.9	304

续表

排名	城市	省份	$PM_{2.5}$年均值	$PM_{2.5}$最大日均值
26	太原	山西	74.2	416
27	湖州	浙江	73.5	414
28	沈阳	辽宁	72.7	464
29	镇江	江苏	71.6	263
30	扬州	江苏	71.1	312
31	宿迁	江苏	70.7	502
32	南通	江苏	70.2	248
33	长春	吉林	69.2	425
34	南昌	江西	69.1	255
35	金华	浙江	69.0	473
36	连云港	江苏	68.0	407
37	兰州	甘肃	67.1	259
38	苏州	江苏	67.1	384
39	盐城	江苏	67.0	455
40	嘉兴	浙江	66.9	417
41	衢州	浙江	66.5	406
42	绍兴	浙江	66.4	426
43	杭州	浙江	66.1	361
44	秦皇岛	河北	65.2	335
45	重庆	重庆	63.9	187
46	西宁	青海	63.2	319
47	青岛	山东	61.7	280
48	上海	上海	60.7	421
49	呼和浩特	内蒙古	59.1	216
50	温州	浙江	56.5	248

续表

排名	城市	省份	PM$_{2.5}$年均值	PM$_{2.5}$最大日均值
51	肇庆	广东	54.7	174
52	南宁	广西	54.7	199
53	台州	浙江	53.0	284
54	佛山	广东	52.3	160
55	广州	广东	52.2	159
56	承德	河北	51.5	407
57	大连	辽宁	50.7	224
58	宁波	浙江	50.4	416
59	贵阳	贵州	49.4	229
60	江门	广东	48.4	158
61	丽水	浙江	47.9	196
62	中山	广东	47.6	146
63	东莞	广东	46.0	165
64	银川	宁夏	43.7	164
65	张家口	河北	43.1	471
66	深圳	广东	39.7	131
67	珠海	广东	37.9	157
68	惠州	广东	37.2	121
69	昆明	云南	35.5	123
70	福州	福建	33.2	112
71	舟山	浙江	32.1	353
72	厦门	福建	31.3	89
73	拉萨	西藏	26.0	101
74	海口	海南	25.6	130

资料来源：绿色和平官方网站（http://www.greenpeace.org/）。

在受到监测的74个城市中，同时包括北方城市和南方城市。

南北方城市的空气质量状况有很大区别,这一点在日常生活中已经深有体会。表 6.3 通过描述南北方城市在 $PM_{2.5}$ 排放水平上的差异也说明了这一点。表中第一列和第二列分别为受到监测的北方城市和南方城市的 $PM_{2.5}$ 年均排放浓度(第一行)和日均最大值(第二行)的城市平均值。北方城市无论从 $PM_{2.5}$ 年均排放浓度还是日均最大值指标来看,均比南方城市的空气污染更严重。第三列则显示了南方城市和北方城市在均值上的差异,可以看出,南北方城市无论在年均排放浓度还是日均最大值指标上都相差甚远。表中第四列为南北方城市环境污染标准差的差异,而最后一列则说明了原假设为均值差异为 0 的 t 检验结果,p 值均为0,表明拒绝原假设,即南北方城市的 $PM_{2.5}$ 年均排放浓度和日均最大值的均值差异显著异于 0。南北方城市在空气污染状况上的显著差异进一步证明了笔者使用各城市与秦岭-淮河一线的距离作为 $PM_{2.5}$ 的工具变量的合理性。图 6.1 和图 6.2 描绘了南北方城市的 $PM_{2.5}$ 排放情况。以各城市距离秦岭-淮河一线的纬度差为横坐标,以 2013 年 $PM_{2.5}$ 年均排放浓度和最大日均值为纵坐标描绘了南北方城市的 $PM_{2.5}$ 排放情况。图中中轴线为纬度差为 0 的点;中轴线右侧为纬度差大于 0 的城市,即北方城市,图中以菱形图示代表;左侧为纬度差小于 0 的城市,即南方城市,图中以圆形图示代表。图中还分别画出了拟合曲线。从曲线趋势来看,随着纬度差逐渐增加,城市污染的状况也逐渐加重,北方城市的环境状况明显更加恶劣。

表 6.3 南北方城市环境差异的描述性统计

变量	北方均值/微克/立方米	南方均值/微克/立方米	均值差异/微克/立方米	标准差差异	P 值
$PM_{2.5}$	86.29286	60.3413	25.95155	5.760597	0.0000
Max $PM_{2.5}$	458.4286	291.6957	166.7329	36.152	0.0000

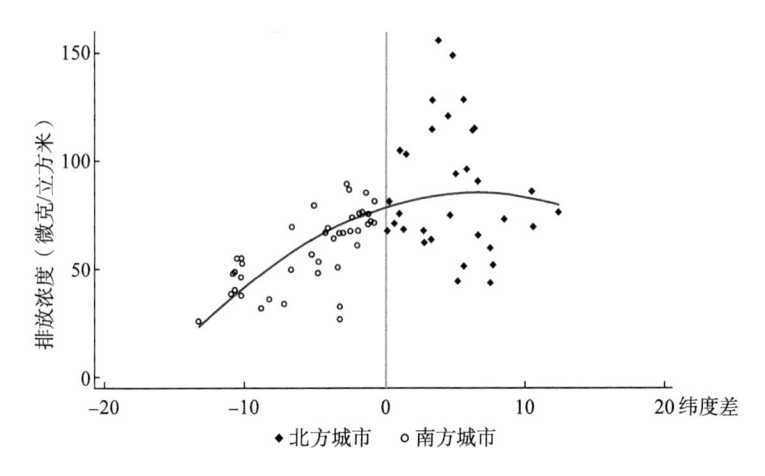

图 6.1　PM$_{2.5}$年均排放浓度

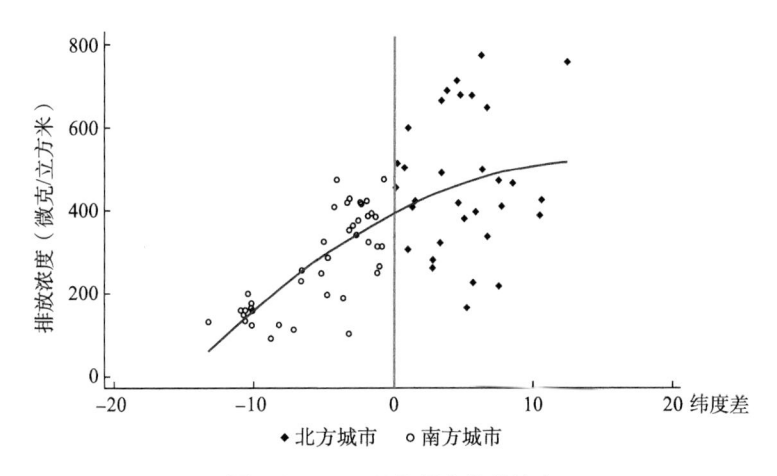

图 6.2　PM$_{2.5}$日均最大排放浓度

PM$_{2.5}$年均排放浓度以及日均最大值的数据来源于绿色和平官方网站，其他数据主要来源于《中国城市统计年鉴》和部分城市国民经济和社会发展统计公报，各城市的纬度和地理距离数据来源于网上资料❶。

在实证分析中,除 $PM_{2.5}$ 排放浓度使用 2013 年的年度均值之外,其余解释变量均由各城市 2005~2012 年的平均值计算得出。书中使用外贸依存度指标来表征贸易变量。外贸依存度是根据该城市 2005~2012 年度各年进出口总额除以国内生产总值得出,然后再对计算后的外贸依存度取平均值作为衡量该城市对外贸易的指标。虽然外贸依存度是 2005~2012 年的数据,$PM_{2.5}$ 是 2013 年的数据,似乎用前期的外贸依存度解释 $PM_{2.5}$ 不会存在反向因果的影响,但由于环境污染具有一定的连续性,2013 年的 $PM_{2.5}$ 排放水平也是由前期的积累造成,实际上可以反映出这些城市在相近年份如 2005~2012 年的环境污染水平,从这个意义上讲,反向因果关系的影响仍然是存在的。在计算各城市相对于淮河的距离,即方程(6.2)中的工具变量纬度距离时,首先查询各城市所处的纬度,再计算和淮河之间的纬度差,淮河的纬度取 33.25°N(32°N~34.5°N 的中间值),因此,北方城市由于纬度较大,因此纬度距离的取值为正,而南方城市取值为负。

6.2.2 实证结果分析

按照笔者的实证策略,第一步先估计环境污染对国际贸易的影响,即对方程(6.1)进行 2SLS 回归。$PM_{2.5}$ 的工具变量采用各城市到淮河一线的纬度差(Latitude Distance)。表 6.4 中的第二列为 2SLS 回归结果,同时给出了 OLS 回归的结果(第一列)、缩减式回归结果(第三列)以及 2SLS 回归中第一阶段回归的结果(第四列)。为了控制遗漏变量的问题,在回归时加入了其他控制变量,如人口规模、人均 GDP 等。特别是为了控制地理距离对国际贸易的影响,笔者还考虑了城市是否是沿海城市的虚拟变量(Coastal)以及距离最近港口的地理距离(Coast Distance),

---

❶ 网址为:www.supfree.net;www.huochepiao.com。

以排除工具变量通过影响运输成本进而影响国际贸易这一途径,确保了工具变量纬度距离只通过影响污染排放来影响贸易。

表 6.4 $PM_{2.5}$ 排放对贸易的影响

模型	(1)	(2)	(3)	(4)
	OLS	2SLS	Reduced form	First stage
因变量	Ln (tradeopenness)			Ln ($PM_{2.5}$)
Ln ($PM_{2.5}$)	-0.393 [0.279]	-2.008** [0.801]		
Ln (pop)	-0.0956 [0.128]	0.384 [0.284]	-0.0870 [0.108]	0.235*** [0.053]
Ln (y)	1.380*** [0.199]	1.318*** [0.257]	1.338*** [0.192]	-0.010 [0.075]
Coastal	0.651*** [0.202]	0.139 [0.262]	0.624*** [0.155]	-0.242*** [0.059]
Coast distance	-0.000106 [0.000]	-0.000171 [0.000]	-3.07e^{-05} [0.000]	-0.0001 [0.00004]
Latitude distance			-0.0488*** [0.015]	0.024*** [0.006]
观测值	74	74	74	74
R^2	0.651	0.460	0.707	0.585

注:表中前 3 列的因变量都为外贸依存度的对数,而第 4 列的因变量则为 $PM_{2.5}$ 排放浓度的对数;括号中为稳健标准差;***、**、*分别表示在 1%、5%、10% 水平下显著。

对于其他控制变量,人口数量越大,2SLS 回归的结果(第二列)显示,外贸依存度越高;第一阶段(第四列)结果显示,环境状况也越恶劣。同样,人均 GDP 对贸易的影响也是正向的,虽然统计上不显著,但对 $PM_{2.5}$ 排放的影响却是相反的。城市是否为沿海城市用 0、1 变量来表示,沿海城市取值为 1。结果表明沿海城市的贸易开放程度更高,污染也相对低一些。控制变量中还包括各城市距离最近港口的距离。距离沿海港口越远,运输成本越大，即贸易成本也可能增加，贸易的规模越小，因此表中前三列到沿海港口距离的估计系数符号都为负。

对于最为关注的变量，OLS 结果显示贸易对 $PM_{2.5}$ 排放浓度的弹性为 -0.393，即环境污染程度越重，外贸依存度数值将越低，但统计上并不显著。第三列为缩减式回归结果，是外贸依存度变量对工具变量的直接回归，看地理因素通过环境渠道对贸易的影响，结果为负，且统计上显著，表明纬度距离每向北增加1%，通过环境会促使外贸依存度下降 0.05%。表中第四列是 2SLS 回归第一阶段结果，工具变量纬度差的系数值为 0.024，且在 1% 的显著性水平下统计显著，表示纬度每向北增加 1%，$PM_{2.5}$ 排放会增加 0.024%。而且在第一阶段 F 统计量的值为 18.92，大大高于 Staiger 和 Stock（1997）所提出的检验弱工具变量大于门槛值 10。表 6.4 中的第二列为 2SLS 回归结果，Ln（$PM_{2.5}$）的系数值，即方程（6.1）中 β_1 的估计值为 -2.008，显著异于 0。如上文所述，若 $\beta_1 \neq 0$，则证明确实存在联立性偏误。从结果可以看出，$PM_{2.5}$ 的排放浓度每增加 1%，外贸依存度将下降 2.008%。尽管符号上与 OLS 结果相同，但该结果统计上显著，2SLS 估计系数的绝对值也为 OLS 结果的 5 倍左右。

按照 Blanchard 和 Perotti（2002）方法的第二步，表 6.5 中列出了运用 2SLS 估计的对外贸易对 $PM_{2.5}$ 排放浓度的影响。表 6.5 中各列分布与表 6.4 相同。正如 EKC 曲线理论（Grossman 和 Krueger，1991，1995）中提到的，收入水平和环境污染之间可能存在非线性关系，因此在控制变量中，同时加入了人均 GDP 的自然对数及其平方项。另外，在估计贸易对 $PM_{2.5}$ 排放的影响时，笔者也考虑了各城市的工业增加值占 GDP 的比重以及 FDI 水平。正如表 6.3 所示，$PM_{2.5}$ 排放在淮河两岸有明显的差异，即地理因素会直接影响环境。为了更好地说明贸易对环境的因果影响程度，笔者在第二步的回归中还考虑了影响环境的地理因素——各城市与淮河的纬度差。

表 6.5 贸易对 $PM_{2.5}$ 排放的影响

模型	(1)	(2)	(3)	(4)
	OLS	2SLS	Reduced form	First stage
因变量	\multicolumn{2}{c}{$Ln\ (PM_{2.5})$}		$Ln\ (tradeopenness)$
$Ln\ (tradeopenness)$	0.0201 [0.058]	0.378 *** [0.094]		
$Ln\ (y)$	-1.315 [3.566]	0.607 [3.853]	0.628 [2.357]	0.056 [4.733]
$Ln\ (y)\ ^2$	0.0610 [0.168]	-0.0471 [0.184]	-0.0268 [0.112]	0.054 [0.225]
$Ln\ (pop)$	0.253 *** [0.061]	0.361 *** [0.080]	0.288 *** [0.047]	-0.194 [0.094]
$Ln\ (indus)$	0.450 *** [0.135]	0.410 * [0.243]	0.233 [0.153]	-0.468 [0.307]
Coastal	-0.209 *** [0.072]	-0.412 *** [0.109]	-0.204 *** [0.053]	0.549 *** [0.107]
Coast distance	$-2.89e^{-05}$ [0.000]	$2.33e^{-05}$ [0.000]	$-5.00e^{-05}$ [0.000]	-0.00007 [0.00007]
Latitude distance	0.0254 *** [0.006]	0.0410 *** [0.008]	0.0233 *** [0.005]	-0.047 *** [0.009]
$Ln\ (FDI)$	-0.0167 [0.027]	-0.0741 * [0.038]	-0.0421 * [0.022]	0.085 * [0.043]
Residual IV			0.215 *** [0.033]	0.569 *** [0.066]
观测值	74	74	74	74
R^2	0.626	0.368	0.796	0.0888

注：表中前 3 列的因变量都为 $PM_{2.5}$ 排放浓度的对数，而第 4 列的因变量则为外贸依存度的对数；括号中为稳健标准差；***、**、* 分别表示在 1%、5%、10% 水平下显著。

其他控制变量与表 6.4 相同，包括人口、城市是否沿海以及距离最近港口城市的距离。2SLS 结果（第二列）显示，人均 GDP 的系数值为正，而人均 GDP 平方项的系数为负，虽然表明 EKC 曲线理论在这里有可能成立，但统计上却不显著。人口规模的系数值显著为正，表明人口数量越大，空气污染越严重。表征产业结构的变量用各城市当年的工业增加值除以 GDP 所得，理论上来说，由于工业生产是造成 $PM_{2.5}$ 排放的主要原因之一，因此该变量与 $PM_{2.5}$ 的排放浓度之间应该呈正相关关系。而回归结果中其系数值为正也验证了这一点。沿海城市由于地理位置的优越性，污染物质，尤其是大气中的污染物质容易被吹散至别处，空气质量相对更好。城市的沿海距离也是影响城市空气污染水平的因素之一。一般来说，城市距离海边越远，大气中的污染物质越不容易产生跨界转移，因此空气污染程度有可能越严重，2SLS 回归中该系数的估计值为正。纬度差对因变量的影响显著为正，表明北方城市的污染排放水平高于南方城市。而从 FDI 的系数来看，FDI 的增加能够促进环境污染的减少。表中第四列是 2SLS 回归中第一阶段的估计结果，工具变量残差值的系数为正，在 1% 水平下统计显著，第一阶段 F 检验的值为 65.88，大大高于 Staiger 和 Stock（1997）所提出的检验弱工具变量的门槛值 10。

对于外贸依存度的弹性估计，OLS 回归结果（第一列）中的系数值为 0.021，统计上不显著，这是由于表 6.4 中第二列的结果显示 $PM_{2.5}$ 排放浓度的系数值为负，显著异于 0，因此使用 OLS 回归方程 (6.3) 时外贸依存度的系数将产生向下的偏误，大大降低贸易对环境污染的影响。而 2SLS 回归是在考虑国际贸易和环境污染之间的反向因果关系的基础上得出的结果，贸易的系数估计值即 π_1 为 0.378，表明外贸依存度每提高 1%，$PM_{2.5}$ 的排放浓度将上升 0.378%，统计显著，而且可以看到弹性绝对值大于 OLS 的回归结果，这也进一步说明了 OLS 回归结果存在严重的向下偏误。尽管贸易的经济弹性绝对值不大，却表明贸易对 $PM_{2.5}$ 排放浓度的不断上升具有推波助澜的作用。表中第三列为 $PM_{2.5}$ 排放对方程（6.3）的 2SLS 回归时使用的工具变量进行缩减式回归的结果。工具变量为表 6.4 中 2SLS 回归结果中外贸依存度的残差值，运用该残差作为方程（6.3）中外贸依存度的工具变量可以避免联立性偏误（Bruckner，2011）。结果显示残差的系数值为正，且统计显著。

贸易之所以加剧了我国 $PM_{2.5}$ 的排放浓度，原因可能是规模效应在各类传导机制中占据了主要地位。据绿色和平组织、北京大学和中科院等公布的数据，我国城市 $PM_{2.5}$ 排放的主要来源是煤炭、机动车、工业生产等。因此，贸易活动的增加，能够通过增大工业生产和运输规模增加颗粒物的排放浓度。而鉴于中国能源消费结构中煤炭的重要性，对外贸易增加引致的生产规模扩大进而加大我国的煤炭消费量，无疑也成为我国空气污染恶化的诱因之一。当然，即便不考虑规模效应中运输规模扩大的影响，贸易作为我国经济发展的"三驾马车"之一，对我国的经济发展、收入水平的提高具有一定的推动作用。机动车作为我国家庭耐用消费品中的重要组成部分，其保有量随着收入水平的提高呈飞速增长态势。这也成为贸易影响我国空气污染的一种间接渠道。

在前面的实证研究中，笔者使用了 $PM_{2.5}$ 的年均排放浓度作为城市空气污染的代理指标。为了对表 6.5 中的结果进行稳健性检验，笔者还将使用其他关于 $PM_{2.5}$ 排放指标作为因变量进行实证检验，如排放的最大日均浓度以及 $PM_{2.5}$ 排放强度。最大日均浓度是指各城市 2013 年所有检测天数中 $PM_{2.5}$ 排放浓度最大的当天平均值，单位为微克/立方米。排放强度是指单位 GDP 中 $PM_{2.5}$ 的排放浓度，用 $PM_{2.5}$ 的年均浓度值除以各城市 2005~2012

年 GDP 的平均值计算得出。表 6.6 为稳健性检验的结果。表中第一列为使用最大日均浓度作为因变量时的估计结果。外贸依存度每上升 1%，则 $PM_{2.5}$ 的日均排放浓度将上升 0.364%。第二列使用了强度指标作为环境污染的代理指标，结果表明，外贸依存度每上升 1%，则 $PM_{2.5}$ 的排放强度将上升 0.356%。在对方程 (6.1) 进行 2SLS 回归时，使用的工具变量为各城市距离秦岭-淮河的纬度差。表 6.6 中的 (3) 至 (5) 列则使用了各城市到淮安的地理距离作为 $PM_{2.5}$ 的工具变量进行方程 (6.1) 的回归，进而取残差之后对方程 (6.3) 的回归结果，而第一步的回归结果将显示在表 6.7 中。之所以在表 6.5 的回归中选择纬度差而不是地理距离作为工具变量主要是因为秦岭-淮河一线作为中国南北的分界线，纵贯东西，横跨甘肃、江苏、安徽等几个省份，并不局限于某一个地点，更加科学。而运用地理距离作为工具变量可以作为稳健性检验进一步证明前述结果是否可靠。选择淮安作为衡量距离的中心点是因为淮安位于秦岭-淮河一线上，中国的南北分界线标志坐落于淮安，而且淮安的纬度为 33.5°N，而秦岭—淮河一线纬度的中间值为 33.25°N。表 6.6 中 (3) 至 (5) 列依次使用了 $PM_{2.5}$ 排放的年均浓度、日均最大浓度以及排放强度作为因变量，因变量对外贸依存度的弹性范围为 0.293～0.343，贸易对日均最大浓度的影响相对更大些。表 6.7 中各列外贸依存度的系数值都为正值，数值上和表 6.5 中第二列的系数 0.378 相差不大，且都在 1% 的水平下统计显著，表明贸易对城市空气质量的恶化具有不可推卸的责任。而且第一阶段回归的 F 值较大，作为外贸依存度工具变量的残差值在第一阶段的回归都显著，t 检验的 p 值都为 0。还需要说明的是，当使用日均最大浓度和排放强度作稳健性检验时，不仅变换了方程 (6.3) 中的因变量，同时也改变了方程 (6.1) 中的自变量，因此表 6.6 中的各列在 2SLS 回归中使用的工具变量残差值也各不相同。

表 6.6 贸易影响 $PM_{2.5}$ 排放的稳健性检验

模型	(1)	(2)	(3)	(4)	(5)
因变量	Ln (max)	Ln (intensity)	Ln ($PM_{2.5}$)	Ln (max)	Ln (intensity)
Ln (tradeopenness)	0.364 ***	0.356 ***	0.319 ***	0.343 ***	0.293 ***
	[0.079]	[0.108]	[0.085]	[0.078]	[0.098]
Ln (y)	-1.446	4.892	0.292	-1.559	4.550
	[3.170]	[4.219]	[3.679]	[3.099]	[4.079]
Ln (y)^2	0.0476	-0.308	-0.0294	0.0540	-0.289
	[0.152]	[0.203]	[0.176]	[0.148]	[0.196]
Ln (pop)	0.282 ***	-0.522 ***	0.343 ***	0.276 ***	-0.541 ***
	[0.075]	[0.107]	[0.074]	[0.074]	[0.099]
Ln (indus)	0.0893	0.461	0.416 **	0.0917	0.468
	[0.230]	[0.327]	[0.209]	[0.219]	[0.288]
Coastal	-0.530 ***	-0.512 ***	-0.379 ***	-0.518 ***	-0.476 ***
	[0.127]	[0.130]	[0.100]	[0.125]	[0.119]
Coast distance	-0.000187 ***	-7.84e-05	-2.42e-05	-0.000187 ***	-7.94e-05
	[0.000]	[0.000]	[0.000]	[0.000]	[0.000]
Latitude distance	0.0666 ***	0.0475 ***	0.0384 ***	0.0657 ***	0.0447 ***
	[0.009]	[0.010]	[0.008]	[0.008]	[0.009]
Ln (FDI)	-0.0658	-0.102 **	-0.0647 *	-0.0624	-0.0920 *
	[0.042]	[0.051]	[0.035]	[0.042]	[0.047]
第一步 IV	纬度差			地理距离	
第一阶段 F 值	198.53	74.18	95.09	224.46	87.14
R^2	0.616	0.823	0.445	0.628	0.843
观测值	74	74	74	74	74

注：括号中为稳健标准差；***、**、*分别表示在1%、5%、10%水平下显著。

因为主要环境指标发生了变化，因此笔者在表 6.7 中给出了该稳健性检验中第一步回归即对方程（6.1）回归的 2SLS 结果，

表 6.7 中的 5 列分别与表 6.6 中的各列一一对应。表中（1）至（2）分别使用纬度差作为日均最大值和排放强度的工具变量，而（3）至（5）使用地理距离作为三个不同污染排放指标的工具变量。从结果来看，贸易对污染排放的弹性为 -1.668 ~ -0.880，绝对值小于表 6.4 中的 -2.008，但符号一致，即环境污染越严重，外贸依存度将越小。而且第一阶段工具变量的系数值都在 1% 水平下显著异于 0。

表 6.7 稳健性检验第一步回归结果

模型	(1)	(2)	(3)	(4)	(5)
因变量	\multicolumn{5}{c}{Ln(tradeopenness)}				
Ln(Max)	-0.966*** [0.333]			-0.880*** [0.282]	
Ln(intensity)		-1.475*** [0.531]			-1.246*** [0.396]
Ln($PM_{2.5}$)			-1.668*** [0.599]		
Ln(y)	1.256*** [0.225]	-0.590 [0.721]	1.331*** [0.239]	1.269*** [0.218]	-0.281 [0.551]
Ln(pop)	0.0752 [0.174]	-1.104*** [0.315]	0.283 [0.212]	0.0497 [0.151]	-0.965*** [0.246]
Coastal	0.300 [0.200]	0.0701 [0.270]	0.246 [0.213]	0.342* [0.187]	0.180 [0.217]
Coast distance	-0.000234* [0.000]	-0.000206 [0.000]	-0.000158 [0.000]	-0.000221* [0.000]	-0.000188 [0.000]
IV	纬度差	纬度差	地理距离	地理距离	地理距离
第一阶段 F 值	44.06	124.85	19.68	36.75	96.94
R^2	0.570	0.582	0.532	0.588	0.623
观测值	74	74	74	74	74

注：括号中为稳健标准差；***、**、*分别表示在 1%、5%、10% 水平下显著。

通过上面的分析可以看出,贸易对我国城市空气污染的加剧具有不可推卸的责任。为了更加清晰地阐述贸易导致环境恶化的传导机制,表 6.8 分别利用出口依存度 [Ln (export dependence)]、重工业出口依存度 [Ln (heovy industry export dependence)] 以及污染产业出口依存度 [Ln (polluting industry export dependence)] 代替原有第二步回归中的外贸依存度进行实证检验,试图从机制上分析贸易对环境污染影响的渠道。从理论上说,国际贸易中进口和出口对于本国环境的影响各不相同:进口产品由于并不在本国生产,如果不考虑污染的跨界可能和中间品贸易,则进口产品对本国环境产生的影响较小;而且如果考虑到进口带来的技术效应,则进口对环境极有可能产生非常有利的影响。而出口产品的生产由于发生在本国境内,即便存在中间品进口,仍然会对本国的环境造成很大影响,如果一国出口的产品中污染密集型产品比例较高,该国则势必会付出巨大的环境代价,极有可能成为"污染天堂"。

表 6.8 出口对 $PM_{2.5}$ 排放浓度的影响

模型	(1)	(2)	(3)
因变量	\multicolumn{3}{c}{Ln ($PM_{2.5}$)}		
Ln (export dependence)	0.650 *** [0.234]		
Ln (heavy industry export dependence)		0.646 ** [0.286]	
Ln (polluting industry export dependence)			0.795 * [0.408]
Ln (y)	-1.861 [5.468]	1.354 [6.525]	14.69 [12.222]
Ln (y) ^2	0.0513 [0.260]	-0.0953 [0.312]	-0.723 [0.587]

续表

模型	(1)	(2)	(3)
因变量	\multicolumn{3}{c}{$Ln(PM_{2.5})$}		
$Ln(pop)$	0.399***	0.388**	0.193
	[0.141]	[0.165]	[0.177]
$Ln(indus)$	-0.697	-1.224*	-1.818
	[0.637]	[0.652]	[1.340]
Coastal	-0.507***	-0.598***	-0.689**
	[0.189]	[0.222]	[0.331]
Coast distance	0.000302**	0.000179	$1.15e^{-05}$
	[0.000]	[0.000]	[0.000]
Latitude distance	0.0568***	0.0597***	0.0475***
	[0.017]	[0.015]	[0.017]
$Ln(FDI)$	-0.0288	-0.0516	0.0701
	[0.062]	[0.064]	[0.083]
第一阶段 F 值	56.8	37.44	8.81
R^2	0.672	0.753	0.687
观测值	73	73	73

注：括号中为稳健标准差；***、**、*分别表示在1%、5%、10%水平下显著。

笔者利用中国工业企业数据库2006年30多万家企业的出口数据，筛选出受到 $PM_{2.5}$ 监测的74个城市数据，并结合城市统计年鉴中2006年各城市国内生产总值的数据分别计算了出口依存度、重工业出口依存度以及污染产业出口依存度。出口依存度采用2006年各城市所有企业加总的出口数据除以该城市当年的GDP所得。重工业出口依存度采用2006年各城市所有从事重工业的企业其出口加总额除以GDP所得。而污染产业出口依存度则利用2006年各城市所有从事污染产业生产的企业出口总额除以GDP所得。其中关于污染产业的界定则参照表3.1。在回归时由于拉萨企业的出口加总额为 0，因此去掉了拉萨的数据。表 6.8 中的因变量为 $PM_{2.5}$ 排放浓度，表中自变量的前三行分别为出口依存度、重工业出口依存度以及污染产业出口依存度的自然对数，该表中使用和表 6.5 同样的残差工具变量。从表 6.8 中可以看出，出口依存度每增加 1%，$PM_{2.5}$ 排放增加 0.65%，这一弹性值相较于表 6.5 中的 0.378 有所提升，表明出口对环境污染恶化的影响力将更大。而重工业出口依存度系数为 0.646，也同样显著为正。如果进一步将范围缩小至污染产业的出口贸易依存度，则弹性系数进一步增加至 0.795。这说明相对于整个国际贸易，出口贸易对环境状况恶化的影响更大，而其中最主要的原因则来自污染产业的出口。

6.3 面板数据模型

本节将基于我国 334 个城市 2004~2010 年的面板数据研究贸易对 $PM_{2.5}$ 排放浓度的影响，大大增加了样本容量。统计数据主要来源于历年的《中国城市统计年鉴》，而城市 $PM_{2.5}$ 排放的数据则来源于美国国家航空航天局（NASA）卫星数据。在本节的实证中将同时使用静态面板模型和动态面板模型进行检验。图 6.3 显示了我国 334 个城市 2004~2010 年 $PM_{2.5}$ 排放浓度与外贸依存度的散点图。可以看出，两者之间似乎存在正相关关系，但这是否就意味着贸易加剧了环境状况的恶化呢？因为这其中有可能存在内生性问题，并不能因此得出国际贸易与环境污染之间存在正向因果关系的结论，还需要进行进一步的实证检验。

6.3.1 模型设定

本小节仍然以 ACT 模型为基础进行实证分析，并分别运用静态面板模型和动态面板模型检验贸易对 $PM_{2.5}$ 排放的影响。本小节采用中国 334 个城市 2004~2010 年的面板数据进行实证分析，统计数据主要来源于历年的《中国城市统计年鉴》，而城市 $PM_{2.5}$ 排放的数据则来源于 NASA 卫星数据。

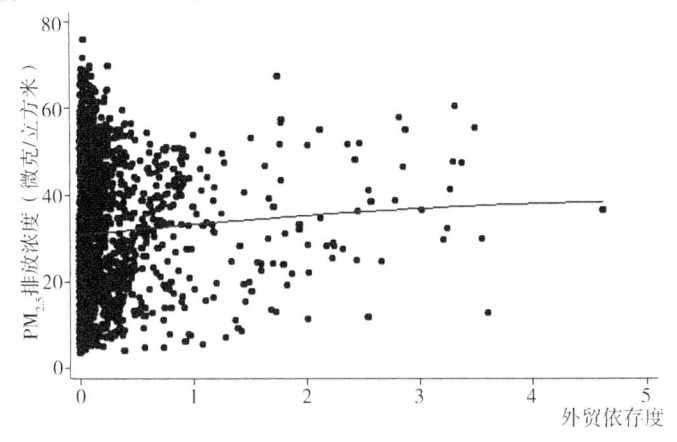

图 6.3　$PM_{2.5}$ 排放浓度与外贸依存度

资料来源：美国 NASA 卫星数据（http://www.nasa.gov/）以及历年《中国城市统计年鉴》数据。

1. 静态模型设定

方程（6.4）和方程（6.3）的形式基本一致，但由于采用面板数据进行回归，因此在方程（6.4）中加入了时间层面 t，因变量仍选用 $PM_{2.5}$ 排放浓度的自然对数值。

$$Ln(PM_{2.5it}) = \pi_0 + \pi_1 Ln(tradeopenness_{it}) + \lambda X'_{it} + \varphi_{it} \quad (6.4)$$

在控制变量的选择上，由于观测的城市数量为 334 个，样本较大，而许多城市，尤其是中小城市的统计数据存在缺失，因此其他控制变量 X'_{it} 主要考虑人均收入水平、人口规模以及第二产业比重变量。人均收入水平是表征该城市经济发展程度的变量。EKC 理论认为人均收入水平和污染排放量之间的关系与库兹涅茨曲线的倒 U 形相似，即人均收入水平较低时，环境污染随人均收入水平的增加而上升，但到达某一临界点之后该趋势呈反方向变化。因此笔者还加入了人均收入水平的平方项变量。人口规模变量与该城市的消费者数量呈正相关，人口数量越大，对产品的需求量越大，因此极有可能产生负的规模效应。鉴于 $PM_{2.5}$ 的来源中重要的一部分是机动车的使用，人口规模和机动车保有量无疑呈正相关关系，进而对 $PM_{2.5}$ 排放产生影响。因此人口规模的预期符号为正。除此之外，还加入了第二产业 GDP 占总 GDP 的比重这一控制变量。正如前文所述，工业生产和燃煤是 $PM_{2.5}$ 排放的主要原因，而第二产业在我国包括采掘业、制造业、电力、煤气等工业生产行业，燃煤产业也包括在第二产业之中。因此选取第二产业比重作为控制变量。理论上来说，第二产业比重越大，$PM_{2.5}$ 排放浓度也越大。

在宏观经济问题的实证研究中，内生性问题往往是不可避免的。当计量模型中的一个或多个解释变量与随机扰动项相关时，就会产生所谓的内生性问题，内生性存在的直接后果便是 OLS 估计结果将会有偏。在国际贸易与环境问题上存在的内生性问题在前文中已经有过描述，同时对第 5 章和第 6 章第 2 节实证结果的分析也可以证实内生性问题是真实存在的。

解决内生性问题有很多种方法，最为常见的是工具变量法。在静态面板模型中，本书同时利用滞后期工具变量和外部工具变量解决内生性问题。运用滞后期变量作为工具变量是实证文献中经常采用的方法。而在外部工具变量的选择上，本书参考 Frankel 和 Romer（2005）将地理特征作为对外贸易工具变量的做法，考虑到海运作为国际贸易的主要运输方式，海运成本又与各城市所处的地理位置直接相关，因此选取各个城市到最近港口的地理距离作为外贸依存度的工具变量。城市距离港口越近，贸易成本越小，贸易开放的程度可能越高。

2. 动态模型设定

如前文所述，笔者使用城市层面的面板数据进行实证研究，面板数据的优点之一便是可以考虑事物发展的动态过程。根据第 5.3 节的实证结论，工业二氧化硫的排放存在连续性，因此，笔

者认为 $PM_{2.5}$ 排放也很有可能是一个连续动态的过程，即前期排放基础对后期的影响会很大。动态面板模型中采用因变量的滞后项作为解释变量，从而导致解释变量与随机扰动项相关，以致传统的 OLS 参数估计方法在估计时将存在有偏性和非一致性，需要采用 GMM 估计方法。同第 5.3 节的说明一样，本小节也同样使用系统 GMM 的方法对城市层面面板数据进行动态回归。回归方程如下：

$$Ln(PM_{2.5it}) = \beta_0 + \partial Ln(PM_{2.5i,t-1}) + \beta_1 Ln(tradeopenness_{it}) + X'_{it}\tau + \gamma_t + \delta_i + \varepsilon_{it} \quad (6.5)$$

$$\Delta Ln(PM_{2.5it}) = \partial \Delta Ln(PM_{2.5i,t-1}) + \beta_1 \Delta Ln(tradeopenness_{it}) + \Delta X'_{it}\tau + \Delta\gamma_t + \Delta\varepsilon_{it} \quad (6.6)$$

方程（6.5）和（6.6）分别为 GMM 估计中的水平方程和差分方程，系统 GMM 回归是将水平差分方程和水平方程作为一个方程系统进行估计的方法。方程因变量为 $PM_{2.5}$ 排放浓度，方程右边的 $PM_{2.5i,t-1}$ 代表滞后一期的排放浓度，除外贸依存度变量外，控制变量 X'_{it} 的选择和静态面板模型中的一样，选择了人均收入水平及其平方项、人口规模以及工业增加值比重。

6.3.2 实证结果分析

笔者利用我国 334 个城市 2004~2010 年的面板数据，研究贸易对 $PM_{2.5}$ 排放的影响程度。本小节同时使用静态面板模型和动态面板模型进行检验，结果如表 6.9 和表 6.10 所示。表中的因变量为 $PM_{2.5}$ 排放浓度的自然对数。所有回归结果均由 STATA 12.0 软件给出。

表 6.9 中的第一列给出了基础 OLS 的回归结果，人均收入水平系数为正，二次项系数为负值，表明 EKC 曲线理论有可能成立，但统计上并不显著。人口规模与第二产业比重的系数均显著为正，而外贸依存度的系数值为 0.0232，且统计显著，表明贸易对环境的影响是负面的，即外贸依存度越大，环境状况越恶

化。表中第二列在第一列的基础上加入了固定效应，用以控制地区异质性对因变量的影响。由于 Hansen 检验的 p 值为 0，拒绝了随机效应模型，因此这里只列出固定效应模型的结果。外贸依存度的系数值仍然显著为正，相比第一列的结果，绝对值有所下降，但区别不大。人均收入及其二次项系数虽然显著，但符号与第一列相反，人口规模变量的估计值也变为负值。

表6.9　静态面板模型回归结果

模型	(1)	(2)	(3)	(4)	(5)
	OLS	FE	IV	IV	IV
因变量	$Ln\ (PM_{2.5})$				
$Ln\ (tradeopenness)$	0.0232**	0.0124*	0.0598***	0.0627**	0.249***
	[0.00961]	[0.00639]	[0.0195]	[0.0319]	[0.0593]
$Ln\ (y)$	0.0148	-0.225***	0.0619	0.265	0.197
	[0.288]	[0.0700]	[0.0875]	[0.190]	[0.275]
$Ln\ (y)\ ^{\wedge}2$	-0.0163	0.0155***	-0.00876*	-0.0259***	-0.0352**
	[0.0147]	[0.00463]	[0.00460]	[0.00993]	[0.0143]
$Ln\ (pop)$	0.00134***	$-5.13e^{-05}$	0.000359***	0.00124***	0.00104***
	$[6.71e^{-05}]$	$[8.44e^{-05}]$	$[5.18e^{-05}]$	$[5.48e^{-05}]$	$[8.34e^{-05}]$
$Ln\ (indus)$	0.565***	0.0297	0.307***	0.501***	0.774***
	[0.0554]	[0.0435]	[0.0498]	[0.0515]	[0.0858]
观测值	1888	1888	1580	1888	1888
城市数		334	332	334	334

注：***、**、*分别表示在1%、5%、10%水平下显著。

由于存在外贸依存度这一内生变量，因此第一列和第二列的估计有可能是有偏的。第三列采用滞后期工具变量策略，即以内生变量滞后一期的值作为当期值的工具变量。因为外贸依存度的滞后一期值往往与其当期值直接相关，并可以通过对当期值的影

第 6 章 基于中国城市数据的研究

响进而影响 $PM_{2.5}$ 的排放,但是当期的 $PM_{2.5}$ 排放不会对上一期的外贸依存度产生影响,因此采用滞后期工具变量这一方法是实证检验中经常被用来解决内生性问题的策略之一。从第三列的结果来看,外贸依存度的系数显著为正,仍然支持贸易不利于环境状况改善的结论,但贸易的经济弹性绝对值大于前两列中的系数值,说明如果不将内生性问题考虑在内,OLS 的回归结果则有可能被低估。回归结果还显示人均收入与污染排放之间存在倒 U 形关系,EKC 曲线成立。而尽管人口规模的系数值显著为正,但绝对值较小,说明当使用滞后期变量作为工具变量时,人口规模对 $PM_{2.5}$ 排放的影响不是很大。污染物质排放对工业增加值比重的经济弹性为 0.307,且统计显著,和理论预期相符。

表中第四列和第五列是利用外部工具变量策略的回归结果。笔者参考 Frankel 和 Romer(2005)使用地理特征作为贸易工具变量的做法,使用各个城市到最近港口城市的距离作为外贸依存度的工具变量。需要说明的是,由于城市间的地理距离并不随着时间的变化而变化,而笔者使用面板数据进行实证检验,因此参考 Acemoglu et al. (2005)、李锴等(2011)的方法,将地理距离与时间虚拟变量相乘作为外贸依存度的工具变量。结果显示,外贸依存度每增加 1%,$PM_{2.5}$ 的排放浓度也将上升约 0.063%。而模型(5)与模型(4)相似,在外部工具变量的构造过程中,为了反映动态特征,参考黄玖立和李坤望(2006)的方法,用各城市到最近港口的距离与各年的官方汇率相乘得出。鉴于美元是国际贸易中最常使用的结算货币,官方汇率采用 2004~2010 年美元兑人民币的年均汇率计算,采用间接标价法。汇率变动是影响一国进出口贸易的重要因素,同时发生在国家层面,而本小节的样本数据为我国城市层面的面板数据,由于单个城市的进出口贸易并不足以影响一国汇率的波动,因此汇率可以看作外生的。本小节汇率的数据取自联合国 UNCTAD 官方网站。相比模型(4),模型(5)中外贸依存度的系数估计值进一步增加,统计显著，绝对值约为模型（4）中的4倍，是所有静态模型中外贸依存度回归系数的最大估计值。模型（4）和（5）同样支持贸易与污染排放之间的正向因果关系。

表6.10给出了利用动态面板数据进行回归后的结果。3列回归都使用了系统GMM的回归方法。为了反映因变量的动态连续性，动态面板模型中加入了$PM_{2.5}$排放的滞后期值作为解释变量。模型（1）的解释变量中包含了因变量的滞后一期值$L.Ln(PM_{2.5})$，从结果来看，滞后一期值与因变量显著正相关，上一期的$PM_{2.5}$排放每增加1%，本期的排放值将上升0.761%。这一结果表明$PM_{2.5}$的排放是一个连续累积的过程。而本书主要关注的外贸依存度的系数估计值仍然显著为正，且数值较大，表明贸易不利于环境状况的改善。模型（2）在模型（1）的基础上同时控制了因变量的滞后二期值$L2.Ln(PM_{2.5})$。结果显示滞后一期和滞后二期值都显著为正，但滞后一期的系数估计值约为滞后二期的3.8倍。这说明污染物质前期排放对后期的影响力会随着时间的推移而逐渐减弱，也符合理论预期。外贸依存度的系数为0.0513，统计显著，小于第一列中的估计值。第三列则是在第二列的基础上将方程中原有的解释变量变为滞后一期的变量。从结果来看，滞后一期的外贸依存度每上升1%，$PM_{2.5}$排放浓度将增加0.32%。这一弹性值相比前面的回归结果有所提高，说明贸易对环境污染的影响存在一定的滞后效应，即前期的开放程度越大，对该城市未来的环境将产生越不利的影响。产生这一结果的原因有可能是国际贸易的产品生产周期较长，订单的完成需要较长时间。另外，$PM_{2.5}$排放的滞后一期和滞后二期的值仍然遵循第二列回归中的规律，即污染排放的路径依赖程度与时间呈反向关系。

还需要说明的是，在系统GMM估计中，前提是原始模型中的扰动项不存在序列相关，即扰动项的差分不存在二阶或更高阶的自相关，但允许存在一阶自相关。模型（1）至（3）中AR(2)的p值分别为0.027、0.149、0.279，即便最小的p值也大于 0.01，无法拒绝"扰动项无自相关"的原假设，因此可以使用系统 GMM 方法。同时笔者还使用 Hansen 检验来检验过度识别问题。检验的 p 值都大于 0.01，无法拒绝"所有工具变量都有效"的原假设。

表 6.10 动态面板模型回归结果

模型	（1）	（2）	（3）
		SYS - GMM	
因变量		$Ln（PM_{2.5}）$	
$L.Ln（PM_{2.5}）$	0.761 ***	0.768 ***	0.782 ***
	[0.220]	[0.221]	[0.303]
$L2.Ln（PM_{2.5}）$		0.201 ***	0.210 *
		[0.0702]	[0.125]
$Ln（tradeopenness）$	0.116 **	0.0513 *	
	[0.0561]	[0.0309]	
$Ln（y）$	0.876	1.347	
	[1.628]	[1.618]	
$Ln（y）^2$	-0.0639	-0.0788	
	[0.0873]	[0.0850]	
$Ln（pop）$	0.000456	0.000101	
	[0.000280]	[0.000354]	
$Ln（second）$	1.239 **	-1.190 **	
	[0.588]	[0.547]	
$L.Ln（tradeopenness）$			0.320 **
			[0.145]
$L.Ln（y）$			2.427
			[1.716]
$L.Ln（y）^2$			-0.136
			[0.0838]

续表

模型	(1)	(2)	(3)
		SYS - GMM	
因变量		$Ln(PM_{2.5})$	
$L.Ln(pop)$			-0.000837
			[0.00108]
$L.Ln(second)$			0.423
			[0.451]
AR (1)	0.000	0.003	0.098
AR (2)	0.027	0.149	0.279
Hansen 检验	0.049	0.148	0.011
观测值	1580	1016	1016
城市数	320	310	310

注：***、**、* 分别表示在1%、5%、10%水平下显著；AR（1）、AR（2）以及 Hansen 检验标示 p 值。

尽管表 6.9 和表 6.10 中所使用的实证方法有所差别，但 $PM_{2.5}$ 排放对外贸依存度的经济弹性值都显著为正。而 OLS 回归和固定效应回归的系数估计值虽然同样显著，符号也与其他模型相同，但相比其余回归结果，系数估计值较小，表明在存在内生性的情况下，国际贸易的环境效应的 OLS 估计是有偏的。在使用工具变量以及动态面板模型后，国际贸易对环境的影响显著增加，经济弹性估计值为 0.0513~0.320，充分证明国际贸易是造成我国 $PM_{2.5}$ 排放增加的原因之一，也说明贸易自由化的规模效应在影响我国 $PM_{2.5}$ 排放上更占优势。

6.4 小结

中国的城市空气污染作为一个普遍性的问题，关系到人们每天的生产和生活情况，大气污染治理已经成为我国不容忽视的问题。而在所有污染物质中，城市的首要污染物就是 $PM_{2.5}$，即雾霾天气的最大诱因。本章通过我国 74 个城市的横截面数据和 334 个城市的面板数据实证研究贸易对环境污染的影响。鉴于在国际贸易与环境问题中存在的反向因果关系及测量误差而导致的内生性问题，在横截面数据模型和静态面板模型中使用了工具变量方法，而在动态面板模型中则使用了系统 GMM 估计方法。从实证结果发现，外贸依存度与 $PM_{2.5}$ 排放浓度之间存在正相关关系，说明国际贸易会导致我国城市空气污染加重。

在横截面数据的分析中，使用了 Blanchard 和 Perotti（2002）提出的两阶段工具变量方法进行实证。在第一阶段 $PM_{2.5}$ 排放的工具变量选择上，参考 Chen et al.（2013）的文章中得出的中国南北方城市悬浮颗粒浓度差异的结论，考虑到中国以淮河为界对两岸城市实施不同的集中供暖政策，而集中供暖采用的煤炭燃烧是 $PM_{2.5}$ 排放的主要原因之一，因此选择了各城市距离秦岭－淮河一线的纬度差作为 $PM_{2.5}$ 排放的代理变量。实证结果表明 $PM_{2.5}$ 排放每升高 1%，外贸依存度会显著降低 2.008%。在第一阶段回归中，外贸依存度系数的显著性表明污染可以影响贸易，即贸易和污染之间存在反向因果关系。运用第一阶段回归得到的残差，作为第二阶段中外贸依存度的工具变量来解决反向因果效应，结果显示外贸依存度每提高 1%，$PM_{2.5}$ 排放浓度也将上升 0.378%，而 OLS 的结果明显被低估。而利用工业企业数据库中的企业数据进行的机制分析表明，相比因变量对外贸依存度的弹性，$PM_{2.5}$ 排放浓度对企业出口依存度和污染产业出口依存度的经济弹性更大，即贸易导致空气污染加重主要原因是由出口，尤其是污染行业的出口造成的。

在 334 个城市的面板数据模型中，分别使用静态面板和动态面板模型进行分析。在静态面板模型中，分别使用了滞后期外贸依存度以及各城市到最近港口的地理距离作为工具变量进行 2SLS 回归，结果发现外贸依存度每提高 1%，$PM_{2.5}$ 排放浓度将上升 0.06%~0.25%，支持横截面模型中国际贸易不利于空气质量改善的结论。在动态面板模型中，因变量滞后期的系数值显著为正，表明 $PM_{2.5}$ 排放是具有惯性的，而这一惯性会随着时间的推移而逐渐减弱。动态面板模型中分别使用了解释变量的当期值以及滞后一期值对 $PM_{2.5}$ 排放浓度进行估计，使用当期解释变量进行回归的外贸依存度的经济弹性值小于使用滞后期进行系统 GMM 回归的弹性值，说明国际贸易对空气污染具有更大的影响力，因此在制定开放战略时，国际贸易战略与可持续发展战略的结合是非常有必要的。

第 7 章 结论及政策建议

7.1 主要结论

本书在回顾国际贸易与环境相关问题研究的基础上,通过构建国际贸易与环境污染的一般均衡模型,利用统计描述和计量分析方法,从多个角度对我国的国际贸易与环境污染之间的关系展开了实证研究,并得出以下几点主要结论。

(1) 国际贸易对我国环境污染的影响是不确定的,是复杂的。以往文献关于贸易影响环境污染的结论主要有三种:一是贸易对环境有利,二是贸易会恶化环境,三是贸易对环境的影响不确定。基于前文的实证研究分析,笔者认为贸易对我国环境污染的影响结论遵循第三种结论。贸易是否会减少污染物质的排放与不同样本地区、污染物质的类型、污染指标的选择甚至贸易方式的选择都有关系。因此,在考虑贸易对我国环境污染的影响时应该具体到不同的地区、污染物质、贸易方式等,一概而论地认为贸易有利于减少我国污染物质排放或贸易会恶化我国环境的结论都是片面的。只有对不同问题区别对待,才能提出更加有针对性的政策措施,进而实现贸易与环境的协调发展。

(2) 国际贸易对不同类型国家的环境污染状况影响不同。在第 4 章利用跨国数据进行检验的实证研究中,通过对 40 个发达国家和发展中国家五种污染物质的描述,考察国际贸易对环境污染的影响程度如何。样本国家总体回归的结论表明,国际贸易对不同污染物质的排放会有不同影响,对同一类污染物质的不同污染指标,结论也可能不同。而根据国家经济发展程度的不同,进一步将40个样本国家分为发达国家和发展中国家进行回归后的结果表明，国际贸易倾向于改善发达国家的环境污染状况，但对发展中国家的影响却恰好相反，即国家类型的不同会对贸易的环境效应产生影响。为了比较中国和其他国家的不同，将中国和其余样本国家作为对立组进行回归后发现，中国并不遵循发展中国家的规律，中国的贸易活动加剧了部分污染物质的排放，但对另一部分污染物质的排放却有减缓的作用。

（3）国际贸易对我国不同类型污染物质的影响不同。为了进一步研究中国的国际贸易是否会对环境污染产生不利的影响，本书的第5章利用中国省级面板数据进行实证分析。在污染物质的选择上，笔者选择工业二氧化硫、工业废气、工业废水和工业固体废弃物排放作为表征环境污染的指标，同时利用这四类污染物质构建了以排污费作为权重的加权平均以及算术平均的两个综合污染指标。而在本书第6章的实证检验中则利用了中国城市层面的$PM_{2.5}$数据作为表征环境污染的指标。实证检验的结论表明对外贸易有利于减轻我国工业二氧化硫、工业"三废"以及排污费加权的综合指数1的排放，却增加了算术平均的综合指数2和$PM_{2.5}$的排放。

（4）国际贸易对我国不同地区的环境污染影响不同。我国的东中西部地区在地理位置、资源禀赋、经济发展、开放程度等方面都存在较大差异，地区发展极不平衡。从第5章分地区的回归结果来看，国际贸易减少了我国东中西部地区工业固体废弃物的排放，但却增加了各地区环境污染综合指数2的排放。而对于剩余的工业二氧化硫、工业废气和工业废水排放，国际贸易对不同地区的影响各不相同。总的来说，国际贸易有利于改善我国西部地区的环境污染状况，其中对工业固体废弃物的减少能起到更大的作用；却容易加剧我国东部和中部地区的污染排放，即国际贸易对我国不同地区的环境污染造成的影响是不一样的。因此在制定贸易政策和环境政策时，应该针对不同的地区提出具有针对性的政策建议。

（5）不同贸易方式对我国环境污染的影响不同。鉴于加工贸易方式在我国对外贸易中的重要性，笔者在第 5 章中考虑了一般贸易方式和加工贸易方式下对环境污染的影响。结论表明，一般贸易出口依存度的增加能促进六种污染物质排放指标的减少，而加工贸易出口依存度的增加却提高了工业二氧化硫、工业废气、工业固体废弃物以及综合指数 2 的排放水平。因此，总体来说，一般贸易的发展对我国的环境污染状况不会产生不利影响，而加工贸易的发展则可能造成我国部分污染物质的排放增加，恶化我国的环境状况。

（6）相比整个国际贸易，出口贸易对我国城市空气污染状况恶化的影响更大，而污染密集型产业的出口则是其中最主要的原因。在本书第 6 章的实证中，利用 $PM_{2.5}$ 排放水平代表城市空气污染，检验了贸易对我国城市空气污染的影响程度，结论表明贸易会加重我国城市的空气污染。为了进一步说明造成这一结果的原因，笔者利用中国工业企业数据库的数据，检验了出口、重工业出口以及污染密集型产业出口对 $PM_{2.5}$ 排放的影响。不同的产业在污染密集性上存在差异，部分产业因在生产过程中产生了大量的污染物质而被称为污染密集型产业。结果表明，$PM_{2.5}$ 排放浓度对外贸依存度的经济弹性为 0.378，但对出口依存度和重工业出口依存度的经济弹性增加至 0.65 左右，而对污染密集型产业出口依存度的经济弹性则进一步增加至 0.795。

（7）污染物质计量指标的选择不同也可能会影响贸易的环境效应的结论。在污染指标的选择上，本书涉及了污染物质的排放总量、人均污染排放量、排放强度以及最大日均值等指标。从回归的结果来看，同一种污染物质如果使用不同的计量指标，因变量对贸易的经济弹性就可能会发生一定的变化，这种变化既可能反映在影响方向上，也可能反映在影响力度上。在第 4 章的跨国数据检验中，国际贸易的增加提高了 VOC 人均排放量，但同时也降低了 VOC 排放强度，即国际贸易对人均排放量和排放强度的影响方向相反；而在第 5 章的中国省级数据动态面板检验中，虽然贸易有利于减少各类工业二氧化硫指标的排放，但对排放强度的影响大于对排放总量和人均排放量的影响。因此，在制定污染减排的目标时，如何选择更加合适的计量指标也是值得探讨的问题。

（8）贸易对环境污染的长期影响效应大于短期影响效应，而且污染本身具有路径依赖的特点。在第 5 章的动态面板回归中，虽然工业二氧化硫排放对贸易的短期弹性和长期弹性符号相同，但长期弹性绝对值明显大于短期弹性绝对值，即从长远来看，贸易对环境的影响更大。而在第 5 章和第 6 章的动态面板模型回归中，因变量滞后一期的估计系数都显著为正，表明污染物质的排放是一个连续的过程，前期的污染排放水平越高，当期的污染也会更加严重。在分地区回归时，这一特点也非常明显。在解释变量中同时加入滞后二期因变量的回归中，前期污染排放对当期污染的影响随着时间向前推移而逐渐减弱，即路径依赖程度与时间呈反比关系。这一结论表明在政策制定的过程中不仅需要考虑贸易对当前环境污染状况造成的影响，还需要从长远发展的角度考虑问题。

7.2　政策建议

在 2014 年中国环境与发展国际合作委员会年会上，中国政府重申了实现生态文明的承诺。生态文明的核心是平衡人类与自然的关系，包括经济发展、人口、资源和环境。国际贸易与环境问题便是实现生态文明其中重要的一环。这个问题不仅是国际社会关注的焦点问题，也是我国参与经济全球化过程中不可避免的挑战之一。随着世界经济增长步入低增长阶段，各国对国际市场的争夺更加激烈。而我国经过 40 多年的改革开放，对外贸易的

第7章 结论及政策建议

发展也开始进入新的阶段。随着我国环境污染状况的不断恶化，如何实现环境保护和对外贸易的协调发展已经变得十分迫切。而任何一个国家都不可能采取单一的手段来解决贸易与环境的冲突问题，需要各类型政策法规的相互配合。基于前文的研究和分析，本节将从贸易政策和环境政策两个方面提出相关的政策建议。

7.2.1 与环境相关的贸易政策

（1）对我国不同地区实施差异化的贸易政策，注重贸易政策和环境政策的协调。从前文的研究来看，贸易对我国环境污染的影响是复杂的，不能一概而论。因此在制定贸易政策时，也应该根据具体的地域情况进行具体分析。我国的东中西部地区在对外开放程度、贸易产品结构等方面都存在很大差异。在环境污染方面，东部地区的污染状况也更为严重，我国的水污染和大气污染密集的产业主要分布在我国的东部地区，部分行业开始有向中西部转移的趋势。基于前文的研究发现，贸易对我国东中西部地区的环境污染影响程度不同，因此在制定贸易政策时应该注重我国东中西部地区的发展不平衡问题，注重区域特点与发展战略相结合，对不同的地区应该实施不同的贸易政策。

（2）加快我国东中部地区的产业结构调整和升级。从前文的研究结果看来，贸易倾向于对东中部地区的环境污染起到一定的恶化作用，因此对我国的东中部地区的贸易战略应主要着眼于加快产业结构的调整和升级，对现有的外贸企业进行结构和技术升级，取缔严重污染企业的经营权，或通过制定高标准倒逼企业放弃高污染密集型产品的出口优势，在劳动力比较优势逐步减弱的情况下寻找新的企业竞争力优势。通过利用东中部地区优质的技术和人力资本资源，在产品和研发创新上寻找利润突破点。大力发展循环经济，促进环保产业的进一步发展，注重推动环保产业的扩散效应发挥，将东中部地区的科技优势和资金优势相结合，使绿色产品成为新的优势产品。

（3）进一步加大我国西部地区的开放程度，在承接产业转移过程中注重提高环境保护门槛。根据前文的分析发现，相比东中部地区，对外贸易有利于改善我国西部地区的环境污染状况。我国的西部地区幅员辽阔、资源丰富，与东中部地区基础设施方面的差距也在逐步缩小，因此，应该积极鼓励西部企业参与国际竞争，做好西部地区的基础设施建设和金融、教育等支持行业的发展规划，加大西部地区的对外开放程度，优化对外贸易在国内的区域布局。目前西部地区承接了许多来自发达国家以及我国东中部地区的产业，在承接过程中，切忌以牺牲环境利益换取经济利益的做法，应该坚持环境保护优先的态度，提高承接过程中的环境门槛，在通过对外贸易发展经济的同时促进环境状况的改善。

（4）积极改善进出口商品结构，在污染密集型产业上积极发挥"走出去"战略，并加大对环保设备和清洁技术的引进。从前文的分析中可以看出，贸易导致环境污染恶化的主要原因在于出口。出口产品由于生产过程主要发生在我国境内，因此对我国的环境污染产生很大的影响。而按照 Lu et al.（2013）的文章中关于污染密集型产业的分类，我国主要污染密集型产业的出口近年来都呈现上升趋势。因此，进一步改善我国出口商品的结构，减少污染密集型产品的出口，利用国外更加严格的绿色技术壁垒对我国的出口产品进行清洁化处理，加快我国能源系统的体制改革，加大对我国新能源产业产品的出口支持，取消对高污染产业的各种补贴，降低高污染产业的出口退税税率或对这类产品取消出口退税，提高我国企业出口产品的排污效率，在引进外资的过程中继续对"两高一资"❶产品进行准入限制。同时积极发挥我国对外贸易"走出去"战略，并在实施过程中加大对污染

---

❶ 主要是指高耗能、高污染和资源性产品。

第 7 章　结论及政策建议

密集型产业向境外转移的力度，简化对高污染企业对外投资的审批，并给予一定的政策和信贷支持，将污染密集型产品的生产逐步向其他国家转移。在进口方面，虽然技术的自主创新是我国技术进步的最根本动力，但技术引进作为促进企业自主创新能力的渠道之一，而且发达国家和我国在清洁技术方面还存在很大差异，因此应该鼓励企业从发达国家引进最先进的清洁技术和设备，并借鉴先进经验。当然，在引进技术的过程中，有效甄别清洁技术的先进性和实用性也是非常重要的一个方面，要积极同发达国家企业进行沟通，关注并参与国际清洁技术和能源领域的最新动态，避免引进发达国家淘汰落后的技术，同时确保引进的技术在国内具有可操作性。

（5）调整国际贸易方式，加快对加工贸易方式的转型升级。基于前文的分析发现，不同的贸易方式对环境污染的影响不同。和一般贸易不同，加工贸易的出口往往会增加污染物质的排放，即加工贸易方式更加不清洁。我国目前的加工贸易占国际贸易进出口总额的一半左右，在贸易发展过程中的地位不容忽视。尽管受到国外市场需求疲软的冲击，加工贸易增速放缓，但仍是我国重要的贸易形式之一。我国的加工制造环节附加值较低，机电产品等污染性产品出口比重上升，而且加工贸易企业往往不掌握核心技术，受制于人，自主创新能力不强，因此加工贸易企业的资源和环境约束逐渐加大。鉴于加工贸易的环境非友好特征，我国政府应积极推动加工贸易的转型升级，以绿色贸易推动加工贸易的产业结构调整，并且摒弃速度和规模扩张，提升发展质量和效益，提高加工产品的附加价值，延长国内的增值链条，争取创建更多的自主品牌，逐步改变由外资主导的加工贸易经营主体，在政府支持和企业自身努力的结合下实现加工贸易的产业结构优化和持续健康发展。

（6）从长远角度出发，制定国际贸易的相关政策。从前文的结论来看，国际贸易对环境影响的长期弹性大于短期弹性，即贸易对环境的影响是具有时滞性的，这可能是由于部分贸易活动的生产周期较长。因此在制定贸易政策时，并不能仅仅着眼于眼前利益，实现短期目标与长远战略的有效衔接，充分考虑可持续发展问题。部分污染密集型贸易产品的生产周期较长，因此其排放污染的周期也较长，或者产品的生产周期虽然不长，但是产品生产过程中排放的污染物质具有较长时间的持续污染特性，如土壤污染物，对这类产品的出口应该保持高度警惕。政府在规划和批准这类项目时应该充分考虑对当前环境状况的影响以及对未来该地区人类的生存和发展是否会造成一定的威胁，保障经济发展和保护环境协调一致。我国许多地方政府为了一时的政绩，对高污染长周期产品的生产予以鼓励，不顾长远利益，仅仅贪图当前成绩，极有可能对未来的生态环境造成巨大影响。对这类被短期利益驱动的现象，除了在项目规划和审批阶段进行详细考察论证之外，还应该将相关人员的政绩考核与项目周期挂钩，而不仅仅与任期挂钩，如此才能驱动在制定相应的措施时从长远角度出发。

7.2.2 环境政策

（1）环境政策应该因地制宜，不应在全国范围内实施统一标准。我国的环境政策包括环境技术政策、环境经济政策、环境产业政策等几个方面。环境技术政策致力于从技术层面提高企业的排污效率，环境经济政策则利用排污费、税收优惠等经济手段达到减排目的。环境产业政策力求在产业结构调整中提高环保产业的比重。从前文的描述中可以发现，我国东中西部地区的环境污染状况，以及南北方城市的空气污染状况都存在较大差异，而沿海和内陆地区由于气候原因污染扩散的速度不同，污染情况也不同。因此在制定具体的环境政策时，应该因地制宜，对于污染较严重的地区应该制定更加严格的政策规范，加大环保力度。例如，目前我国的东部地区污染较为集中，东部地区的环境技术政策就可以在国家政策基础上提高执行标准，或按照国际排污标准执行，鼓励东部污染企业进行自主创新，获得创新收益。在环境经济政策方面，对污染严重地区排污费的征收也可以根据具体情况提高收费标准，进一步加大减排力度。同时在东部地区产业结构升级过程中严格淘汰污染密集型产业的落后产能，积极发展环保产业。

（2）在制定环境保护目标时，依据污染物质的不同而制定不同的减排标准。基于前文的研究发现，贸易对不同污染物质的排放会产生不同的影响。因此，从环境政策角度来看，对不同的污染物质也应该制定不同的减排标准。对治理难度较大、治污成本较高、对社会危害较大、污染周期较长的污染物质应该制定更高的减排目标，例如，土壤污染物和空气污染物。以 $PM_{2.5}$ 的监测标准来说，我国在 2012 年开始执行修订的《环境空气质量标准》中才加入了对 $PM_{2.5}$ 的监测，标准按照世界卫生组织过渡期第一阶段的目标执行，即年平均浓度限值为 35 微克/立方米，不仅和世界卫生组织规定的 10 微克/立方米的安全值标准存在较大差异，而且和美国、日本的 15 微克/立方米以及欧盟的 25 微克/立方米都存在一定差距。只有制定更加严苛的与国际接轨的标准，才能督促我国的企业环保效率达到世界水平。而对于治理难度较小的污染物质可以制定正常的减排目标，例如，由于工业固体废弃物的空间流动性较差，而且相比空气中的污染物质，治理难度较小，因此对该类污染物质的减排目标可以保持一般标准。

（3）在考虑减排目标时，应该全面考虑同一类型污染物质的不同指标值。在前文的实证检验中，笔者用到了污染物质的排放总量、人均排放量和排放强度指标，不同的计量指标计算方法不同，表达的含义不同，对人类生存的影响程度亦不同，在实证分析中的结果也可能存在差异。尽管国际上对哪种计量单位更加科学并没有一致的标准，我国各级政府以及企业往往制定总量控制的减排目标，而并不关注人均排放量和排放强度标准。人均排放量是排放总量与人口的比值。中国人口众多，过去政府对于人均排放量的关注较少，而事实上我国的人均排放量也呈现明显的上升趋势，例如，2013年我国的人均碳排放就首次超过了欧盟。而排放强度指标是排放总量与GDP的比值。如果排放强度指标呈增长趋势，说明污染排放的增长速度超过了经济增长的速度，对于可持续发展来说，这无疑不是个利好消息。总量控制目标虽然从排放总量上对污染物质的排放水平进行了约束，但这种约束有可能是由生产减少，而并非排污效率提高导致的。为了使环境保护工作更加彻底，政府在制定减排目标时应该同时关注同一种污染物质的不同类型指标值，以更有效地提高污染排放主体的环境效率，在更广泛的范围内打击污染排放，保护环境。

（4）注重环境政策制定的连续性。前文的动态模型检验结果表明环境污染物质具有路径依赖特征，前期的排污水平和当期的污染排放具有正相关关系。这可能缘于大部分工业企业生产都属于连续排放污染源，即不间断地向环境排放污染物的污染源。由于工业企业生产过程的连续性，企业会不间断地向大气和水环境排放有害气体和工业废水，因此属于这类污染源。一般情况下，这类连续污染源排放的污染物质对环境造成的负荷会随着时间呈规律性的变化。因此，对于连续污染源较为密集的地区，环境政策的制定也应该遵循连续性特征，注重环境政策实施周期的合理性。许多地区制定的环境政策仅仅是为了改善短时期内环境状况，如"APEC蓝"，并未能考虑该环境政策是否可以连续实施，是否能对环境的长期改善作出一定贡献。这是在制定环境政策过程中需要注意的问题。当然，做到对连续排放污染源的连续监测也需要监测设备和技术的支持和保障，我国现有的监测设备和技术与欧美发达国家相比还存在很大差距，应该积极引进并研发污染物质的先进监测技术，为防污治理工作做好充足的准备。

7.3　未来的研究展望

本书仅就贸易与环境问题中的一项——国际贸易对环境污染的影响进行探究。事实上贸易与环境问题是一个十分庞杂的系统，包括环境规制对贸易的影响、贸易与环境的协调发展等问题。在贸易对环境污染的影响研究上，今后可以从以下几个方向进行拓展研究。

（1）在本书的研究中，并未考虑国际贸易协定和环境协定的影响。随着区域经济一体化的不断发展，许多国家都加入了不同类型的区域经济组织，而有些区域经济组织协定中还制定了环境保护方面的规定。加入这类型的区域经济组织是否会影响当地的污染排放，在加入区域一体化组织后，贸易对环境污染的影响是否会发生改变，都是十分重要的研究课题。

（2）国际贸易对环境污染的影响通过更多污染物质进行检验。本书涉及的污染物质包括二氧化硫、氮氧化物、VOC、工业"三废"、$PM_{2.5}$、PM_{10} 等，涉及的污染类别包括空气污染、水污染、废弃物污染几个方面，但对于气候变化、土壤污染、噪声污染、能源等污染问题并未涉及。因此，利用更多的环境污染物质指标检验国际贸易对环境污染的影响才更加全面，使得结论更加具有说服力。

（3）对环境污染综合指数构建方法的研究。在本书的第 5 章中，利用排污费加权的加权平均方法和算术平均方法计算了环境污染的综合指数。在环境污染的指数构建方面，就哪种构建方法更加科学目前存在很多争论，并没有统一的意见。在未来的研究中，找到更加科学的构建环境污染指数的方法，探讨贸易对综合污染指数的影响程度也是未来的一个研究方向。

（4）从产业和国别角度研究贸易对环境的影响作用。本书的研究主要集中于贸易对环境综合影响的研究，并未从产业的角度考虑国际贸易对具体产业排放量的影响,以及从国别角度考虑我国与哪些国家的贸易更能为降低我国的环境污染水平作出一定的贡献。在未来的研究中,希望可以将贸易对环境的影响研究更加具体化。

(5)对贸易影响环境污染各种渠道的具体研究。在本书第3章的传导机制分析中,介绍了贸易影响环境污染的六种渠道,尽管从定性角度笔者已经分析了各种机制发挥作用的过程及可能预见的结果,但在实证检验中并未加以分析和检验。因此,如何通过实证研究验证各类具体传导机制发挥作用的真实结果也是后续需要考虑的问题。

附　录

附录1　联立工具变量估计

根据方程（1）和（2），贸易对环境的影响为 β，残差为 v，而联立方程环境对贸易的影响为 α，残差为 e，

$$environment = \beta tradeopenness + v \quad (1)$$

$$tradeopenness = \alpha environment + e \quad (2)$$

则用 OLS 方法估计 β 时，实际上会得到如方程（3）所示的概率收敛特性：

$$\beta^{OLS} = \beta + \frac{Cov(Tradeopenness, v)}{Var(Tradeopenness)} \quad (3)$$

将方程（1）代入方程（2），重新整理得到：

$$tradeopenness = \frac{1}{1-\alpha\beta}(\alpha v + e) \quad (4)$$

将方程（4）代入方程（3）整理后就可以得到：

$$\beta^{OLS} = \beta + \frac{\alpha}{1-\alpha\beta}\frac{Var(v)}{Var(tradeopnness)} + \frac{1}{1-\alpha\beta}\frac{Cov(v,e)}{Var(tradeopenness)} \quad (5)$$

等式右边第二项为反方向因果影响误差（Reverse Causality Effect），第三项为遗漏变量误差。运用工具变量方法解决反方向因果影响，这样就能够解决普通最小二乘法带来的误差分解。根据 Almond et al.（2009）和 Chen et al.（2013）的研究，由于北方冬季供暖，中国的环境污染在淮河两岸有明显的不同，且与淮河的距离相关，所以可以处于淮河以北和以南作为中国环境污染的虚

拟工具变量，正确地估计出环境对我国各地区、城市乃至县域的贸易的因果影响 α，从而可以得到方程（2）的残差，$tradeopenness^* = tradeopenness - \alpha environment$。用这个残差作为贸易的工具变量去估计 β，可以得到概率收敛特征：

$$\beta^{IV} = \frac{Cov(tradeopenness^*, environment)}{Cov(tradeopenness^*, tradeopenness)}$$

$$= \beta + \frac{Cov(tradeopenness^*, v)}{Cov(tradeopenness^*, tradeopenness)}$$

$$= \beta + \frac{Cov(e, v)}{Cov(e, tradeopenness)} \quad (6)$$

因此，运用这样的工具变量就解决了反方向因果影响误差。虽然式（6）和式（5）中的遗漏变量误差不完全相同，实际上利用式（4），可以计算出方程（5）和（6）的遗漏变量误差如下：

$$OVB^{OLS} = (1 - \alpha\beta) \frac{Cov(v, e)}{Var(e) + \alpha Cov(v, e)} \quad (7)$$

$$OVB^{IV} = (1 - \alpha\beta) \frac{Cov(v, e)}{Var(e) + \beta^2 Var(v) + 2\alpha Cov(v, e)} \quad (8)$$

附录 2 334 个样本城市名称

序号	省区市	城市	序号	省区市	城市
1	安徽省	安庆市	3	甘肃省	白银市
		蚌埠市			定西市
		巢湖市			甘南州
		池州市			嘉峪关市
		滁州市			金昌市
		阜阳市			酒泉市
		亳州市			兰州市
		合肥市			临夏回族自治州
		淮北市			陇南市
		淮南市			平凉市
		黄山市			庆阳市
		六安市			天水市
		马鞍山市			武威市
		宿州市			张掖市
		铜陵市	4	广东省	潮州市
		芜湖市			东莞市
		宣城市			佛山市
2	福建省	福州市			广州市
		龙岩市			河源市
		南平市			惠州市
		宁德市			江门市
		莆田市			揭阳市
		泉州市			茂名市
		三明市			梅州市
		厦门市			清远市
		漳州市			汕头市

续表

序号	省区市	城市	序号	省区市	城市
4	广东省	汕尾市	7	海南省	海口市
		韶关市			三亚市
		深圳市	8	河北省	保定市
		阳江市			沧州市
		云浮市			承德市
		湛江市			邯郸市
		肇庆市			衡水市
		中山市			廊坊市
		珠海市			秦皇岛市
5	广西壮族自治区	百色市	9	河南省	石家庄市
		北海市			唐山市
		防城港市			邢台市
		贵港市			张家口市
		桂林市			安阳市
		河池市			鹤壁市
		贺州市			焦作市
		柳州市			开封市
		南宁市			洛阳市
		钦州市			漯河市
		梧州市			南阳市
		玉林市			平顶山市
6	贵州省	安顺市			濮阳市
		毕节市			三门峡市
		贵阳市			商丘市
		六盘水市			新乡市
		黔东南苗族侗族自治州			信阳市
		黔南布依族苗族自治州			许昌市
		黔西南布依族苗族自治州			郑州市
		铜仁市			周口市
		遵义市			驻马店市

续表

序号	省区市	城市	序号	省区市	城市
10	黑龙江省	大庆市	12	湖南省	长沙市
		大兴安岭地区			常德市
		哈尔滨市			郴州市
		鹤岗市			衡阳市
		黑河市			怀化市
		鸡西市			娄底市
		佳木斯市			邵阳市
		牡丹江市			湘潭市
		七台河市			湘西土家族苗族自治州
		齐齐哈尔市			益阳市
		双鸭山市			永州市
		绥化市			岳阳市
		伊春市			张家界市
11	湖北省	鄂州市			株洲市
		恩施土家族苗族自治州	13	吉林省	白城市
		黄冈市			白山市
		黄石市			长春市
		荆门市			吉林市
		荆州市			辽源市
		十堰市			四平市
		随州市			松原市
		武汉市			通化市
		咸宁市			延边朝鲜族自治州
		襄樊市	14	江苏省	常州市
		孝感市			淮安市
		宜昌市			连云港市

续表

序号	省区市	城市	序号	省区市	城市
14	江苏省	南京市	16	辽宁省	阜新市
		南通市			葫芦岛市
		苏州市			锦州市
		宿迁市			辽阳市
		泰州市			盘锦市
		无锡市			沈阳市
		徐州市			铁岭市
		盐城市			营口市
		扬州市	17	内蒙古自治区	阿拉善盟
		镇江市			巴彦淖尔市
15	江西省	抚州市			包头市
		赣州市			赤峰市
		吉安市			鄂尔多斯市
		景德镇市			呼和浩特市
		九江市			呼伦贝尔市
		南昌市			通辽市
		萍乡市			乌海市
		上饶市			乌兰察布市
		新余市			锡林郭勒盟
		宜春市			兴安盟
		鹰潭市	18	宁夏回族自治区	固原市
16	辽宁省	鞍山市			石嘴山市
		本溪市			吴忠市
		朝阳市			银川市
		大连市			中卫市
		丹东市	19	青海省	果洛藏族自治州
		抚顺市			海北藏族自治州

续表

序号	省区市	城市	序号	省区市	城市
19	青海省	海东市	21	山西省	临汾市
		海南藏族自治州			吕梁市
		海西蒙古族藏族自治州			朔州市
		黄南藏族自治州			太原市
		西宁市			忻州市
		玉树藏族自治州			阳泉市
20	山东省	滨州市			运城市
		德州市	22	陕西省	安康市
		东营市			宝鸡市
		菏泽市			汉中市
		济南市			商洛市
		济宁市			铜川市
		莱芜市			渭南市
		聊城市			西安市
		临沂市			咸阳市
		青岛市			延安市
		日照市			榆林市
		泰安市	23	四川省	阿坝藏族羌族自治州
		威海市			巴中市
		潍坊市			成都市
		烟台市			达州市
		枣庄市			德阳市
		淄博市			甘孜藏族自治州
21	山西省	长治市			广安市
		大同市			广元市
		晋城市			乐山市
		晋中市			凉山彝族自治州

续表

序号	省区市	城市	序号	省区市	城市
23	四川省	泸州市	25	新疆维吾尔自治区	克孜勒苏柯尔克孜自治州
		眉山市			塔城地区
		绵阳市			吐鲁番市
		内江市			乌鲁木齐市
		南充市			伊犁哈萨克自治州
		攀枝花市	26	云南省	保山市
		遂宁市			楚雄彝族自治州
		雅安市			大理白族自治州
		宜宾市			德宏傣族景颇族自治州
		资阳市			迪庆藏族自治州
		自贡市			红河哈尼族彝族自治州
24	西藏自治区	阿里地区			昆明市
		昌都市			丽江市
		拉萨市			临沧市
		林芝市			怒江傈僳族自治州
		那曲市			曲靖市
		日喀则市			文山壮族苗族自治州
		山南市			西双版纳傣族自治州
25	新疆维吾尔自治区	阿克苏地区			玉溪市
		阿勒泰地区			昭通市
		巴音郭楞蒙古自治州	27	浙江省	杭州市
		博尔塔拉蒙古自治州			湖州市
		昌吉回族自治州			嘉兴市
		哈密地区			金华市
		和田地区			丽水市
		喀什地区			宁波市
		克拉玛依市			衢州市

续表

序号	省区市	城市	序号	省区市	城市
27	浙江省	绍兴市	28	北京市	北京市辖区
		台州市	29	天津市	天津市辖区
		温州市	30	上海市	上海市辖区
		舟山市	31	重庆市	重庆市辖区

参考文献

一、中文文献

[1] 曹光辉,汪峰,张宗益,等. 我国经济增长与环境污染关系研究 [J]. 中国人口资源与环境,2006,16 (1):25-29.

[2] 陈红蕾,陈秋峰. 我国贸易自由化环境效应的实证分析 [J]. 国际贸易问题,2007 (7):66-70.

[3] 陈昭,徐世长. 中国对外贸易与环境质量关系检验:基于 An-C-Taylor 一般均衡模型的分析 [J]. 国际经贸探索,2010,26 (12):16-20.

[4] 党玉婷,万能. 贸易会环境影响的实证分析:以中国制造业为例 [J]. 世界经济研究,2007 (4):52-57.

[5] 邓柏盛,宋德勇. 我国对外贸易、FDI 与环境污染之间的关系研究:1995—2005 [J]. 国际贸易问题,2008 (4):101-108.

[6] 杜利民. 我国二氧化碳排放的影响因素:基于省级面板数据的研究 [J]. 南方经济,2010 (11):20-33.

[7] 方楷. 绿色壁垒对中国对外贸易的影响 [J]. 商场现代化,2008 (24):15-21.

[8] 付强. 我国外贸依存度问题新探 [J]. 世界经济研究,2007 (3):12-17.

[9] 符淼. 我国环境库茨涅茨曲线:形态、拐点和影响因素 [J]. 数量经济技术经济研究,2008 (11):40-54.

[10] 何洁. 国际贸易对环境的影响:中国各省的二氧化硫(SO_2)工业排放 [J]. 经济学(季刊),2010,9 (2):415-447.

[11] 黄玖立,李坤望. 出口开放、地区市场规模和经济增长 [J]. 经济研究,2006 (6):27-38.

[12] 贾顺平,毛保华,刘爽,等. 中国交通运输能耗水平测算与分析 [J]. 交通运输系统工程与信息,2010 (10):23-27.

[13] 蓝虹. 环境产权经济学 [M]. 北京:中国人民大学出版社,2005:76-82.

[14] 李楷, 齐绍洲. 贸易开放、经济增长与中国二氧化碳排放 [J]. 经济研究, 2011 (11): 60-72.

[15] 李茜, 张建辉, 罗海江, 等. 区域环境质量综合评价指标体系的构建及实证研究 [J]. 中国环境监测, 2013, 29 (3): 1-8.

[16] 李群, 潘颖, 王钰. 贸易与环境协调发展研究: 兼论出口企业竞争策略 [M]. 北京: 经济科学出版社, 2011: 17-25.

[17] 李小平, 卢现祥. 国际贸易、污染产业转移和中国工业 CO_2 排放 [J]. 经济研究, 2010 (1): 15-26.

[18] 刘婧. 一般贸易与加工贸易对我国环境污染影响的比较分析 [J]. 世界经济研究, 2009 (6): 44-48.

[19] 刘林奇. 我国对外贸易环境效应理论与实证分析 [J]. 国际贸易问题, 2009 (3): 70-84.

[20] 刘巧玲, 王奇, 李鹏. 我国污染密集型产业及其区域分布变化趋势 [J]. 生态经济, 2012, 348 (1): 107-112.

[21] 刘瑞翔. 中国的增加值率为什么会出现下降？——基于非竞争型投入产出框架的视角 [J]. 南方经济, 2011 (9): 30-42.

[22] 刘钻石, 张娟. 国际贸易对发展中国家环境污染影响的动态模型分析 [J]. 经济科学, 2011 (3): 79-92.

[23] 罗堃. 中国污染密集型产品贸易的环境效应及其扭曲: 兼论效应分解与估计方法的改进 [J]. 国际贸易问题, 2010 (4): 64-72.

[24] 马晨峰, 谷祖莎, 沈君. 我国贸易与环境问题研究的文献计量分析 [J]. 科技管理研究, 2013 (17): 227-232.

[25] 牛海霞, 罗希晨. 我国加工贸易污染排放实证分析 [J]. 国际贸易问题, 2009 (2): 94-99.

[26] 裴长洪, 彭磊. 对外贸依存度与现阶段我国贸易战略调整 [J]. 财贸经济, 2006 (4): 15-23.

[27] 彭水军, 包群. 经济增长与环境污染: 环境库兹涅茨曲线假说的中国检验 [J]. 财经问题研究, 2006, 273 (8): 3-17.

[28] 彭水军, 刘安平. 中国对外贸易的环境影响效应: 基于环境投入-产出模型的经验研究 [J]. 世界经济, 2010 (5): 140-160.

[29] 曲如晓. 论环境外部性与国际贸易的福利效应 [J]. 国际经贸探索, 2002 (1): 10-14.

[30] 曲如晓. 贸易与环境:理论与政策研究 [M]. 北京:人民出版社, 2009:68-82.

[31] 沈利生. 论外贸依存度:兼论计算外贸依存度的新公式 [J]. 数量经济技术经济研究, 2005 (7):1-10.

[32] 沈利生, 唐志. 对外贸易对我国污染排放的影响:以二氧化硫为例 [J]. 管理世界, 2008 (6):21-29.

[33] 沈荣珊, 任荣. 贸易自由化环境效应的实证研究 [J]. 国际贸易问题, 2006 (7):66-70.

[34] 田野. 产品内分工视角下中国对外贸易的环境效应研究:基于污染密集型产业面板数据的实证分析 [J]. 东北大学学报(社会科学版), 2012, 14 (6):487-493.

[35] 徐圆, 陈亚丽. 国际贸易的环境技术效应:基于技术溢出视角的研究 [J]. 中国人口资源与环境, 2014, 24 (1):148-156.

[36] 余北迪. 我国国际贸易的环境经济学分析 [J]. 国际经贸探索, 2005 (3):26-30.

[37] 王军. 贸易和环境研究的现状与进展 [J]. 世界经济, 2004 (7):67-79.

[38] 王奇, 刘巧玲, 刘勇. 国际贸易对污染-收入关系的影响研究:基于跨国家 SO_2 排放的面板数据分析 [J]. 中国人口资源与环境, 2013, 23 (4):73-80.

[39] 王文治, 陆建明. 要素禀赋、污染转移与中国制造业的贸易竞争力:对污染天堂与要素禀赋假说的检验 [J]. 中国人口资源与环境, 2012, 22 (12):73-78.

[40] 吴巧生, 成金华, 王华. 中国工业化进程中的能源消费变动 [J]. 中国工业经济, 2005 (4):30-37.

[41] 莱文. 脆弱的领地:复杂性与公有域 [M]. 上海:上海科技教育出版社, 2006:15-24.

[42] 小岛清. 对外贸易理论 [M]. 天津:南开大学出版社, 1987:254-258.

[43] 许统生. 我国实际外贸依存度的评估与国际比较 [J]. 经济学动态, 2003 (8):24-29.

[44] 叶继革, 余道先. 我国出口贸易与环境污染的实证分析 [J]. 国际贸易问题, 2007 (5):72-77.

[45] 余北迪. 我国国际贸易的环境经济学分析 [J]. 国际经贸探索, 2005 (3): 26-30.

[46] 袁建新, 陈亚梅. 江苏省外贸方式对环境污染的产异性影响研究 [J]. 苏州大学学报, 2013 (6): 94-99.

[47] 张连众, 朱坦, 李慕菡, 等. 贸易自由化对我国环境污染的影响分析 [J]. 南开经济研究, 2003 (3): 3-5.

[48] 张友国. 中国贸易增长的能源环境代价 [J]. 数量经济技术经济研究, 2009 (1): 16-30.

[49] 张志辉. 我国对外贸易与污染产业转移的实证分析 [J]. 国际贸易问题, 2006 (12): 103-107.

[50] 张宗斌, 汤子玉, 辛大楞. 城市化与城市规模对中美对外直接投资区位选择的影响研究 [J]. 中国人口·资源与环境, 2019, 29 (12): 158-167.

[51] 庄惠明, 赵春明, 郑伟腾. 中国对外贸易的环境效应实证: 基于规模、技术和结构三种效应的考察 [J]. 经济管理, 2009 (5): 9-14.

[52] 朱启荣. 我国出口贸易与工业污染、环境规制关系的实证分析 [J]. 世界经济研究, 2007 (8): 47-51.

二、外文文献

[53] ACEMOGLU D, JOHNSON S, ROBINSON J A. The rise of Europe: Atlantic trade, institutional change and economic growth [J]. American Economic Review, 2005, 95 (3): 546-579.

[54] ANRIQUEZ G. Trade and the environment: an economic literature survey [R]. Maryland: the University of Maryland, 2002: 2-16.

[55] ANTWEILER W, COPELAND B R, TAYLOR S. Is free trade good for the environment? [J]. American Economic Review, 2001, 91 (4): 877-908.

[56] AHN J, KHANDELWAL A K, WEI S J. The role of intermediaries in facilitating trade [J]. Journal of International Economics, 2011, 84 (1): 73-85.

[57] ANTRAS P, COSTINOT A. Intermediated trade [J]. Quarterly Journal of Economics, 2011, 126 (3): 1319-1374.

[58] ARELLANO, MANUEL, BOND S. Some tests of specification for panel da-

ta: Monte Carlo evidence and an application to employment equations [J]. Review of Economic Studies, 1991, 58 (2): 277 -297.

[59] ARELLANO, MANUEL, BOVER O. Another look at the instrumental variable estimation of error – components models [J]. Journal of Econometrics, 1995 (68): 29 -51.

[60] SILJE A. Oil and democracy: more than a cross – country correlation? [J]. Journal of Peace Research, 2010, 47 (4): 421 -431.

[61] ATICI C. Carbon emissions, trade liberalization, and the Japan – a SEAN interaction: a group – wise examination [J]. Journal of the Japanese and International Economies, 2012, 26 (4): 167 -178.

[62] BAGHDADI L, MARTINEZ Z I, ZITOUNA H. Are RTA agreements with environmental provisions reducing emissions? [J]. Journal of International Economics, 2013 (90): 378 -390.

[63] BAJONA C, KELLY D L. Trade and the environment with pre – existing subsidies: a dynamic general equilibrium analysis [J]. Journal of Environmental Economics and Management, 2012 (64): 253 -278.

[64] BECKER R, HENDERSON V. Effects of air quality regulations on polluting industries [J]. Journal of Political Economy, 2000 (2): 379 -421.

[65] BEGHIN J C, BOWLAND B J, DESSUS S, et al. Trade integration, environmental degradation, and public health in Chile: assessing the linkages [J]. Environment and Development Economics, 2002 (7): 241 -267.

[66] BLANCHARD E, CHESNOKOVA T, WILLMANN G. Private labels and international trade: trading variety for volume [J]. Kiel Working Paper, 2013: 1829.

[67] BLANCHARD O, PEROTTI R. An empirical characterization of the dynamic effects of changes in government spending and taxes on output [J]. Quarterly Journal of Economics, 2002 (117): 1329 -1368.

[68] BLUNDELL R, BOND S. Initial conditions and moment restrictions in dynamic panel data models [J]. Journal of Econometrics, 1998, 87 (1): 115 -143.

[69] BLUNDELL R, BOND S. GMM estimation with persistent panel data: an application to production functions [J]. Econometric Review, 2000, 19

参考文献

(3): 321 - 340.
[70] BOND S R. Dynamic panel data models: a guide to micro data methods and practice [J]. Portuguese Economic Journal, 2002 (2): 141 - 162.
[71] MATTEO B, COVIELLO D. Weak instruments and weak identification, in estimating the effects of education on democracy [J]. Economic Letters, 2007 (96): 301 - 306.
[72] BRUCKNER M. On the simultaneity problem in the aid and growth debate [J]. Journal of Applied Econometrics, 2013 (28): 126 - 150.
[73] CASTELLO - CLIMENT A. On the distribution of education and democracy [J]. Journal of Development Economics, 2008 (87): 179 - 190.
[74] Chen Y Y, EBENSTEINB A, GREENSTONEC M, et al. Evidence on the impact of sustained exposure to air pollution on life expectancy from China's Huai River policy [J]. PNAS, 2013, 110 (32): 12936 - 12941.
[75] CHIEHILNISKY G. North - south trade and the global environment [J]. American Economic Review, 1994, 84 (4): 851 - 874.
[76] CHINTRAKARN P and MILLIMET D L. The environmental consequences of trade: evidence from subnational trade flows [J]. Journal of Environmental Economics and Management, 2006 (52): 430 - 453.
[77] COLE M A. Trade, the pollution heaven hypothesis and the environmental Kuznets curve: examining the linkages [J]. Ecological Economics, 2004 (48): 71 - 81.
[78] COLE M A. Does trade liberalization increase national energy use? [J]. Economic Letters, 2006 (92): 108 - 112.
[79] COLE M A, ELLIOTT J R. Determining the trade - environment composition effect: the role of capital, labor and environment regulations [J]. Journal of Environmental Economics and Management, 2003 (46): 363 - 383.
[80] COLE M A, ELLIOTT J R. Do environmental regulations influence trade patterns? testing old and new trade theories [M]. Oxford: Blackwell Publishing Limited Company, 2003: 1163 - 1186.
[81] COLE M A, ELLIOTT J R. Industrial activity and the environment in China: an industry - level analysis [J]. China Economic Review, 2008, 19

(3): 393 -408.
[82] COOPER J, JOHANSSON R, PETERS M. Some domestic environmental effects of US agricultural adjustments under liberalized trade: a preliminary analysis [EB/OL]. (2003 - 08 - 18) [2019 - 03 - 28] http://cec.org/islandora/en/item/1908 - some - domestic - environmental - effects - us - agricultural - adjustments - under - liberalized - en. pdf
[83] COPELAND B R, TAYLOR M S. North - south trade and the environment [J]. Quarterly Journal of Economies, 1994, 109 (3): 755 -787.
[84] COPELAND B R, TAYLOR M S. Trade and transboundary pollution [J]. American Economic Review, 1995, 85 (4): 716 -737.
[85] COPELAND B R, TAYLOR M S. The trade - induced degradation hypothesis [J]. Resource and Energy Economics, 1997, 19 (4): 321 -344.
[86] COPELAND B R, TAYLOR M S. Trade, growth and the environment [J]. Journal of Economic Literature, 2004 (3): 7 -71.
[87] CREASON J, MICHAEL F, SEMENOVA S, et al. The environmental impacts of trade liberalization: a quantitative analysis for the United States using TEAM [J]. Agricultural and Resource Economics Review, 2005, 34 (1): 90 -103.
[88] DEAN J M, GANGOPADHYAY S. Export bans, environmental protection, and unemployment [J]. Review of Development Economics, 1997, 1 (2): 324 -336.
[89] DEAN J M. Does trade liberalization harm the environment? a new test [J]. Canadian Journal of Economics, 2002, 35 (4): 819 -842.
[90] DEAN J M, LOVELY M E. Trade growth, production fragmentation and China's environment [M]. Chicago: University of Chicago Press, 2010: 429 -469.
[91] DEATON A. Measuring poverty in a growing world [J]. Review of Economics and Statistics, 2005, 87 (1): 1 -19.
[92] DIETZENBACHER E, MUKHOPADHYAY K. An empirical examination of the pollution haven hypothesis for India: towards a green leontief paradox? [J]. Environmental and Resource Economics, 2007 (36): 427 -449.
[93] DIETZENBACHER E, PER J S, Yang C H. Trade, production fragmenta-

tion, and China's carbon dioxide emissions [J]. Journal of Enviromental Economics and Management, 2012 (64): 88 – 101.

[94] DRISCOLL J C, KRAAY A C. Consistent covariance matrix estimation with spatially dependent panel data [J]. Review of Economics and Statistics, 1988 (80): 549 – 560.

[95] DUA A, ESTY D C. Sustaining the Asia Pacific miracle: environmental protection and economic integration [J]. Peterson Institute Press: All Books, 1997, 3 (1): 150 – 152.

[96] EKINS P, FOLKE C, COSTANZA R. Trade, environment and development: the issues in perspective [J]. Ecological Economies, 1994, 9 (1): 1 – 12.

[97] FERIDUN M, AYADI F S, BALOUGA J. Impact of trade liberalization on the environment in developing countries: the case of Nigeria [J]. Journal of Developing Societies, 2006, 22 (1): 39 – 56.

[98] FEYRER J. Distance, trade and income – the 1967 to 1975 closing of the Suez Canal as a natural experiment [R]. NBER Working Paper, 2009a: 15557.

[99] FEYRER J. Trade and income – exploiting time series in geography [R]. NBER Working Paper, 2009b: 14910.

[100] FRANKEL J, ROMER D. Does trade cause growth? [J]. American Economic Review, 1999, 89 (3): 379 – 399.

[101] FRANKEL J, ROSE A. Is trade good or bad for the environment? sorting out the causality [J]. The Review of Economics and Statistics, 2005, 87 (1): 85 – 91.

[102] GROSSMAN M, KRUEGER B. Environmental impacts of a North American free trade agreement [R]. NBER Working Paper, 1991: 3914.

[103] GROSSMAN M, KRUEGER B. Economic growth and the environment [J]. Quarterly Journal of Economies, 1995, 110 (2): 353 – 377.

[104] GUAN D B, SU X, ZHANG Q, et al. The socioeconomic drivers of China's $PM_{2.5}$ emissions [J]. Environmental Research Letters, 2014 (2): 1 – 9.

[105] GUMILANG H, MULHOPADHYAY K, THOMASSIN P J. Economic

and environmental impacts of trade liberalization: the case of Indonesia [J]. Economic Modelling, 2011 (28): 1030 -1041.

[106] HEAD K, JING R, SWENSON D. From Beijing to Bentonville: do multinational retailers link markets [J]. Journal of Development Economics, 2014, 110: 79 -82.

[107] HUBBARD T P. Trade and transboundary pollution: quantifying the effects of trade liberalizaion on CO_2 emissions [J]. Applied Economics, 2014, 46 (5): 483 -502.

[108] LAVE L B, EUGENE P S. An analysis of the association between U.S. mortality and air pollution [J]. Journal of American Statistical Association, 1973 (68): 284 -290.

[109] LEVINSON A. Technology, international trade, and pollution from US manufacturing [J]. American Economic Review, 2009, 99 (5): 2177 -2192.

[110] LEVINSON M, TAYLOR S. Unmasking the pollution heaven effect [J]. International Economic Review, 2008 (49): 223 -254.

[111] LIN J T, DA P N, DAVIS S J, et al. China's international trade and air pollution in the United States [J]. Proceeding of the National Academy of Sciences, 2014 (111): 1736 -1741.

[112] LU J Y, LU Y, TAO Z G. Intermediaries, firm heterogeneity, and exporting behavior [J]. The World Economy, 2017, 40 (7): 1381 -1404.

[113] LU Y, WU M Q, YU L H. Does environmental regulation drive away inbound foreign direct investment? evidence from a quasi – natural experiment in China [J]. Journal of Development Economis, 2016.

[114] MANAGI S, HIBIKI A, TSURUMI T. Does trade openness improve environmental quality? [J]. Journal of Environmental Economics and Management, 2009, 58 (3): 346 -363.

[115] MANI M, WHEELER D. In search of pollution havens? dirty industry in the world economy: 1960 – 1995 [J]. Journal of Environment and Development, 1998, 7 (3): 215 -247.

[116] MANOVA K, YU Z H. Firms and credit constraints along the value – added chain: processing trade in China [EB/OL]. [2020 -02 -27]. http: // www. voxeu. org/.

参考文献

[117] MAZZANTI M, ZOBOLI R. Environmental efficiency and labour productivity: trade – off or joint dynamics? a theoretical investigation and empirical evidence from Italy using NAMEA [J]. Ecological Economics, 2009, 68 (4): 1182 – 1194.

[118] MCAUSLAND C, MILLIMET D L. Do national borders matter? intranational trade, international trade and the environment [J]. Journal of Environmental Economics and Management, 2011 (65): 411 – 437.

[119] MEGARITIS A G, FOUNTOUKIS C, CHARAAMPIDIS P E, et al. Response of fine particulate matter concentrations to changes of emissions and temperature in Europe [J]. Atmospheric Chemistry and Physics, 2013 (13): 3423 – 3443.

[120] MOKDAD, ALI H, MARKS, et al. Actual causes of death in the United States, 2000 [J]. Journal of the American Medical Association, 2004, 291 (10): 1238 – 1245.

[121] O'BANNON C, CARR J, SEEKELL D A, et al. Globalization of agricultural pollution due to internatioanl trade [J]. Hydrology and Earth System Sciences Discussions, 2013 (10): 11221 – 11239.

[122] PARK A, YANG D, SHI X Z, et al. Exporting and firm performance: Chinese exporters and the asian financial crisis [J]. The Review of Economics and Statistics, 2010, 92 (4): 822 – 842.

[123] PETERS G P, HERTWICH E G. Pollution embodied in trade: the norwegian case [J]. Global Environmental Change, 2006 (16): 379 – 387.

[124] POPP D. International innovation and diffusion of air pollution control technologies: the effects of NOx and SO_2 regulation in the U.S., Japan and Germany [J]. Journal of Environmental Economics and Management, 2002, 51 (1): 46 – 71.

[125] POTER M E, LINDE C. Green and competitive: ending the stalement [J]. Harard Business Review, 1995 (3): 34 – 56.

[126] RODRIGUEZ F, RODRIK D. Trade policy and economic growth: a skeptic's guide to the cross – national evidence [M]. Boston: MIT press, 2001.

[127] RODRIK D, SUBRAMANIAN A, TREBBI F. Institutions rule: the pri-

macy of institutions over geography and integration in economic development [J]. Journal of Economic Growth, 2004, 9 (2): 131 -165.

[128] SARTZETAKIS E S, CONSTANTATOS C. Environmental regulation and international trade [J]. Journal of Regulatory Economics, 1995, 8 (1): 61 -72.

[129] SAUNDERS C, CAGATAY S. Trade and the environment: economic and environmental impacts of global dairy trade liberalisation [J]. Journal of Environmental Assessment Policy and Management, 2004, 6 (3): 339 -365.

[130] SIMPSON R D, BRADFORD R L. Taxing variable cost: environmental regulation as industrial policy [J]. Journal of Environmental Economics and Management, 1996 (30): 282 -300.

[131] STAIGER D, STOCK J. Instrumental variables regression with weak instruments [J]. Econometrica, 1997, 65 (3): 557 -586.

[132] STAHLS M, SAIKKU L, MATTILA T. Impacts of international trade on carbon flows of forest industry in Finland [J]. Journal of Cleanser Production, 2011 (19): 1842 -1848.

[133] WEBER C L, PETERS G P, GUAN D B, et al. The contribution of Chinese exports to climate change [J]. Energy Policy, 2008 (36): 3572 -3577.

[134] YAKITA A. Techonology choice and environmental awareness in a trade and environment context [M]. London: Blackweill Publishing Limited, 2009: 270 -279.

[135] WHEELER D. Racing to the bottom? foreign investment and air pollution in developing countries [J]. Journal of Environment and Development, 2001, 10 (3): 25 -45.

[136] ZHU C H, WANG J N, MA G X, et al. China tackles the health effects of air pollution [J]. The Lancet, 2013 (382): 1959 -1960.